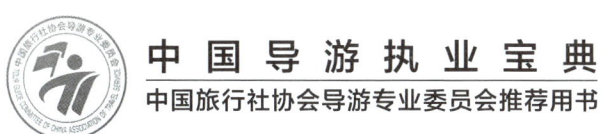

中国导游执业宝典

中国旅行社协会导游专业委员会推荐用书

总 主 编：韩玉灵 熊剑平
副总主编：李岑虎 伍 欣 曹明洋 孙树伟
专家指导委员会主任：李 健
副 主 任：杨 磊

Daoyou Fuwu Anli Xuanping

导游服务案例选评

李岑虎 张晓旭 卫美佑 主编

北京·旅游教育出版社

图书在版编目（CIP）数据

导游服务案例选评 / 李岑虎，张晓旭，卫美佑主编
. -- 北京：旅游教育出版社，2025.1
（中国导游执业宝典）
ISBN 978-7-5637-4694-1

Ⅰ.①导… Ⅱ.①李… ②张… ③卫… Ⅲ.①导游－旅游服务－案例 Ⅳ.①F590.63

中国国家版本馆CIP数据核字(2024)第030050号

中国导游执业宝典
导游服务案例选评
李岑虎　张晓旭　卫美佑　主编

策　　划	丁海秀　李荣强
责任编辑	陈　志
出版单位	旅游教育出版社
地　　址	北京市朝阳区定福庄南里1号
邮　　编	100024
发行电话	（010）65778403　65728372　65767462（传真）
本社网址	www.tepcb.com
E - mail	tepfx@163.com
排版单位	北京旅教文化传播有限公司
印刷单位	北京柏力行彩印有限公司
经销单位	新华书店
开　　本	710毫米×1000毫米　1/16
印　　张	17.75
字　　数	294千字
版　　次	2025年1月第1版
印　　次	2025年1月第1次印刷
定　　价	68.00元

（图书如有装订差错请与发行部联系）

《中国导游执业宝典》编委会、专家指导委员会

编委会

总 主 编：韩玉灵　熊剑平

副总主编：李岑虎　伍　欣　曹明洋　孙树伟

专家指导委员会

主　　任：李　健

副 主 任：杨　磊

委　　员：（按姓氏笔画为序）

田　莹　李　刚　李　娌　张捷让　徐慧慧

《导游服务案例选评》
编委会

主　编：

　　李岑虎，中国关心下一代工作委员会教育中心专家委员会委员，文化和旅游部人才中心研学旅行指导师考评员，中国旅游协会研学旅行分会特聘专家，全国跟着课本去旅行教育专家委员会首席专家，国家中级导游员。

　　张晓旭，第四届全国导游大赛冠军，国家金牌导游，全国文旅系统劳动模范，全国五一劳动奖章获得者，文化和旅游部人才中心研学旅行指导师高级考评员。

　　卫美佑，第三届全国导游大赛冠军，国家高级导游，全国巾帼建功标兵，全国青年岗位能手，国家金牌导游，四川省导游技能大师工作室领办人。

副主编：

　　黄志康，国家特级导游，全国优秀导游员，国家导游技术技能大师，文化和旅游部人才中心研学旅行指导师考评员。

　　赵东勋，国家金牌导游，文化和旅游部人才中心研学旅行指导师考评员，北京市导游大赛金奖得主。

　　张天竹，国家金牌导游，国家高级导游，文化和旅游部人才中心研学旅行指导师考评员，黑龙江省导游大赛冠军。

　　周立冰，国家高级导游，政工师，工程师。

　　黄锐坚，国家金牌导游，国家高级导游，文化和旅游部人才中心研学旅行指导师考评员。

编　委：（以姓氏笔画为序排列）

马　虹，国家高级导游，国家金牌导游，中国好导游，全国优秀导游员。

王振抗，国家高级导游，文化和旅游部人才中心研学旅行指导师考评员。

王　伟，中小学高级教师，基础教育专家，全国中小学教师资格证面试考官。

吉琳琳，国家高级导游，国家中级旅游经济师。

刘世恒，国家初级导游，导游管理专家。

刘俊凤，国家初级导游，全国跟着课本去旅行教育专家委员会委员。

孙　岩，国家高级导游，中国好导游。

李子尚，导游培训专家，研学旅行教育专家。

李　磊，国家金牌导游，全国优秀导游员，国家中级导游。

李佰成，国家高级导游，旅游管理硕士研究生。

杨　香，国家高级导游，新闻记者，全国导游资格考试面试考官。

杨　洁，国家金牌导游，中国好导游，全国高级导游。

余文超，国家金牌导游，中国好人。

宋垟竹，国家高级导游，国家金牌导游。

罗　凯，国家高级导游，全国导游资格考试面试考官。

周颖霞，国家金牌导游，全国文明导游。

赵　杨，全国导游资格考试面试考官，导游培训专家。

赵立芳，导游培训专家，研学旅行教育专家。

郭小汇，国家初级英语导游，讲师。

程广飞，国家初级导游，高级研学旅行导师。

曾　超，国家初级导游，导游培训专家。

出版说明

新时代新征程，旅游发展面临新机遇新挑战。导游作为旅游行业的重要组成部分，其专业素养和服务水平直接关系到旅游者的旅游体验和旅游业的整体形象。为了满足广大导游从业者提升自身专业能力的需求，同时也为了推动中国旅游行业的高质量发展行稳致远，加快建设旅游强国，让旅游业更好服务美好生活、促进经济发展、构筑精神家园、展示中国形象、增进文明互鉴，我社与中国旅行社协会导游专业委员会合作，推出了"中国导游执业宝典"系列丛书。

本丛书包括《研学旅行导游服务》《导游服务案例选评》《导游服务心理实战秘籍》《导游语言实战秘籍》《从0到1成为旅游网络红人》等。从总体上看，本丛书具有以下特色：

一、作者权威，知识准确

本丛书的作者或是来自各大院校导游行业的专家，或是各地的特级导游、国家金牌导游及其他知名导游。他们均拥有丰富的一线实践经验和扎实的知识功底，保证了丛书内容的准确性。

二、内容新颖，实用性强

丛书内容新颖，紧密围绕导游执业的实际需求，注重与导游行业的人才培养接轨，与旅游服务行业发展趋势保持一致。

一是丛书内容既体现了习近平总书记对旅游工作做出的重要指示，也体现了国家最新颁布的导游规范的相关要求，如《导游服务规范》（GB/T 15971—2023）、《出境旅游领队服务规范》（LB/T 084—2022）等。

二是丛书内容力求一目了然，一看就懂，一学就会，能模仿，拿来就能用，力避晦涩理论，力避学究气息，为一线导游提供实实在在的技术指导。无论是新入行的导游还是经验丰富的资深导游，都能从中获得有价值的知识和技能。

三、案例教学，操作性强

为方便使用，本丛书引入了大量案例。这些案例均来自导游一线，参考性强，真正做到以案例导入学习，以案例增进理解，以案例引导实操。

四、资源丰厚，拓展性强

本丛书以二维码的形式嵌入视频和拓展文字、图片，为读者提供了更加丰富的学习资料和更加直观的学习体验。读者可以通过扫描二维码，观看相关视频、阅读拓展资料，进一步加深对书中内容的理解。

本丛书不仅可以作为一线导游的实战宝典，还可以作为旅游培训机构的用书，以及大中专院校教师学生的参考材料。

旅游教育出版社

2025 年 1 月

Foreword 前 言

2021年7月27日，中国旅行社协会导游专业委员会联合旅游教育出版社在红色革命圣地延安共同举办了"中国导游执业宝典"系列丛书编写研讨会。会议确定由李岑虎牵头组织编写《导游服务案例选评》一书。本书由旅游教育专家李岑虎、第四届全国导游大赛冠军张晓旭、第三届全国导游大赛冠军卫美佑联袂主编，组织全国各地共59位国家金牌导游、全国优秀导游、中国好导游及国家初、中、高级导游和旅游教育专家共同编写新时代中国导游服务案例选评，展示中国导游的美好形象。经过编写团队的心血浇灌与不懈付出，该书初稿已于2022年10月完成。此后，多部与本书有关的国家规范文件陆续出台，特别是随着2023年3月国家文化和旅游部发布的《出境旅游领队服务规范》（LB/T 084—2022）以及2024年4月国家市场监督管理总局和国家标准化管理委员会发布的《导游服务规范》（GB/T 15971—2023）的相继生效，参编专家及时跟进，按照新规范、新要求，对书稿进行了多次的修改与完善。历经近四年之久，今日终成书稿。

一、读者对象

本书主要读者对象为导游、讲解员、领队、旅游专业大学生及参加初级、中级、高级导游考试的人员，同时也是广大旅游爱好者和旅游教育科研人员的优质参考书。

二、本书内容

本书共分职业素养、服务技能、应变处理以及综合服务四个篇章，包含导游职业素养、导游规范服务、导游词的编撰、导游语言表达、导游带团技能、导游讲解技能、购物引导服务、导游大赛参赛、红色讲解服务、政务接待服务、旅游事件预防与处理、研学旅行服务、劳动教育服务、旅游招标投标服务、自媒体宣传推广等方面的内容，可谓要素齐全，标准规范。

三、解读规范

新版《导游服务规范》（GB/T 15971–2023）和《出境旅游领队服务规范》（LB/T 084–2022）既是未来导游必须掌握的核心内容，也是旅游主管部门督查导游服务是否达标的重要依据。本书无论是编写案例，还是案例点评，均采用国内最新的理论成果、最新的法律法规来行文，特别是结合案例重点解读2024年4月1日生效的《导游服务规范》（GB/T 15971–2023）和2023年3月生效的《出境旅游领队服务规范》（LB/T 084–2022），既保证了本书的科学性、规范性、前瞻性和引领性，又为导游提供规范化服务提供了可借鉴的案例，尤其为新入职的导游学习导游服务规范提供了很好的参考材料。

四、编写风格

本书突出以下几个特点：

第一，编写专家团队权威。本书参编作者除了编委会成员以外，还有很多国内知名的导游员和旅游教育专家。其中包括全国导游大赛冠军2名、国家特级导游1名、国家金牌导游9名、国家高级导游11名、中级导游7名、教授4名、副教授7名、讲师6名，可谓星光灿烂，大咖云集。他们均有较高的理论水平和丰富的导游服务经验，能紧紧按照国家的要求，写出反映中国声音的导游篇章，引领着中国导游服务的方向。

第二，本书直接采用"案例+点评"的方式编写，一目了然，不绕弯、不晦涩、不啰唆，能模仿、拿来就能用。

第三，本书采用项目式编写方式。全书共六个项目，每个项目均有"项目导读""思维导图""任务导语""任务实施""案例展示""案例点评""冠军风采""金牌之光""红色导游""项目实训"等模块，结构清楚，目的明确，引人入胜，视觉不疲劳。

第四，呈现数字化图书，正文中间插入适量图片和二维码视频，方便读者扫码就能看到、听到，享受视觉、听觉之美。

本书由李岑虎、张晓旭、卫美佑担任主编，黄志康、赵东勋、张天竹、周立冰、黄锐坚担任副主编，马虹、王伟、王振抗、吉琳琳、刘世恒、刘俊凤、孙岩、李子尚、李磊、李佰成、杨香、杨洁、余文超、宋垟竹、罗凯、周颖霞、赵杨、赵立芳、郭小汇、程广飞、曾超等担任编委。本书作者除了编委会成员以外，还有高霞、范旖虹、张美亭、李层红、汪亚明、刘勤、高晴、何凯、贺仁俊、马梦兰、樊凯文、欧阳玛杰、刘鑫洋、陈萍萍、杨贤达、吴旬初、徐慧慧、姜绪军、段玉婷、管沛凡、徐琴、马梦兰、王安安、丁海秀、刘亚文、王乐乐、司春霞、林强、毛毛丫头、张品、聂维等资深导游和旅游教育专家。李岑虎负责全书的大纲编写、统稿、修改和

相关内容的编写。

由于本书涵盖内容多、领域广、跨度大，再加上作者水平所限，很多优质的案例和优秀导游事迹未能及时收录，缺点和不足在所难免，敬请批评指正。同时请把您的修订意见和典型事迹发到邮箱 siteven@163.com 或微信 siagelzy 里，以便再版时及时修订。

编者

2024 年 10 月 10 日

职业素养篇 / 1

项目一　提高导游职业素养 / 2
　　任务一　加强导游职业道德 / 2
　　任务二　提升导游从业素质 / 14

项目二　做好导游规范服务 / 25
　　任务一　做好接团服务 / 25
　　任务二　强化游览服务 / 31
　　任务三　做好后续服务 / 35
　　任务四　规范出入境服务 / 39

服务技能篇 / 49

项目三　提高导游带团讲解技能 / 50
　　任务一　掌握导游词的编撰技能 / 50
　　任务二　熟悉导游语言表达技能 / 62
　　任务三　重点掌握导游带团技能 / 66
　　任务四　努力提升导游讲解技能 / 72
　　任务五　做好游客购物引导服务 / 94

项目四　提升导游综合服务技能 / 106

　　任务一　参加导游大赛获胜技巧 / 106

　　任务二　做好红色文化讲解服务 / 122

　　任务三　提高政务接待服务技能 / 134

应变处理篇 / 147

项目五　掌握旅游事件处理技能 / 148

　　任务一　游客个别要求的处理 / 148

　　任务二　常见事故预防与处理 / 156

　　任务三　突发性事件预防与处理 / 161

新业务服务篇 / 181

项目六　拓展导游新业务服务技能 / 182

　　任务一　掌握研学旅行服务技能 / 182

　　任务二　掌握劳动教育服务技能 / 231

　　任务三　参与旅游招标投标服务 / 248

　　任务四　巧用自媒体宣传推广 / 262

附　录 / 269

参考文献 / 270

职业素养篇

- 项目一　提高导游职业素养
- 项目二　做好导游规范服务

项目一

提高导游职业素养

● **项目导读**

  良好的导游职业素养是导游从业成功的基础和前提。作为全书的开篇项目，本项目围绕导游职业道德、导游从业素质两个任务，征集、优选并列举了部分案例，做了点评。希望能够通过真实鲜活的案例及科学中肯的点评帮助各位读者认识到导游职业素养的重要性，并从正反案例中获得启迪或引以为鉴，指导行动；进而提升导游职业素养，为后续项目学习及导游工作打下坚实的基础。

● **思维导图**

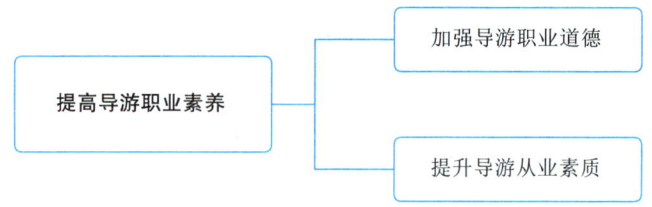

任务一　加强导游职业道德

  作为"民间大使"，导游往往代表了旅游目的地的形象，其工作范围广，责任重大。因此，导游不仅要加强业务知识的学习，还必须加强职业道德修养。

● **任务实施**

一、制止游客发表不当言论

案例 1-1

台湾游客在大陆旅游发表不正当言论

  导游小李接待了一个来自台湾的旅游团。第一天游览结束后，晚上十点钟，小李接到派出所通知说团队客人涉嫌违反治安条例，要求导游前往派出所协助调查。小李第一时间向自己的旅行社汇报了情况，并迅速前往派出所。原来游客自由活动时与当地居民发生言语冲突，两名团员发表了"大陆没有人权、没有言论自由"等反动言论。小李配合调查后，与两名游客单独谈话，告知："人权是尊重每一个生命的自由与平等，言论自由是基于历史事实基础上的自由，而非不负责任的胡言乱语。"但是也理解他们是对大陆真实情况并不了解，才发表了不正当的言论，而非主观故意抹黑。经过小李耐心、深入地交流，游客意识到错误及问题的严重性，并保证不会再犯。经过协商沟通，他们写下书面保证后，派出所对二人分别作出口头警告，不予行政处罚。小李随即将游客送回酒店。

后续行程中，小李意识到团队大部分成员对祖国大陆基本情况了解甚少，于是在讲解中不仅讲历史，还着重介绍祖国大陆近些年的变化，用具体的事实为他们阐述祖国的政治理念，融思政进讲解，润物无声。行程结束之时，大家纷纷表示不虚此行，认识了一个全新的大陆，两名涉事游客还说自己一叶障目，并真诚地向小李表达了感谢。

（本案例由山西省金牌导游员范旖虹提供）

案例点评

《导游服务规范》（GB/T 15971-2023）导游服务能力要求，导游首先要热爱祖国，践行社会主义核心价值观。对于海外游客不当言行的处理：海外游客由于其国家的社会制度与我国不同，政治观点也会有差异。即便是我国台湾地区的游客，也可能存在类似问题。因此，一些人可能对我国存有误解，甚至产生分歧。案例中的两名游客，与当地人发生冲突，盛怒之下，口不择言，加之对祖国大陆人权与言论自由等的错误了解与认识，在非主观故意、敌对污蔑的情况下产生了不当言行，造成了较为严重的后果。导游第一时间把情况汇报给自己所在的旅行社，前往派出所了解情况、配合调查，判断不当言论性质与成因后，积极耐心地与游客沟通，圆满处理了问题。更难能可贵的是，在认识到问题产生的根源是游客对祖国大陆的不了解之后，积极抓住导游讲解的机会，巧妙地将祖国大陆的政策、发展、变化融入讲解，不说教，不空洞，用具体事实说话，帮助游客在欣赏美景、放松身心的同时，也看到了真实的祖国，起到了融思政进讲解、盐溶于水、润物无声的良好效果。

当然，如果个别游客站在敌对立场恶意攻击、蓄意诬蔑挑衅时，导游就要严正驳斥，驳斥时要理直气壮、观点鲜明，向其阐明自己的观点，指出问题的性质，劝其自制。如其仍一意孤行，影响面大，或有违法行为，导游应立即向有关部门报告。

（点评人：张天竹）

二、游客受到威胁,导游挺身而出

义无反顾地保护游客安危

8月,领队李先生带领31人的团队前往泰国旅游。行程第三天到达芭堤雅,入住了某五星级酒店。

凌晨一点半,领队李先生接到团队中一名女游客的电话,有两男一女正敲她们住房的房门,敲门人声称该房间在网上约了按摩服务。尽管女游客告诉敲门人没有预约按摩,但三人仍然敲门,并要求不做按摩也得付费,不然就不客气,两位年轻女游客很害怕,向领队求救。领队闻言立刻给泰国地接导游打电话,并叫上同住的团友大哥一起去查看情况。可是地接导游一直不接电话,团友大哥也害怕不敢去。

领队知道情况紧急,给国内组团社打电话根本来不及,只能自己尽快赶到现场解决。领队一边继续拨打泰国地接社电话,一边劝说同住的团友大哥远远地跟在后边就行,万一有什么问题,做个见证。

然而,泰国地接社仍然没人接电话。领队一边往外跑,一边给酒店前台打电话,请求酒店帮忙报警。可是酒店说,在泰国这样的事情没必要报警,因为警察来了仍然会让你们付清按摩的服务费用。李先生跟前台说明客人没有预约按摩服务,但前台不相信,因为敲门人能准确地找到房间说明是客人约了服务的。领队赶到事发房间门口时,没有发现可疑人员。他赶紧敲门告诉女游客门口已经没有人了,游客看到是领队赶紧打开了房间门,一边哭一边说那三个人刚走。领队坚定地说:"你们放心,只要有我在谁也不能伤害你们。"这时,另一个女游客在窗边急促地说就是那三个人,果然他们看到两男一女正骑着两辆摩托车离开。

领队安抚了两个女游客的情绪,但同时担心那几个人再返回,就说服了同住的大哥,跟女游客们换了房间。又第一时间编写了短信向公司汇报。早上五点半,旅游公司领导看到信息后第一时间给领队打电话详细了解事情的经过,并肯定了他的做法。早餐时间泰国地接社打来电话,说电话静音未及时接听,表示歉意。

回国后,同事问领队,遇到那样的事你直接冲上去不怕吗?他说:"当然害怕!但是客人的安危更重要,在异国他乡领队是客人最值得依靠的人,我得对得起客人的信任,我必须义无反顾地冲上去。"

（本案例由国家金牌导游员李佰成提供）

案例点评

领队李先生接到游客电话,第一时间寻求帮助并不顾个人安危冲到事发现场,面对突发事件不慌不乱,沉着冷静,积极想办法寻求帮助,考虑周全,与游客换房间,为游客排忧解难,有担当,有胆识,表现了领队应具备的职业素养与高尚道德。在此后的工作中,提醒游客如果再发生类似情况,游客千万不要贸然开门,要向领队寻求帮助更好。

（点评人：张天竹）

三、以游客为本,服务至诚,提供个性化服务

 案例 1-3

一碗热粥的爱

去年冬天,一个来自广州的旅游团在哈尔滨游览,其中一名四岁的小游客,高烧不退,食欲不振,精神状态也不好。家长认为小孩子只是感冒,婉拒了导游小张提出的就医建议,自行用药治疗。

团队抵达某知名水饺专营餐馆用晚餐。可是小男孩看着热腾腾的饺子却一口也不想吃,还委屈地哭了起来。孩子母亲说此前孩子在家生病,总是给他熬一碗白米粥。白米粥本是非常简单的要求。然而,当时所在餐馆是饺子专营店,而且正处在春节期间,旅游旺季,团队用餐压力大,餐厅无法煮粥,导游只好另想别的办法。

张导安顿好其他团友用餐后立即在周边寻找,但2005年的哈尔滨,春节期间除团餐厅外,营业的餐厅特别少,晚上更是没有什么营业的餐厅。当时电商外卖平台还没有诞生呢,更没有送外卖的方式,这可把她急坏了。

最终,一位阿姨抱着保温瓶,匆匆而来,顾不上抖落身上的雪,就朝着张导挥手。她赶快跑过去接过保温瓶,把粥送到孩子身边。孩子终于喝上了热乎乎的粥,加了一勺白糖,小嘴儿吧唧着,吃得可开心了。家长赶紧问价钱,要付费。阿姨说："要啥钱啊,你们导游是我闺女,她让我送碗粥还要什么钱呀?我看看孩子。"没错,阿姨就是张导的母亲。原来在焦急的情况下,导游联系了妈妈。妈妈二话不说,立刻煮了粥,打了出租车送过来。

游客连声道谢,团友们也称赞不已,张导却说："孩子这么难受,谁都会努力去做的。你们是我尊贵的客人,更是我亲密的朋友。我妈给远道而来的朋友们做点饭,没啥大不了的。希望大家能看到黑龙江的好山、好水、好冰、好雪和好人,拥有好心情,留下好印象,带走好回忆,做一辈子的好朋友。"

多年来,导游张天竹秉承"以游客为本,服务至诚"的理念,提供温暖的个性化

服务,总结出导游个性化服务的"123法则",在导游云课堂分享,获得众多好评,成长为黑龙江省导游大赛冠军、黑龙江省青年岗位能手、黑龙江省巾帼建功标兵、全国优秀导游员、国家金牌导游员,并带动一批导游员开展个性化服务,提升服务质量。

(本案例由国家金牌导游、黑龙江农业工程职业学院张天竹提供)

案例点评

导游个性化服务是指在满足一般游客一般要求的基础上,进一步发现并满足不同游客正当的、特殊的要求而提供的额外的定制化服务,是使游客体验到被优待、被重视,从而感觉特别满意的人性化服务。除提升旅行社服务质量和游客满意度之外,在提供个性化服务的过程中,导游自身的能力、素质、情感体验也在不断提升,使导游工作更具灵活性、创新性和幸福感。案例中,游客提出了特殊要求,导游并没有将其视为"麻烦",而是积极抓住这一提供个性化服务的机会,真诚地用心、用爱完成一次个性化服务,使得山川增色,冰雪有情,营造了寒冷冬日的温暖旅程。在实践中,张天竹总结了个性化服务的"123"法则,即在个性化服务提升服务质量这一目标引领下,在合法合理合情和丰富的导游知识技能两项保障下,抓住特殊的要求、特殊的游客、特殊的情况的"三特机会",为游客提供个性化服务,并积极推广、践行。如今,越来越多的导游开始重视提供个性化服务,在为游客创造惊喜的快乐中开启更加完美的服务人生。

(点评人:张天竹)

四、遇到外宾团展示中国文明形象

 案例1-4

国内旅游团与国际考察团相遇

地陪导游小李带领团队前往平遥古城景区游览,遇到交通管制情况,等待约半小时后交通管制解除。小李安排客人在景区前开阔处拍照留念,自己去办理门票业务。经与工作人员沟通后了解到,当时景区内有一个国外建筑学专家考察团,在对世界文化遗产进行深入考察。

得知此消息,小李在检票口迅速了解了专家考察团队的行进路线及考察时间,尽量在团队游览过程中不影响专家的考察活动。并将此消息告知游客,引导游客如果遇到国际考察团队,请大家坚持文明旅游,展示出我们的好客形象,不影响考察活动,游客朋友们纷纷表示赞同。

当团队登上城墙,恰好遇到外宾考察团队同行,小李转身对团友比画了一个保持安静的手势,全体游客点头心领神会,优先让专家们考察研究。国际考察团接待员讲解完毕后对小李团队竖起了大拇指，外宾专家也对游客们表示感谢。分别后，小李再带着游客游览古城墙，并做了详细讲解，游客朋友夸赞小李安排得当，为古城形象加分。

（本案例由国家金牌导游、临汾市职业技术学院文化旅游系外聘专家李磊提供）

案例点评

很多重要的旅游景区会频繁出现重要团队的接待任务，作为地陪导游员要根据这样的情况进行提前预判，并做好应对与安排。本案例中导游员根据交通管制情况进行初步预判，后与景区工作人员再次确认，从而做好了与考察团队相遇后的行动安排，既维护了团队形象，又避免了影响考察活动的情况发生。

导游领队人员对游客文明旅游的引导应诚恳、得体。导游领队人员应有维护文明旅游的主动性和自觉性，关注游客的言行举止，在适当时机对游客进行相应提醒、警示、劝告。导游领队人员应积极主动地营造轻松和谐的旅游氛围，引导游客友善共处、互帮互助、相互监督。

（点评人：国家金牌导游、临汾市职业技术学院文化旅游系外聘专家李磊）

五、好导游就是行走的"百科全书"

案例1-5

博学多才的天台山导游——付相标

不惑之年的付相标，戴着一副眼镜，笑容温暖，讲解时给人一种真诚的感觉。他是浙江省首届诗路文化带景区讲解员大赛"金牌讲解员"、国家高级导游。他对于台州各大景区的介绍如数家珍，对城市发展现状侃侃而谈，对历史文化张口就来……见过他的人，都惊讶于他的知识储备量。

在从事旅游行业之前，付相标曾做过小说作家、电视台编导等工作。后来因为他在陪客人游玩时发现，有些导游解说不求甚解，枯燥空洞，无法吸引人。付相标觉得虽然自己并不了解旅游，但了解自己家乡优美的自然风光，掌握其深厚的历史文化，作为一名天台人，他有责任宣传家乡的美景，讲好天台山的故事。于是在2006年他考取了导游资格证，敲开了导游行业的大门。

"市场也在倒逼导游提升自己，游客不需要背书式导游，更喜欢专家型导游，从而也促使从业人员素养不断提升，"付相标说，"以前年轻导游受欢迎，现在年纪越大越有市场。随着定制游逐渐火热，讲解也从追求共性，到因人施讲。"每次带团时，付相标都会了解团队游客的职业、年龄等基本情况，根据客人的兴趣爱好、体能、知识层次等定制旅游线路，进行针对性讲解，使游客乘兴而来、尽兴而归。这些年来，不仅是在家乡，他还带着游客几乎走遍了中国。每到一个地方，他都会提前和地接沟通，了解当地的历史文化，从而让自己与游客交流时对答如流。

在付相标看来，好导游就是行走的"百科全书"。他说："如果单单将景点的故事讲给游客听，太单薄了。在我的心中，导游不仅仅是对一个景点、一个城市的深度解读，还要契合游客的不同需求，将自己的人生感悟融入讲解当中。"这些年来，付相标提炼出了自己的一套讲解体系。

前几年，付相标选择创业，开辟了乡村文旅市场及导游资质培训等业务。除了带团，他还给学员进行考级培训、业务能力和兴趣爱好培训。随着高铁的开通，会有越来越多的游客来天台打卡，未来的路还很长，付相标会用毕生的精力去践行初心和梦想。

（本案例由国家高级导游员、丽水学院特聘教师、杭州西湖景区周立冰提供）

案例点评

好导游是行走的"百科全书"。举手是壮美河山，谈笑是上下千年。从前，我们说旅行社导游员要做全才、通才，景区导游要做专家型、学者型、文化型的专才。随着游客经济实力与文化需求的不断提升，定制游、研学游等新需求的涌现，互联网获取知识日益便捷，知识付费理念得到认可，无论是旅行社导游还是景区导游，都要向学者型、专家型、文化型导游努力。要具有宽广的知识面，只有以丰富的知识做后盾，导游讲解才能言之有物、言之有理、言之有据，才富有感染力和说服力，受到游客的欢迎。要了解团队，洞察游客的心理活动，有的放矢提供讲解服务，有针对性地提供心理服务，使游客得到心理上的满足与精神上的享受。

（点评人：国家金牌导游、黑龙江农业工程职业学院张天竹）

六、导游成为被隔离游客的唯一依靠

案例 1-6

突围"毒圈"的女导游——邵静

2021年7月，炎炎夏日没有吓退新冠病毒，湖南迎来了抗新冠战场的新高峰。而湖南中铁国旅的导游邵静，一路历经艰辛坎坷，最终引导着游客安全返乡。

7月24日，北京某公司的高端旅游团一行55人抵达湖南，导游邵静开始了辛劳且惊心动魄的一次经历。

7月26日，该团离开凤凰古城抵达张家界，邵静入住酒店后收到了一条消息：在凤凰古城旅游过的大连游客诊断出新冠病毒阳性！邵静发现该团前一晚与感染者住过同一个酒店，整个旅游团，尤其是12名儿童游客，成了感染病毒的高危人群。

于是公司立即联系武陵源区疾控，并让邵静通知客人不得离开房间，以免出现感染的情况。而当时的张家界地方疾控还没有收到此次疫情的通报，根本来不及应对，直至凌晨才有疾控人员来叫醒客人做核酸检测。

27日，客人在房间内等待核酸检测结果。一直高标准享受惯了的游客，焦虑地在房间里等了一整天，开始抱怨。当邵静得知全团阴性，配合绿码仍可外出游览时，就迅速安抚游客情绪，并做好了第二天的行程安排。

28日，情况突然急转直下，整个张家界地区开始全员核酸，并且有客人的健康码变成了红色，全团被要求就地隔离在酒店，不得出房门。客人的抱怨迅速变成了恐慌。此时的邵静深知自己作为导游，最大的责任就是照顾好游客，她适时地在微信群里安抚客人的情绪，尽一切可能帮助客人购置所需的生活物资，并且随时向公司和游客通报疾控的各项措施和通知。

29日，情况继续恶化，张家界多个地区相继开始封闭，酒店员工也因为疫情急剧减少，客人点外卖也开始出现无法下单或无法送达的情况。此时，因为导游仍是绿码，瘦弱的姑娘开始成为55位客人生活物资输送的唯一渠道。

30日，这是整个经历中最黑暗的一天。酒店仅有一名工作人员留守前台，疾控人手不足，安排了团队的盒饭并给了两套防护服，要求导游配合做好工作。55名游客，一日三餐的盒饭就有一百多个，客人一向优渥的生活，还产生了各种饮料、零食、药品的采购和垃圾处理问题。繁重的工作和疫情造成的精神压力，一股脑落在了邵静的肩头。导游邵静一直照顾着团队，直至8月14日张家界疾控解除团队隔离。

在家里她是父母的宝贝、丈夫的娇妻，在极端的情况下，邵静也会恐慌，但是为了公司的口碑、游客的满意，她毅然承担起了所有的工作，展现了一名导游优秀的精神面貌，得到了张家界当地各防控部门及游客的充分肯定。组团社于9月13日委托公司为导游邵静送上了锦旗以示感谢与鼓励。

（本案例由国家高级导游员、丽水学院特聘教师、杭州西湖景区周立冰提供）

案例点评

全民抗疫，共筑安全屏障。特殊时期，彰显导游力量。案例中的导游在面临疫情这一突发事件的考验中，孤身一人、义无反顾地化身"大白"，承担55位游客的物资需求统计、采购、运输、发放，疫情之下的心理建设、辅导，甚至垃圾转运等一系列工作。面对病毒，导游也只是血肉之躯，有感染风险，有死亡威胁，有内心的恐惧。但是"导游"两字赋予的使命与责任，使邵静完成了本可以推拒的工作。20天，一个瘦弱的姑娘，用爱和奉献筑起了一道"防疫长城"、一条"黄金通道"、一个"心灵加油站"。疫情面前，她没有抱怨，而是用积极乐观、服务他人的大爱，不计得失，传递正能量，体现了新时代导游的胸怀与担当。

（点评人：张天竹）

七、口说好话，心想好意，身行好事

口说好话，心想好意，身行好事
——"三好"同行，至诚服务

周颖霞，苏州原创读行学堂文化旅游发展股份有限公司英语高级导游、苏州市十佳导游员、苏州市劳动模范、全国文明导游、国家金牌导游。

从业二十多年，她接待了来自世界各地的游客。作为出境领队，她带着中国游客走过了七大洲四大洋；作为旅游教育老师，她培训了一批又一批有志于从事旅游行业的年轻人。

一路走来，她认为，作为导游、领队，应以游客为本，至诚服务，不断提升自我的综合素养。通过多年来的讲解和服务，她和广大游客朋友们结下了好缘，让她受益匪浅的是：口说好话，心想好意，身行好事。

一、口说好话

首先，她把口说好话归纳为友善的问候、有效的沟通。

例如，她在车上向游客们发表完欢迎辞后，接着通常会用苏州方言向大家道一声"您好"，示范苏州话"您好"的发音，并让游客朋友们一起来学苏州方言，感受吴侬软语的动听。同时提示游客，感受"您好"发音的同时会带动嘴角微微向上扬起，像是彼此在微笑着问候，并带动游客们把美好的问候送给彼此。这份友善的问候一下拉近了彼此的距离，让她更加坚信，巧妙地运用好方言，可以增加游客的体验度和满意度。

讲好方言能活跃气氛，而讲好外语、善用外语技巧则能让她在境外担任领队遇到问题时快速解决问题。

比如，坐船到南极洲需要穿越德雷克海峡，这是世界上最危险的海峡之一，这个过程被称为"地狱48小时"。船行驶在德雷克海峡中常常伴有十级以上的狂风和十几米以上的巨浪，船身倾斜度甚至会到45°，大多数游客都会有不同程度的晕船症状，有些严重到脱水的程度，需要医生来治疗。船上的服务人员和医生等工作人员基本都需要用英语来沟通，小到去服务台帮客人拿晕船药，大到带客人看医生，都需要用英语准确、清晰地回答医生的询问。周颖霞每次都会运用自己极强的语言能力，出色完成沟通服务任务，并善于运用服务心理学知识技能，用积极、正向的语言引导、安抚游客，让这段从地狱到天堂的经历成为精彩的南极之旅不可分割的一部分。

又如遇到国际航班延误，她需要在抵达国外机场中转时处理机票改签、开具延误证明、安排游客入住等一系列问题，她都会采用简洁明了、突出重点的沟通方式，尽快解决客人入住的问题，她说让游客休息好，是对游客最好的情绪安抚，可以达到事半功倍的效果。

每每听到游客们说："有你在，我们放心。"她都能感受到口说好话带来的善意。

二、心想好意

周颖霞认为，口说好话带来的善意，不仅仅是事事如意，更是需要把遇到的不顺的事情转化为好的念头，让游客们安心，所以她时时注意提醒自己要心想好意。

比如，有一次她带一个出境团，准备乘坐空客 A380 飞往法兰克福，听到广播传来航班延误的消息，她第一时间赶到登机口询问延误原因。了解情况后，正想回来和团友们说明时，团长急匆匆大步向她走来，紧锁着眉头抱怨道："行程还没开始就遇到航班延误，真是太倒霉了。"听到团长说倒霉两个字，她马上调动起自己的情绪，用诚恳的态度说："团长，我们真是太庆幸了，航班延误的重要原因是飞机引擎出了故障，好在发现及时，如果在空中出现故障，后果将不堪设想啊！"话音刚落，团长的愁容顿时散去，说道："哦！原来是这样啊，还好没起飞。"接着她积极协助团长把游客的情绪安抚好，耐心等待登机的信息。这就是遇事心想好意，起到大事化小、小事化了的积极效果。

三、身行好事

她认为，口说好话和心想好意，不仅仅是说到和想到，更需要影响大家一起来做到。她努力做到以行动带动绿色旅游和文明旅游。她让游客了解绿色旅游，引导大家从自身做起。

带动绿色旅游，她从这 3 个 "R" 开始做起，即：Refuse、Reduce、Reuse。

第一个 R 是 Refuse，即不用。不用一次性制品和难以降解的塑料制品，宣导游客自备环保杯、环保袋、环保筷等，做到环境保护。

第二个 R 是 Reduce，即少用。如购物时，买需要的，不买想要的；用水时开水龙头的水流量如一根筷子粗细来节约用水；用自助餐时，吃八分饱对身体好，做到珍惜资源。

第三个 R 是 Reuse，即再用。延长物品使用的寿命，如收纳袋、浴帽、拖鞋等物品的再使用。

她也同样积极宣导文明旅游，总是不厌其烦地提醒游客：一是维护环境卫生；二是保护生态环境，保护文物古迹；三是爱惜公共设施；四是尊重各民族宗教习俗；五是以礼待人，衣着整洁得体，和外宾合影需征得同意；六是公共场所讲话低声细语。中国是礼仪之邦，给为大家服务的人一个微笑，道一声谢谢，入乡随俗，让文明旅游成为一道独特的风景线。

曾经有游客问她，什么是爱国？她说：做到口说好话，心想好意，身行好事，言行一致，就是用实际行动在爱国。她认为，更需要肩负起导游这份工作赋予的责任和使命，因为导游是国家和地方的形象，是真善美的载体，是文化的代言人，愿人人从自身做起，引导游客将"三好"转化为情感的认同和行为习惯，让中华文化展现出永久的魅力和时代风采。工作之余，她还会善用时间在慈善、环保等公益事业上，践行"三好"，不管以何种方式，她一直在路上。

（本案例由国家金牌导游周颖霞提供）

案例点评

　　导游员周颖霞通过实践摸索，总结出"口说好话，心想好意，身行好事"的"三好"工作准则，并以生动的真实案例，呈现出"三好"秘诀化解难题、赢得口碑的力量与魅力，用实际行动积极倡导绿色旅游和文明旅游，取得了良好的效果。同时也提醒、鼓励各位读者能够践行"三好"理念，不断提升自我的综合素养，提升服务质量。

（点评人：张天竹）

八、要虚心向前辈们请教学习

案例1-8

努力中收获，收获中成长

图1-1　政务接待员张美亭　　供图：张美亭

　　进入大学，因为热爱，我选择了自己喜欢的旅游管理专业，当时我的母校河南师范大学新联学院（现在的中原科技学院）每年都会举行导游之星大赛，我都会积极报名参加。学院的赵芳鋆老师每次也都会鼓励我们积极参赛，并且每次赛前都会给我们集中培训，悉心指导，以赛代训。也正是因为在校期间一次一次的参赛，让我在专业知识和综合素养方面打下了良好的基础，这对我以后的工作有很大的帮助。现在想起在学校参加比赛的那段时光仍觉得无比的充实和美好，四年的专业学习让我更加坚定了选择旅游这个行业的想法。

2019年，我顺利入职河南空港国际旅行社，很荣幸地成为了一名政务接待员。第一次参加政务接待是航空港区承办的全省深化人才发展体制机制改革推进会，接待时激动的心情至今仍记忆犹新。当时接到通知是一周后举行活动，一周时间几万字的讲解词需要熟记于心，时间紧，任务重。作为一名刚毕业的新人和一些行业前辈一起参加接待，开心激动的同时压力也非常大，因为没有积累、没有经验，上万字的讲解词必须下功夫认真背，不仅要知其然，而且要知其所以然，以备客人提问，所以当时每天通宵背词是常态。在前辈们的帮助和鼓励下，在自己的努力下，最终顺利完成接待任务，并且收到了航空港区党政办公室发来的表扬信，一切努力和付出都是值得的。当时旅行社总经理张凤鸣，是政务接待队伍中非常优秀的一位前辈，张老师每次在我们参加政务讲解和接待前都会对讲解词和礼仪进行一遍又一遍的指导，并且带着我们一次次到现场踩点试讲。张老师对工作的严谨和热爱时刻影响着我，榜样的力量让我想要更加努力地去做好一名政务接待员，也就是在这个时候，我真正明白了"台上一分钟，台下十年功"的含义。

2021年，在参加辛丑年黄帝故里拜祖大典接待时，遇见当时受邀参加拜祖大典的嘉宾李苓虎老师，李老师曾经给我们学校做过关于做专家型导游员的讲座，所以在现场看到曾经的授课老师格外亲切，非常开心和激动，我的服务表现也得到了李老师的认可和鼓励。从刚毕业不敢上台讲解、懵懵懂懂的小女孩，到现在敢于在人群中自信从容讲解的政务接待员，努力学习的过程痛并快乐着，没有人的成功是一蹴而就，只有不断努力、虚心好学、勇于挑战，才会有所收获和成长。

政务接待员是当地的形象代表，言行举止要为当地形象"加分"，要传播和展示好家乡的形象和文化。长风万里，光明在前，导游是旅游行业的灵魂，是旅游中重要的一环，作为新时代的旅游人，任重而道远，让我们满怀希望，不忘初心，不惧未来，迎难而上。我有信心做好一名合格的政务接待员，用乡音讲好我们的乡土乡情，展现好新时代旅游人的职业素养！

（本案例由河南空港国际旅行社张美亭提供）

案例点评

俗话说"师傅领进门，修行在个人"。新导游入行并能迅速成长，取得成绩，自然离不开前辈的指导与个人的努力。抓住每个学习机会，勇于挑战，积极承担，虚心求教，便能迅速成长。张美亭是一位政务接待员，遇到了校园恩师与行业导师，加之自身努力，取得了优秀的成绩。实践经验告诉我们，很多导游员除了校园恩师、行业导师,还应该向司机师傅请教,他们往往不擅讲解,但是"阅导无数",每天与不同的导游合作出团,不仅熟门熟路,更是对各种讲解方法、思路有深刻体会。游客们也是来自各个地区、各行各业,也是我们学习的好榜样。全国导游云课堂、各个行业协会培训等,都是我们导游学习的好机会。

(点评人:张天竹)

任务二 提升导游从业素质

旅游人才是提升旅游服务质量的重要支撑。而导游作为旅游从业人员的重要群体,是旅游服务和旅游形象的重要窗口,是传承和弘扬中华优秀文化和社会主义核心价值观的重要力量,也是提升旅游服务质量的关键因素,提升导游从业素质刻不容缓。

 任务实施

一、不怕晕车,咬牙迈出第一步

 案例1-9

晕车的女导游

飞飞是某高校旅游专业学生。毕业前夕,她和一家旅行社签订了就业协议。按照协议约定,飞飞到旅行社进行了为期一周的岗前培训并顺利通过了考核。即将进入跟团学习阶段的飞飞却总是心事重重,她找到主管,袒露自己的隐忧:"师傅,我晕车怎么办?是不是就不能当导游了?"主管一时竟找不出开导的话来,因为只听说过身高、视力、学历会影响就业,没想到"晕车"也会影响就业。而做导游这一行偏偏要乘坐各种各样的交通工具,如果自己都晕,又如何去照顾游客?

"吐着吐着就习惯了!很多导游都是这样走过来的。当你在车上专注讲解时,你的注意力就会转移。自己坐车和带团工作不太一样,如果晕车真的很严重就适当休息一下,也没什么影响,"公司例会上一位前辈导游分享了自己的心得,"不过上车前还是要做些防晕车准备,比如吃晕车药、贴晕车贴,出团时包里再备些风油精、花露水。"

最终,飞飞勇敢地迈出了第一步。回忆起自己第一次带团的场景,她有些脸红:"当时我在车上吐得稀里哗啦,把司机和满车的游客都吓傻了。幸好游客能谅解,特别是几个老阿姨,不但没有指责我,还非常照顾我,有的偷偷塞橘子皮给我,有的偷偷拿辣条给我吃，还有的叮嘱我多喝热水，她们都把自己独门的防晕车的秘方分享给我，我的心里暖暖的。"

（本案例由国家特级导游黄锐坚提供）

案例点评

晕车是一些人可能会面对的难题。晕车的原因大致分为器质（外界）和心理（内在）两方面。在封闭的车厢内，异味比较容易使某些乘客产生晕车反应，保持良好的乘车环境可以有效地避免晕车。作为导游要提前做好晕车应急预案，反复模拟防晕车训练，备好晕车药品，尽量不要在游客面前出现晕车状况。

（点评人：黄锐坚）

二、女导游打扮新潮被换掉

案例 1-10

领队强烈要求换掉美貌的女导游

导游温小姐，青春貌美，身材曼妙，又喜欢打扮，服饰总是很"潮"；再加上她性格活泼，常和自己的游客打成一片，因此带团的业绩就像她的长相一样非常惊艳，深受旅行社领导的倚重。

然而有一次，温小姐接了一个美业公司的团队。温小姐考虑到团队成员主要是以三四十的女性游客居多，为了拉近心理距离，特意打扮了一番。当温小姐以靓丽的形象出现在游客面前时，团中的某些客人似乎有些微词，认为温小姐太过漂亮，过于注重自身形象，又怎会全心全意地为自己服务；在讲解过程中，温小姐的几个笑话，虽然引得男团友掌声连连，但是不太恰当的隐喻，却让女团友们深感尴尬。在游览过程中，温小姐得知男团友张某是该美业公司的营销总经理，也许是出于对其特殊身份的关照，对张某的服务更加热情，两人经常会聊一些较为亲密的话题。有人把两人的照片发给了张某爱人，张某爱人向旅游公司提出更换导游的要求。公司了解情况后，批评了导游，做出了调整。

（本案例由国家特级导游黄锐坚提供）

案例点评

作为导游员，怎样的着装才是正确的呢？我认为，导游员着装应做到"四要"，即要和自己的身材、性别、年龄相符；要和季节、气候相适应；要和职业相结合；要和旅游团类型、旅游团所处场合一致。作为导游员既要反对穿着太时髦、太引人注目，又要反对太土气、太懒散。男导游不能过于随意，成"胡子、肌肉、毛大腿"

的"型男";女导游也不能精心修饰成"萌萌哒"或"芭比娃娃"。总之,要着装得体,提升职业素养与审美品位。

（点评人：黄锐坚）

三、游客不欢迎的男导游

 案例1-11

游客不欢迎的男导游

男导游员小张虽然身材矮小,参加工作时间也不长,但很有工作热情,常常受到游客们的好评。有一次他像往常一样接待了一个旅游团,团中大部分是男性游客。然而在饭店用完午餐后,小张刚想带游客去景区游览时,就有几个喜欢起哄打闹的年轻游客当面向小张建议,下午的游览可否请旅行社安排一名漂亮的女导游。自尊心一向很强的小张还是头一次遇到这种事情,觉得很没面子,认为带这样的团已经没有意思了。他随即打电话给旅行社,请旅行社重新安排导游员。旅行社经理告知小张,社内导游已全部出团去了,换导游是不可能的,并要求小张沉住气,尽量做好说服工作。于是,小张就耐心地跟游客说："现在是旅游旺季,别说漂亮的女导游,连长得比我难看的男导游都调不出,那就算是现在让我去做变性手术也来不及呀!请你们暂时委屈一下吧!"小张觉得游客太不给他面子,因此带团时始终提不起劲,一路上就像霜打的茄子,常常蔫不啦唧地拖着一杆导游旗落在游客后面,也不怎么讲解。游客也感觉很无语,游兴大减。

（本案例由国家特级导游黄锐坚提供）

案例点评

团中男性游客占多数,希望有个女性为他们做导游,也属正常心理。导游员在工作中受委屈是常事。作为导游员在接团前应该做好各种心理准备,譬如,如何面对不公正的待遇、如何面对游客的挑三拣四、如何面对莫名其妙的投诉等。当游客提出各种服务要求时,只要是合理且可能的,应尽量满足;如果无法满足,则要做好解释工作,并尽力做好弥补工作。

本案例中,导游员小李碰到游客要求换导游的情况,向经理汇报后,被告之无法更换导游,并且要求他继续为游客做好导游工作。这时,再有委屈也不该流露,不能有所懈怠。相反,小李应该更多地考虑如何凭自己出色的专业能力,赢得游客的好感,博得游客的信赖。正确的处理方法是：

第一,在得知不可能换导游后,应向游客说明并表示歉意;

第二,表明自己将乐意为大家提供优质的导游服务;

第三，冷静面对不公正的待遇，始终牢记"宾客至上，服务第一"的原则，将爱心融入到工作中，多为游客提供超常服务，争取让游客刮目相看。

（点评人：黄锐坚）

四、不要和游客吵架、动手

 案例 1-12

导游一怒之下就和游客动起手来

某旅游团晚上 21：00 抵达旅游目的地的火车站，出站后发现没有任何人前来迎接。在焦虑不安地等待了近一小时后，导游员才匆匆赶来，并解释是公司安排环节出了问题，自己也是刚送走上一个旅游团，连晚饭都没吃就被公司派来接团。此时的游客们根本不听解释，非常生气，甚至有人对着导游骂起了脏话。导游一怒之下就和骂人游客动起手来，幸好被民警及时制止。虽然事后双方和解并相互道歉，但导游的工作情绪受到影响，在此后几天的旅游行程服务中一直提不起精神。

（本案例由国家特级导游黄锐坚提供）

案例点评

从事导游职业，要有良好的心理素质。无论什么原因造成漏接，导游员都应实事求是地向游客说明情况，诚恳地赔礼道歉；就算游客不接受，也不能与游客发生冲突，更不能开口骂人、动手打人，而是应积极采取弥补措施，向游客提供更加热情、周到的服务，以精彩的讲解消除旅游者的不愉快情绪。当然，导游也是人，也应当维护自身的人格尊严与正当权利，对于一些素质不高的游客的无理要求与人身攻击也不能一味退让，要学会运用法律武器来处理。

（点评人：黄锐坚）

五、游览时全陪导游在车上睡觉

 案例 1-13

全陪导游不跟团，小游客掉入水潭中

某个旅游旺季的晚上，我在公司送团，遇到一个新乡八里沟一日游团队返程到家。大巴在公司门口刚停稳，率先下车的是一对夫妻和一个八九岁的男孩。男人骂骂咧咧，径直向公司走来。我看事情不对劲，赶忙迎了上去。详细一问，才了解其中原委。原来是这家孩子在八里沟游玩时，不小心掉入水潭中。虽然水不深，但是

孩子受了惊吓。事故发生时带团导游并没有跟团游览，而是在车上睡觉！最后经理再三道歉，赠送给客人一份土特产，才息事宁人，没有扩大影响。

这个带团导游是本地一所院校旅游专业的学生，因为旅游旺季团队多，在我们公司临时带团。我不知道这个小姑娘在回程路上面对游客的抱怨、指责甚至谩骂，是如何熬过来的。但是作为导游不跟团游览反而在车上睡觉，这确实是严重的失职行为，所以当晚给她结算了工资，就解雇了她。

吸取这次事件的教训，公司制定了严格的导游带团安全管理制度，简而言之分为事前、事中、事后三方面。事前指平时和出团前，导游要熟知旅游安全法律法规，学习安全急救常识；事中指带团中导游一定要随团游览，密切关注可能发生的危及游客人身安全的因素，时刻尽到安全提醒义务；事后指团队结束后，导游要总结带团过程中的不足之处。自从严格贯彻执行导游带团安全管理制度后，公司就再也没有发生过团队安全问题。

（本案例由国家高级导游、河南省商丘市康辉文化旅游集团有限公司孙岩提供）

案例点评

根据《导游服务规范》（GB/T 15971—2023）要求："开车前礼貌地清点人数，并进行安全提示""在游览过程中，导游应注意旅游者动向，及时提醒旅游者如厕，特别关注老年人、未成年人、残疾人等特殊人群。"案例中的导游员擅自离团，在车上睡觉，没有履行游览中的对特殊人群的注意义务、安全提示义务和救助义务，违反了《导游服务规范》（GB/T 15971—2023）。因此，导游所在的旅行社要承担相应的赔偿责任。

本案例告诉我们，旅行社首先要组织导游，甚至全体工作人员认真学习新版《导游服务规范》（GB/T 15971—2023），加强导游规范服务意识、责任意识教育；在旅游过程中要尽到合理的安全保障义务，对旅游中存在的或可能产生的风险应该进行提醒和告知；对于老人、儿童等特殊群体，旅行社负有更高的注意义务，出游时要采取特殊的保护措施，如对老年人、儿童要尽量多提醒，特别提醒家属看好小孩和老人等。出现安全事件后，导游应当迅速报告，组织抢救，为救援部门施救争取宝贵时间。

（点评人：李岑虎）

六、做斜杠青年，提升从业素质

案例 1-14

斜杠青年刘晓东——金牌导游＋烘焙师

《纽约时报》专栏作家麦瑞克·阿尔伯撰写的书籍《双重职业》指出：斜杠青年指的是一群不再满足"专一职业"的生活方式，而选择拥有多重职业和身份的多元生活的人群。这些人在自我介绍中会用斜杠来区分，例如：小周，导游/教师/研学旅行指导师。国家金牌导游刘晓东就是斜杠青年之一。

刘晓东的A面是沉浸在烘焙世界的甜品店主、烘焙师，B面是带团讲解的金牌导游，25岁的刘晓东，在导游与烘焙师两个身份之间来回"切换"。这种身份的"切换"，还得从2020年初的新冠肺炎疫情说起。

新冠肺炎疫情对全国旅游业冲击很大，山西也不例外，刘晓东身边很多导游朋友都被迫转行，他也曾想过转行，但出于对导游工作的热爱，始终没有放弃这份职业。

每个旅游团都有自己的特点，团员也各有偏好。接团之前，刘晓东会先摸清团员的年龄、性别、职业等大概情况，接团后，再根据成员特性适时调整自己的讲解内容。这就需要导游有足够的知识储备和较强的应变能力。导游是旅游团的核心，而讲解服务是对导游基本功的考验。如果导游讲得不好，这个团很快就"散"如一盘沙。而刘晓东带的团，大部分都很有凝聚力。他讲解的每一处景点，游客都很认真在听，也喜欢听。

为了增加自己的知识储备，刘晓东一有时间就泡到图书馆看书，还会独自到周边景点去发掘新的讲解点。高中时期，刘晓东就开始在家乡平遥为游客讲解平遥的历史文化，至今从事导游工作已有十多年。"实时更新"是他对自己的要求。功夫不负有心人，2019年，刘晓东获得国家金牌导游称号。

大半天的导游服务结束后，刘晓东摘掉耳麦，换上轻便的衣服，来到太原一商场，在这里，他将"切换"自己的身份，由金牌导游变成甜品店主烘焙师。

换上甜品店的工作服，检查设备工作情况，安静地和店员一起做法式奶脆、打发奶油……一切步骤有序而自如，这就是上午那个在晋祠流利解说的导游，切换到人生的B面。

有顾客过来询问甜品种类，刘晓东很认真地了解顾客需求。有空隙时，他还会给顾客讲关于甜品来源的小故事。在他看来，每一类甜品的背后，都有其历史和文化内涵。

这个甜品店是刘晓东3月底开始筹备的，4月底开业。"1月底大部分景区都关闭了，很多导游在带团过程中就接到关闭信息，紧急为游客办理各项退票、退费手续。"刘晓东说。当时他有事正在平遥老家，本想着开春后在旅游旺季带团，没想到，一下子歇了很长时间。

有朋友劝他转行，为了生计，他开了这家甜品店，但导游的身份，他从没放弃，他相信，旅游行业定会春暖花开。认真做甜品的时光，他也在静待复工。

2020年3月中下旬，山西省旅行社、图书馆等文旅企业和单位开始有序复工；7月上旬，山西省国有A级以上景区周一至周五工作日期间对全国游客免首道门票；7月下旬，山西省正式恢复旅行社经营跨省团队旅游业务……刘晓东和那些没有放弃梦想的导游们，终于迎来了文旅市场的复苏。

如今，刘晓东成了斜杠青年：闲暇之际，回到甜品店里，沉浸在法式烘焙的温馨中；有团队任务时就切换成导游身份，带上导游旗和扩音器，为大家讲解和传递山西的历史文化。"导游是我热爱的职业，成为烘焙师做甜品让我有了更多的归属感。两种职业交相辉映，相得益彰。"刘晓东说。这就是他现阶段的"双面"人生。

（本案例由国家高级导游员周立冰提供）

案例点评

2020 年，新冠疫情为中国旅游业按下了暂停键。一时间，导游们失去了心爱的岗位与谋生的来源。很多人在等待、期望、彷徨中挣扎，有的迫于生计改行，有的心怀梦想继续坚守。无论怎样，能够一专多能，不断丰富自己的知识技能，拓宽成长与发展的领域，都是值得肯定的。上海社会科学院青少年研究所所长杨雄认为，新产业、新技术、新业态不断更迭，激烈的竞争促使青年人不断进行自我更新。

近年来旅游行业的发展变化巨大，导游员的知识技能与素质要求与以往相比有了很大差别。朝九晚五不再是必需，自我投资永无止境。在知识经济时代，人才将取代资本成为核心生产要素。只要有能力和实力，就能通过不同途径获得更多收入，并保持自身的灵活性。

（点评人：张天竹）

冠军风采

坚守初心变中求进，做好中国导游，讲好山西故事
——记全国导游大赛冠军张晓旭

张晓旭，1988 年出生于山西大同，2009 年毕业于太原旅游职业学院旅游英语专业。同年 9 月加入山西导游队伍，现就职于山西荣时旅行社有限公司。2019 年 9 月，张晓旭在第四届全国导游大赛中夺冠，为山西导游形象在全国树起先锋旗帜。2020 年，张晓旭导游创新工作室正式挂牌成立，为山西新生代导游员培养提供坚实基础。2020 年，张晓旭担纲参与山西省文化和旅游厅两大系列线上文旅直播活动，为数百万全国游客推介大美山西……

14 年的导游职业生涯，她始终秉承着"游客为本，服务至诚"的行业精神，坚守在一线岗位。不忘来时路，笃定向前行，她用实际行动刻画着山西优秀导游员最美的模样，为提升导游团队的素质、服务质量以及山西文旅行业的知名度和美誉度作出了突出贡献。

初心不改，游客至上，坚守匠心做精导游服务

导游是一份崇高的职业，责任重大，使命光荣。十余年的导游生涯，张晓旭接待过 300 余个旅游团，服务过上万游客。虽然日积月累的工作早已烂熟于胸，但张晓

旭仍然秉承"把每一次带团都当作第一次"的使命，始终坚持"游客至上"的服务理念，体贴入微，认真服务每一位游客，把游客满意度放在首位，用坚实的脚步书写着导游生涯。

为了让自己的讲解更具特色，张晓旭一直坚持学习文史知识，收集和整理大量的史书文献，把山西历史编写进自己的导游词中，深入浅出，让游客耳目一新；她坚持学习民俗知识，在每次出团前，对团队成员的风俗习惯，当地的天文、地理、历史、传说、风土人情等都了然于胸，善于根据不同游客，采取不同的讲解办法，让游客融入其中。不仅如此，为了能给游客留下更美好、更有趣的山西旅游体验，张晓旭还丰富着自己的才艺，打腰鼓、吹口琴、弹吉他，大同的数来宝、太原的莲花落也都信手拈来。

作为一名女性导游员，她不怕苦、不怕累。在炎热的夏天，从未戴过墨镜为游客讲解；在寒冷的冬季，她从未戴过手套为游客指引；在旅游旺季，即便嗓子近乎沙哑，她也要把精彩的讲解呈现给游客。

图1-2　讲解中的张晓旭　　供图：张晓旭

2019年9月，她代表山西省1.8万名导游员，参加第四届全国导游大赛，凭借扎实的导游知识与标准化服务技能，在行业最高等级的比赛中一举夺冠，荣获"国家金牌导游员"称号。2019年10月，山西省文化和旅游厅发布《关于在全省导游行业开展向金牌导游张晓旭学习活动的决定》的通知，呼吁全省导游学习张晓旭的时代精神、专业能力、职业素养。她总结出的"家乡宣传我当先，服务游客重细节"和"航空服务进大巴"的工作方法受到了游客朋友的一致好评，在单位和行业内得到广泛推广与应用，为山西导游员的整体素质和形象的提升树立了榜样。

一路走来，张晓旭同志把导游职业当作事业来做，将自己的理想和国家文旅发展融为一体。十余年间，她从一名向导、讲解员，成长为了历史文化的传播者、文明旅游的倡导者、游客安全的守护者、绿色环保的志愿者，在多种角色转换中扛起导游职业的使命和担当，用实际行动发扬和践行导游"工匠精神"，讲述和传播着山西故事、中国故事。

转换身份，精准决策，"多点开花"传播山西好声音

如今，作为山西荣时旅行社有限公司主要决策者之一，张晓旭的身份也在发生着改变。除了带团，张晓旭还在品牌旅游产品设计、优秀导游员团队建设以及利用直播方式传播山西美景等方面下起了功夫，并卓有成效，有力地提升了山西旅游景区的知名度和美誉度。

为了能做优山西地接旅游接待工作，做好山西旅游推广，真正落实好"游山西 读历史"山西旅游品牌建设，张晓旭带领团队设计了亲子系列产品"爱在晋行时""寻觅三晋 地质之旅"、中老年市场产品"一路奇迹阅晋陕""秦晋十二秋"、青年客户群产品"新山西，新玩法"等各类山西旅游线路，广受市场欢迎，获得了良好的行业和社会口碑，让更多人通过多角度了解了山西，爱上了山西。

张晓旭始终铭记重托，不忘为山西、为祖国的文旅事业添砖加瓦。2020 年，张晓旭导游创新工作室正式挂牌成立，她积极带动身边的优秀导游员组成团队，开展"师徒制、传帮带"的学习形式，积极发挥带头作用，将文旅基础知识、行业从业经验以及导游行业的正能量传递给新生代的导游员。不到一年时间，工作室的骨干成员达到 8 人，其中包括国家高级导游员、国家中级导游员、山西省金牌导游员、外语导游员等；工作室学员达到 20 人，大部分是刚进入行业的大学毕业生。工作室积极完善管理方案与培训体系内容，开展培训活动 400 余课时，不断为山西地接旅游市场输送导游人才，为山西省导游整体的素质与业务水平的提高作出了突出贡献。

2020 年防疫期间，张晓旭一边通过互联网会议平台组织员工培训，让员工"停工不停学"，一边带领公司骨干员工，参与由山西省文旅厅主办的"谁不说俺山西美，金牌导游带您游"活动，并与知名学者共同参与"游山西 读历史"大型访谈类节目《山河天地间》，"变身"网络旅游达人，带着数百万粉丝一同"云"游山西，并登上了学习强国平台，参与多场山西文旅推介活动，用实际行动践行着山西优秀导游员的职责，为及时提振、激活疫后山西旅游市场、释放旅游消费潜力作出了积极贡献。

 金牌之光

九寨沟地震中，他带领 134 名游客安全撤离
——国家金牌导游余文超的故事

余文超，国家金牌导游，乐山市旅游协会秘书长、乐山市市中区第十届人大代表、乐山市第八届政协委员会常委，先后被中央精神文明办评为"中国好人"、被四

川精神文明办评为"四川好人",被乐山市人民政府颁发"旅游特殊贡献奖"、被四川省人民政府颁发"金熊猫"奖。

图1-3　带团中的余文超　　供图:余文超

2017年8月8日21时19分,在四川省阿坝州九寨沟发生7.0级地震。截至22时30分,震区已经记录到地震107次,其中3.0~3.9级地震2个,最大余震为3.3级。此时,余文超正带领他的旅游团在九寨沟游览。

"我是导游,我要找到我所有的游客。"这是乐山乐水旅行社负责人余文超在8日晚地震时的第一反应。地震发生时,余文超正好带领一个53人的旅游团在九寨沟观看"千古情"晚会。灾难突如其来,现场一片混乱。作为一个从业10年、经历过"5·12"汶川地震和"4·20"芦山地震的导游,余文超的第一反应很镇定:"我尝试联系游客,但电话打不通,只能站在显眼的位置,先把他们叫到身边。"

震后一片慌乱中,他边跑边喊:"不要跑,不要慌,在空地上等着我!"最后站在一处灯箱下高高举起导游旗帜。游客郑天书说:"当时大家都往外跑,出来后就见到了导游,心里瞬间像吃了一颗定心丸,跟着他撤离到了安全地带。"在成功找回48名游客后,他先将游客带至空旷地带安顿,又花了一个多小时找到其他5名客人。"导游人特别好,把我们带到安全地带后,给我们买来矿泉水和面包,还把自己的衣服给了团队里没带衣服的人。"游客说。

待大家稳定下来后,他发了一条朋友圈:"我是乐山乐水负责人余文超,我在九寨沟现场!如果有乐山团队在九寨沟,请联系我!"并把自己的电话附在后边。当地的旅游协会、旅行社和朋友们纷纷与他联系,希望找到自己的旅游团队与朋友。"收到消息后,我便开始在各个停车场寻找,由于电话打不通,只能通过找车牌来找人。碰到有乐山牌照的自驾游游客,我也会问他们是否需要帮助,我可以带他们一起撤离。"导游说。

找人持续了 3 个多小时，到 9 日凌晨 1 时 30 分左右，他最终成功将滞留在九寨沟的其他乐山团队的 81 位游客找到。"汶川地震还有芦山地震我们都坚持过来了，这些都不算什么，明天我会通知你们走哪条线路，你们跟我走。"余文超安慰大家。随后，他与陕西的 7 辆自驾车和乐山的 9 辆自驾车游客取得联系，相约天亮后一起出发。碰到有想连夜出发的，他予以劝阻："地震后许多山石松动，容易引起泥石流及塌方，在情况不明的道路上驾驶非常危险，最好等天亮以后再走。"

9 日凌晨 5 时 20 分，通宵未眠的余文超通知其他几个旅游车跟着他所带团队的车走，在九寨沟县城碰到其他几个自驾游游客，指挥他们沿安全路线撤离。10 日 19 时，余文超带领着自己的 53 人团队和另外两个乐山团队的 81 位游客，安全回到乐山。

（供稿：原创 2017-08-10 11：42·成都晚报，记者闫宇恒）

项目实训

1. 请在您所在的单位讨论导游应该具备哪些导游素质？
2. 请在您所在的单位讨论导游的职业道德包括哪些方面的内容？
3. 阅读材料，回答问题。

湖南新康辉国际旅行社导游、国家中级导游员向延军，扎根旅游行业 13 年，多次荣获"优秀导游""优秀出境领队"等表彰。在游客眼中，他幽默风趣、细心周到，是旅途中有求必应、有问必答的"百事通"；在同事眼中，他兢兢业业、勇于担当，是团队中攻克业务难关的定海神针；在同行眼中，他专业靠谱、讲解风趣，是带领游客饱览大好河山的快乐达人。

"导游不光要有百科全书的脑袋，还要有百宝箱的背包。"向延军说。带团过程中，向延军的随身背包里还周到、细心地准备着防蚊喷雾、充电宝、数据线、创可贴、口罩等常用医疗物资及雨衣、鞋套……还会塞上几瓶矿泉水、几块巧克力，以备客人不时之需。凭借专业幽默的讲解、细致入微的服务，多年来，向延军始终保持着带团工作"零投诉"的纪录，更取得了游客和旅行社百分百满意的"双百"成绩。

"我只是全国导游队伍中平凡的一员，但我始终为从事这份职业自豪。"向延军说。在向延军心中，做导游是有强烈荣誉和使命的："客人来到陌生地方的一段旅程结束，当你面向客人致欢送辞，现场掌声响起的那一刻，我会更加真实地感受到自己这份职业的成就感和使命感，也会更加明白自己坚守的意义。"（供稿：长沙导游协会微信公众号，2022-10-28 17：48）

通过向延军的介绍，请在你的导游微信群里引导大家展开讨论：导游员应该具备什么样的职业素养？如何提升导游员的职业素养？根据大家讨论的意见，做出总结，并写出 1000 字左右的论文，题目自拟。

项目二 / 做好导游规范服务

项目二

做好导游规范服务

● **项目导读**

　　导游规范服务能有效指引、带动旅游行业的发展，推动旅游行业的进步，提升导游员的道德素养，从而有效提升旅游服务的质量，对旅游服务产生积极影响。本项目包括接团服务、游览服务、后续服务、出入境服务四个方面的任务，在全书中具有十分重要的地位，为读者和导游员朋友全面展示了新时代导游服务的规范化、个性化、卓越化。

● **思维导图**

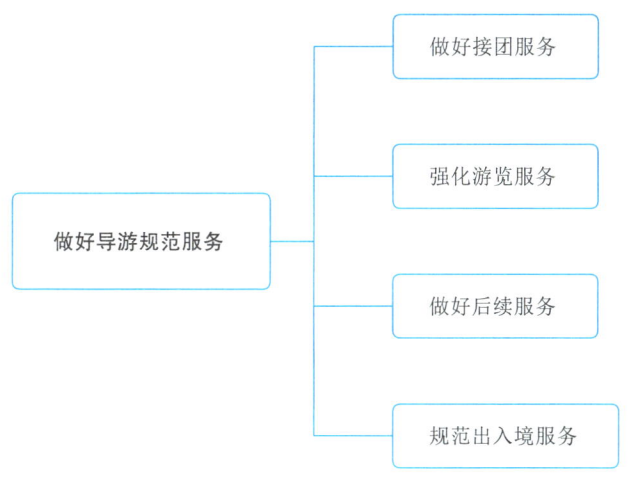

任务一　做好接团服务

　　接团是与游客的初次见面，心理学上的"首因效应"认为，交往双方形成的第一印象对今后交往影响重大。虽然第一印象并非总是正确的，但却最鲜明、最牢固，决定着以后双方交往的进程。所以做好接团服务至关重要，让我们通过案例来分析和学习。

一、玩抖音漏接团队

 案例 2-1

"抖音迷"导游没看计调信息

某日 23：00 时，旅行社计调接到组团社通知，原定于次日下午 17：50 到达的旅游团，因客人的原因改为上午 9：40 提前到达，接待人员须提前接站。计调多次尝试拨打接团导游小丁电话，但未能接通。因为时间很晚，计调一时间又无法联系其他导游接团，只好给小丁微信留言，通知团队出行时间提前，让小丁提前做好接团准备。

第二天 10：00 时，计调接到组团社电话，客人已经抵达，却没有接待人员。计调又连忙拨打小丁电话，小丁告诉计调，昨天晚上他睡觉时，手机关机充电。早上 9 点起床，刷了一会儿抖音，还没来得及看信息，不知道团队已经提前到达了。

计调抱怨小丁不应该玩抖音，火冒三丈的组团社全陪从火车站打电话给小丁，小丁说自己还在家里，全陪很生气，要求地接社安排人来接团并做好后续处理。

（本案例由国家特级导游员黄锐坚提供）

 案例点评

漏接现象在管理不到位的旅行社常有发生，为此造成事故，流失很多客源，实在值得警醒。尤其是导游员领取接团计划后就已经开始了本团的接待工作，手机非特殊情况不能关机，要能够与工作人员随时保持联系。更不能沉迷于抖音，忽视工作信息。一旦发生案例中的情况，地接导游所能做的并且应该做的如下：

1. 以最快的速度，带车到达火车站；
2. 实事求是地向游客说明情况，诚恳地赔礼道歉，力求游客的谅解；
3. 必要时请旅行社领导出面赔礼道歉或酌情给游客一定的物质补偿，如赠小礼品或赠餐；
4. 用更加热情周到的服务，高质量地完成计划内全部活动内容，以消除因漏接给游客带来的不愉快。

（点评人：黄锐坚）

二、不详细核实就会错接旅游团

案例 2-2

本不该发生的错接

　　A 旅行社的导游小李在火车站接站口遇见 B 旅行社导游小张,两人因为相识,就闲聊起来。他们所接待的团队是来自一家组团社,原来组团社为照顾两个长期业务往来的熟人单位,把团队分给了两家旅行社,其行程内容是一样的,乘坐的火车、行程、人数、标准也相同。

　　等游客乘坐的火车到站时,只见两个旅游团举着同一旅行社的小旗,戴着同一旅行社的帽子,并背着相同的行李袋,粗心的小张也没有详细询问,就很高兴地走上前去,确认了人数,便热情地招呼大家上车。小李见到小张已带走一队,自己也把另一个团带走了。直到吃晚餐时,小李才哭笑不得地发现,此团并非自己应该接待的,而是小张应该接待的团队。

(本案例由国家特级导游员黄锐坚提供)

案例点评

　　两位地方陪同导游员,交流中已经发现两个旅游团如孪生兄弟般相似,容易错接,却仍然没有核对组团社全程陪同导游员的姓名,全程陪同导游员也犯了同样的错误,属导游员粗心大意造成的错接。由于该案例中的错接发生在两家旅行社,所以,小李发现错接后,应立即打电话报告旅行社,实事求是地说明情况,请求旅行社处理。在旅行社安排下,小李与小张应该取得联系,确定交换旅游团的准确时间、地点及办法。两位导游员还应分别向客人诚恳道歉,并向各自所在的旅行社写出书面检查,找出错接的原因,并保证在以后的接团中要吸取教训,不再让类似事故在自己的导游工作中发生。

(点评人:黄锐坚)

案例 2-3

旅游团人数没变,原来是游客跟错团

　　导游小林是一名新导游,某天下午他被公司安排去接机,这是一个无全陪、来自北京的 10 人散客团。当他举起"欢迎北京一行 10 人散客"接站牌不久后,便陆陆续续接到了客人,他清点人数后便热情地带领他们上车。抵达酒店后,小林为客人们办理入住手续时,酒店只给了 4 个标准间的房卡,小林询问对方是否弄错了,对方

说没错。于是小林与公司计调联系,得知有两名散客因故临时取消了旅游计划,而计调部因工作太忙忘记通知他了。

可小林又纳闷,自己接的明明是10个人,于是又拿出该团名单表来核对,果然有一对夫妇不在名单之列。原来这对夫妇也来自北京,一见小林的接站牌写着"欢迎北京一行10人散客"便跟着过来了。小林只好对他们说:"你们肯定跟错团了,赶紧打电话问你们组团社是哪家旅行社接待你们的。"

(本案例由国家特级导游员黄锐坚提供)

 案例点评

此案例中出现的问题,组团社、接待社计调、小林和那对夫妇均有责任。地接导游小林的主要问题是工作过于马虎,接团后没有及时核对游客信息。接待散客团需要认真核对每名游客的信息,确认无误后才能开始行程,以免造成错接事故。导游要养成细致的工作习惯与认真的工作态度。

(点评人:黄锐坚)

三、讲解要有新意和心意

 案例2-4

自我介绍要有新意

笔者2005年参加河南省旅游局组织的"中级导游考前培训班"。培训时间为期4天,很多专家学者为我们授课。多年之后,一位授课老师仍让我印象深刻,他就是当时在中国妇女旅行社工作的沙旭昆老师。沙老师一登台,就自我介绍:"我叫沙旭昆,如果你记不住,你就想'在一望无际的塔克拉玛干沙漠里,一轮旭日从昆仑山冉冉升起',这样就能记住我的名字了。"沙老师这种引人入胜的自我介绍让我时至今日依然铭记在心。

受沙老师的启发,我也开始认真琢磨如何能让游客印象鲜明地记住自己的名字。经过冥思苦想,我也依葫芦画瓢自创了一套自我介绍。一上车,我就跟游客们介绍说:"大家好,我是大家的导游,我叫孙岩,四大名著之一的《西游记》开篇就有我的名字。"此时游客会好奇,《西游记》里哪里有我的名字。这时我再不紧不慢地说:"《西游记》开头,孙悟空从哪里蹦出来的?""石头!""对,孙悟空是从岩石里蹦出来的,我的名字就是孙岩啊。"游客会心一笑,同时也把我的名字深深印在他们的脑海里了。

一则让游客印象深刻的自我介绍,是导游展示自身形象和水平能力的"首秀",也是调节导游和游客陌生情绪的"催化剂"。希望各位导游能够从自己的名字入手,找到适合自己名字的释义，独树一帜的自我介绍或许能在带团中起到事半功倍的效果。

（本案例由河南省商丘市康辉文化旅游集团孙岩提供）

案例点评

好的导游词可以使山水增色、日月增辉。要想讲解好，成为一名优秀的导游员，就要在导游词创作上下功夫，积极创新。时下不少导游词"千人一面，千人一腔"，比如，一说到大肚弥勒佛，几乎在所有的导游词里都有"大肚能容容天下难容之事，开口便笑笑世间可笑之人"这句对联。尤其是欢迎词，有时一个几日游行程走下来要三四名地接导游接力完成，然而每个人的欢迎词基本都是标准版，造成游客对导游的姓名混淆不清。千篇一律的导游词已成为制约导游员素质提升和服务效果提高的瓶颈。我国现行导游员等级考试大纲规定，中级导游员报考高级导游员的考试内容之一就是导游词创作。所以，导游人员应该在日常工作中做有心人，学习导游词的创作知识与技巧，经常练习、修改、创新导游词，更好地提高自身素质及讲解质量。

导游服务案例选评讲解视频

（点评人：张天竹）

案例2-5

导游就是一只嘴甜、勤快、善用态势语言的小蜜蜂

小杨是一名热情开朗的重庆导游。每次带团之后公司都能收到一大堆的表扬信，还有客人送来的锦旗，都是对小杨的表扬和赞美。小杨的团也越来越多，公司也把一些越来越重要的团交给她。同公司的导游小张看到小杨的团越来越多，就好奇小杨到底是用了什么妙招，于是跟公司申请，作为跟团导游和小杨一起上团。

今天是一个来自上海的夕阳红团，小杨面带微笑地迎接客人，热情地向客人打招呼："叔叔阿姨你们好，一路辛苦了，我们的车就停在前面，大约走三四分钟就能到，哪位叔叔或阿姨行李比较重，我帮您拿。"

到达大巴车旁，小杨又说："叔叔阿姨们，咱们把行李放在这里就好，司机师傅会把行李拿上车的，请大家跟我上车吧。"小杨快步走到车门口，站在车门旁朝客人挥挥手；"叔叔阿姨们，大家请来这边上车。"她还热情地伸出手搀扶上车吃力的游客，微笑着说："叔叔阿姨咱们慢慢上，注意安全。"客人陆续上完车后，她用目光从前往后、从左到右地环视了车上的每一位客人，笑吟吟地说道："亲爱的叔叔阿姨们，你们好，都说有缘千里来相会，大家在重庆一万多名导游中选中了我来为大家服务，我深感荣幸，我谨代表3200万重庆人民欢迎大家的到来。"小杨说时，还双手打开做了欢迎光临的手势，全车游客报以热烈的掌声。"重庆山环水绕，长江、嘉陵江在朝天门交汇",说到这里小杨双手在胸前环抱合拢,接着抬了抬左手:"左边是嘉陵江";又用右手从左手的肩膀划到了左手指尖:"嘉陵江贯穿重庆全境";"右边是长江",又抬抬右手:"长江也流经重庆主城区的巴南区、大渡口区、南岸区、九龙坡区、渝中区,在朝天门与嘉陵江交汇,一路滚滚东去。'我住长江头,君住长江尾。日日思君终见君,共饮长江水',也是我精诚所至,金石为开,所以今天终于见到了各位叔叔阿姨们……"小杨微笑并幽默地说着,全车爆发出热烈的掌声。在愉快的讲解气氛中,小杨还适当地运用态势语言,在讲解中一直和客人保持着良好的互动和交流。

车子到达景点后小杨又第一个下车,站在车门口,帮助下车的团友们。团队行程结束,小杨又获得了讲解好、服务棒的好评。小张这时也由衷地赞叹,终于明白小杨为什么会获得那么多表扬信了,暗下决心要好好地向她学习。

(本案例由宋垟竹、张晓旭提供)

 案例点评

正如案例标题所说,导游就是一只嘴甜、勤快、善用态势语言的小蜜蜂。导游小杨活泼开朗,对待游客热情洋溢,导游词讲解生动、清晰、明了,是创新之作。且服务细致入微,了解夕阳红这一团型的特点与服务要求,服务中有游客,时刻体现出对老年游客的关爱与帮助之情。营造愉快的氛围,讲解幽默,与游客互动,广受好评,值得广大导游员学习、借鉴。

(点评人:张天竹)

四、最好不要说自己是实习导游员

 案例2-6

地陪的实习导游员身份让全陪强烈不满

小张是在校生。暑假期间,正是当地旅游旺季,学校老师把小张和其他几位同学介绍到一家旅行社实习。

到了旅行社才十几天,因导游紧缺,旅行社就鼓励跟了几次团的小张独立上团。接团后,小张开始按自己事先想好的套路致欢迎词,代表旅行社向各位游客表示欢迎与问候,接着做自我介绍。小张诚恳地向游客表明了自己的实习生身份,介绍自己是旅游学院二年级的学生,这次是参加暑假实践,希望各位游客能多多支持他的工作,做得不好的地方能予以谅解。由于游客们都是第一次来当地旅游,对一切都感到比较新鲜,加之小张的开场白也讲得较好,因而并不在意。但该团的全陪却对地方接待社派实习生来接自己的旅游团很不满意,给旅行社打了电话,要求换经验丰富的导游员。

（本案例由国家特级导游员黄锐坚提供）

 **案例点评**

出门旅游，人们总希望自己的导游员是带团多年的老导游员。因为"老"意味着工作熟门熟路，意味着经验丰富。告诉游客自己是"实习生"，昭示着你初出茅庐还没入门，或对工作不熟悉。游客会想，付了同样的旅游费用，为什么派一个对工作还不熟悉的地陪给我们？领队、全陪会想，派一个实习导游员是对我这个团的不重视，是不给面子。因此，即使你的导游水平有待提升，只要你上了团，你最好不要说自己是实习导游员。另外，不仅不能说自己是实习导游员，在任何情况下，你还不能让团内成员知道这是你第一次带团。当然，这需要有较高的灵活应变的能力。我们强调这样做，绝不是提倡导游员弄虚作假，导游工作有时需要导游员说几句不损害游客利益的"谎话"。这样做，是为了导游与游客之间能够有相互信任、融洽的氛围，也意味着不用"实习"为借口，为自己设置高标准的专业要求。

（点评人：黄锐坚）

任务二　强化游览服务

游览服务是旅游活动的重头戏，做好游览服务，是让游客满意的关键。本任务精选了游览服务案例，希望能使各位读者看到游览服务中容易被忽视和应该被格外重视的内容，以供借鉴。

 任务实施

一、制定游览服务流程备忘清单

 案例 2-7

导游手机里的游览服务流程备忘清单（片段）

一、接站服务

上团携带电子导游证（全国导游之家开启 APP 打开定位），正确佩戴身份标识，提前到达接团地点。

欢迎词：欢迎各位贵宾来到我的老家河南省会郑州。河南古称"豫州"，大禹治水成功后分天下为九州，河南所属的"豫州"位居九州之中部，故又称"中州""中原"。河南话"中不中"就是"中州"的中、"中国"的中。来,大家一起来学说一下"中不中","中"!

咱们这次行程是四天三晚:郑州、开封、洛阳、云台山。

请大家坐稳扶好,行程当中文明旅游,预祝全程顺利、愉快!

再次温馨提示大家:行车途中全程系好安全带,请不要在过道中随意走动,有事可随时呼叫我。

下面我为大家简单介绍一下郑州:山河祖国,诗和远方。郑州,一个来了都说"中"的地方。郑州拥有8000年前的裴李岗文化、5000年前的仰韶大河村文化,中华人文始祖轩辕黄帝在此建都,肇造文明。郑州是一座古老而又年轻的城市。

3600年前郑州曾做过商王朝的都城,有郑州老城管城回族区周长7公里的商城遗址为证,自此,郑州与商结下了不解之缘。因为商,奠定了郑州中国八大古都之一的历史地位。因为商,郑州又成为一座现代化的商贸城市,商场林立,商业繁荣。行程之余,大家可以去逛一下我们老城区市中心的二七广场百年德化步行街和郑东新区CBD旁的丹尼斯七天地……

好了,待会儿我们入住酒店,请大家带好身份证件、行李物品,戴上口罩做好个人防护,实名制刷脸办理入住手续。明天天气预报是晴天,行程是河南博物院和少林寺,请大家穿着舒适得体的衣服、鞋子,咱们08:20大堂集合出发。我的手机号是***,大家有事可以让全陪导游联系我,祝大家晚安!明天见!

全陪小李,咱俩核对一下行程吧。OK,确认无误,就这么走!

二、参观游览服务

来,亲爱的游客朋友,有一档名叫《唐宫夜宴》的舞蹈节目,让文物活起来,接下来我们就到《唐宫夜宴》的初创地河南博物院。请大家带好随身物品,尤其是身份证件,我们轻装上阵。请大家跟着我的导游旗排队进入,大家戴好口罩和耳机,不要大声喧哗,我们文明旅游,争做文明游客。咱们的车牌号是豫A12345,上午11:30在此上车。

午餐的郑州烩面大家吃得还习惯吗?中间去看餐,有个大姐说碗太大吃不完,由此可见我们河南饭菜的实惠。下午咱们去"踢馆少林",20世纪80年代的一部电影《少林寺》,曾经风靡海内外。少林寺是禅宗祖庭、武林圣地,也是咱们中国佛、道、儒三教荟萃之地。今天我们到少林,揭晓"禅宗为什么是被彻底中国化的佛教宗派""本来无一物,何处惹尘埃"的含义。明天咱们"风起洛阳",走进神都!

"您好!请问是开封第一楼吗?何经理帮我订的222/223号房间,请帮我留好,大约中午12:00到,谢谢!"

大家好!我们今天中午去开封第一楼品尝灌汤包子,第一楼是"中华老字号""中华餐饮名店",开封又是豫菜的发源地之一,代表菜有黄河鲤鱼焙面、桶子鸡、黄焖鱼、炸八块、炒凉粉、红薯泥等。"鲤鱼焙面"又叫"黄袍加身"，传说赵匡胤陈桥兵变登上皇位之后，晚上总是失眠多梦，总是想起跟着后周世宗柴荣打天下那些日子，某日，摇身一变，被人披上黄袍，成为一国之君。试想：有朝一日，他的部下也像他一样，"城头变幻大王旗"，但"卧榻之侧，岂容他人酣睡"，后来就有了"杯酒释兵权"。御厨看透了皇帝的心思，匠心独运，设计了鲤鱼焙面，并且告诉皇上：鲤鱼跳龙门，跳过去就成了真龙天子。皇上吃了这道安心菜，果然每晚都能睡得很香……

好了，各位贵宾，餐厅已经快到了，下车前记着我们品尝灌汤包子的口诀：轻轻提，慢慢移，先开窗，后喝汤，一口光，满口香。请大家带好随身物品，跟我移步二楼222/223号房间就餐。请文明用餐，使用公筷公勺。粮食来之不易，咱们争做光盘族，不要浪费哦！咱们主食是六笼包子，不够的话也可以自费加其他主食，谢谢配合！我会随时来咱们的两个房间看餐，有事您说话！

购：接下来，我们的行程是洛阳丽景门隋唐城仿古街自由购物，这里就好像大家去过的西安的回民街一样，旅游纪念品和小吃一应俱全。请大家逛街注意安全，如需购买工艺美术商品，我可以陪同提供参考！

关于唐三彩我简单介绍一下。

唐三彩是盛行于唐代的一种低温釉陶器，以黄、绿、白三色为主，所以人们习惯称之为"唐三彩"。真正的唐三彩是用北邙山的高岭土烧制而成。矿土经过挑选、捣碎、淘洗、沉淀、晾干后，用模具做成胎入窑烧制。分别经1100度和800度两次烧制，如是人物需要再开脸，随即完成。而赝品的唐三彩很有可能是用石膏仿制而成，虽然轻便，但是易碎。请大家一定要注意鉴别。

娱：大家好！今晚我们将在嵩山待仙沟观赏一场与众不同的演出。

禅乐盛典，融音乐、舞蹈、武术、禅宗、佛教等于一体，对历史、哲学用声、光、电、故事等形式进行呈现，把奥岳嵩山表现得淋漓尽致。节目8点开始，我们7时50分入场，提醒大家文明观演。重温一下我们白天讲解到的"菩提本无树，明镜亦非台。本来无一物，何处惹尘埃"，看这首诗是如何在节目中被表现出来的。节目9时20分结束，上完洗手间我们直接在旅游大巴车上集合。温馨提示大家保管好自己的随身物品，注意安全！

相见时难别亦难，不知不觉已到了即将分别的时刻。真的很舍不得大家，但天下没有不散的筵席，在这里祝大家工作顺利、生活幸福、一路平安！还请大家对我的工作提出宝贵意见。"两山不能相见，两人总能重逢"，期待下次"正是河南好风景，开花时节又逢君"。

（本案例由国家高级导游员、河南康辉国际旅行社王振抗提供）

案例点评

导游带团过程中，因为一些突发的特殊情况，往往会打乱导游的讲解和服务。细心的导游总是习惯制定游览服务流程备忘清单，把自己的讲解词和重点服务项目记录在记录本上、手机里，及时查看，随时提醒自己，做到有备无患，万一忘记翻开就能再回忆起来。本案例作者是国家高级导游员，从备忘录里就能看出作者带团工作严谨，一丝不苟。譬如，"欢迎词中的特色细节""坐稳扶好系好安全带""天气预报""穿着舒适得体的衣服、鞋子""吃郑州烩面细节""品尝灌汤包子的口诀""使用公筷公勺""不要浪费粮食""逛街购物注意安全""唐三彩烧制、赝品鉴别""上洗手间保管好物品，注意安全"等温馨提示，可见作者带团之规范、服务之细腻、态度之温暖、技能之高超。导游如此卓越的服务，必定带来更多的回头客，再来河南老家。

导游服务案例选评
讲解视频

（点评人：李岑虎）

二、提醒游客不能私自拓印碑文

 案例 2-8

游客未经文保部门允许，私自拓印碑文

2019年7月15日，全陪小张从天津出发带领一个旅游团来到了运城。在行程单上有特意标注这批游客对文物古迹及碑刻深有研究。因此，在沿途讲解中，小张也特意给大家介绍了关于运城的知名文物景观和历史文化等内容，并提前联系到了景区，请一位对景区文物有深入性研究的讲解员来进行讲解服务。

团队到达景区后，讲解员对景区的各大文物一一详细讲述，大家也都听得很是认真，有些游客甚至做了笔记，整个参观过程非常顺利。

下午集合时，小张发现两名游客还没有到达指定的集合地点，随即安排大家上车等候，自己进入景区寻找，在一石碑处发现了两名游客，他们正将包里拓印碑文的工具放在地上，准备拓印。此时，景区的巡逻人员赶来制止，小张了解到两位游客对此碑文的喜爱，想将拓片带回去深入研究，却忽略了这些珍贵的碑文不能私自拓印。景区工作人员指出，早在2011年1月，国家文物局就发布了《文物复制拓印管理办法》，严控拓印石刻文物范围，严格审批管理，严禁违法违规拓印等。听到工作人员的解释后，两名游客也意识到了事情的严重性，当即做出了承诺，不会私自拓印碑文，保护文物，人人有责！

（本案例由广胜寺景区讲解部长段玉婷提供）

案例点评

《导游服务规范》（GB/T 15971–2023）载明"导游应具备按照 LB/T 039 的要求引导旅游者文明旅游的能力，引导旅游者节约资源，保护生态环境""导游在执业过程中应携带电子导游证、佩戴导游身份标识，并开启导游执业相关应用软件，提前到达旅游者出发/迎接地点，持旅行社标识迎候，致欢迎词，介绍本次旅游行程，提示文明旅游等注意事项""引导旅游者文明用餐、使用公筷公勺，提倡'厉行节约，反对浪费'""按时组织旅游者入场，倡导旅游者文明参与活动""宗教活动应当在宗教活动场所进行"等相关法律法规规定，"旅游行程安全、文明旅游、风俗习惯、购物退税"等多处提出导游要提示游客"文明旅游"问题。案例中，游客私自拓印碑文的行为，属于不文明的行为，虽然导游此前并不知晓，可以说是始料未及，但是明知接待的是对文物古迹及碑刻深有研究、深感兴趣的团队，却没有提醒游客爱护文物，也正说明了导游在引导文明旅游这项工作上有所疏忽。

本案例对广大导游和游客具有警示意义。导游要接待大量形形色色的游客，不同职业、不同爱好、不同文化背景的游客，需求各不相同，很多我们意想不到的情况都可能发生。导游要在带团中尽己所能，做好各项提醒工作，尽量概括性点到各种可能的情况，并列举一两个典型事例提醒游客要文明旅游、保护文物，使其印象深刻、举一反三，避免发生类似事件。

（点评人：李岑虎　张天竹）

任务三　做好后续服务

导游服务，后续服务不能忽视，人走茶凉，切不可取。优质的服务要贯穿始终，不能虎头蛇尾，使游客感到诚意不足，产生失望与不满的情绪。

 任务实施

一、提醒游客游览结束准时返回

参观游览结束，集合时间已到，游客未返回

导游小高带领一日游散客团队游览云丘山。早上在大巴车上，小高给大家讲解路线之后告诉大家 16：00 在停车场集合返回。还特意强调一定不要迟到，因为车上有一对夫妻来自上海，要乘坐19：00的高铁返程。

来到景区后，一部分游客选择乘坐索道，一部分游客选择徒步爬山。其中一对青年情侣选择了爬山，爬到玉皇顶体力透支，结果全程比其他团友迟到两个小时。

游览万年冰洞项目时，两个年轻人被冰洞里的美景折服，游览一遍后又返回重新拍照。这时其他游客已经准备下山。两个年轻人拍照结束已经15：00。其余游客已经陆续下山回到停车场集合。小高看距离集合时间还有一小时，就电话提醒这对青年游客，抓紧时间下山。

从冰洞到集合点的时间需要1小时，这对情侣路上刚好赶上了塔尔坡古村里的婚俗表演，又被吸引。看了大概10分钟，突然想起导游的叮嘱，赶紧往前走。走到一个院子时又被景色吸引，准备拍照，拿出手机时看到小高再一次打来的电话。

到景区换乘站时，不巧刚刚走了一辆车，下一趟车还需要15分钟。他们给小高说了这个情况。小高立刻联系了景区工作人员，说明团里还有两位上海客人要赶高铁，请求协助安排车辆尽快把这对年轻的情侣送出景区。景区工作人员随即协调车辆，接到这对年轻客人，并把客人送到了停车场。

上车后小高并没有为难这对情侣，但是他们感觉不好意思给大家道了歉。驾驶员安全把客人们都送到了出发地点。但是旅游团里的上海夫妻表示自己赶高铁动车已经来不及了，决定改签明天再走，询问小高可否帮忙订房。小高立即启动应急预案，协助上海夫妻改签，并帮助办理了住宿。这对夫妻回到上海后还特意发信息给小高，说这次云丘山之旅很愉快，对导游提供的服务表示感谢。

（本案例由云丘山景区李层红提供）

案例点评

这个案例看来真是紧张，那对年轻情侣，最终造成了上海夫妇的误车。幸好误车游客没有发难，对小高的带团工作予以肯定，认可整个行程很愉快。那对缺乏时间观念的情侣，是常见游客的缩影。带团中，尤其是散客团，缺乏时间观念的游客并不少见。究其根源，往往是组织纪律观念淡薄，我行我素，缺乏团队意识。

《导游服务规范》（GB/T 15971—2023）载明："地陪导游提前到达集合地点，并督促司机做好出发前的各项准备工作；旅游者出发前清点人数；向旅游者告知当日天气情况和旅游行程安排；在抵达旅游目的地前，向旅游者介绍本地的风土人情、自然和人文景观及游览旅游目的地的概况；在抵达旅游目的地时，告知旅游者在旅游目的地的停留时间、参观游览结束后的集合时间和地点及游览过程中的注意事项；在旅游目的地的游览过程中，讲解旅游目的地的历史背景、特色、地位和价值等内容；在返程途中，询问旅游者对当日活动安排的意见，回答旅游者的提问，并预报次日的旅游行程、出发时间及其他相关事项。"这里多次要求导游提醒游客注意各项时间，就是避免因时间问题产生各种旅游的纠纷和不愉快。因此，导游在带团中一定要强化团队成员的时间观念。通过讲解，从团队和谐与统一、利己与利他、跟团游的绝对自由与相对自由、同理心与责任意识等角度反复潜移默化地影响团队成员，使团队成员树立时间观念与团队纪律。同时，在有准确回程要求时，团队集合时间安排要留有一定的空间，避免误车事故的发生。

值得肯定的是导游能够积极协调，请求景区支援，让游客看到自己始终在努力避免事故的发生、扩大的态度与行动，这应该是其最终没有被游客责难的重要原因，也是我们应该学习、借鉴之处。对于误车事故的处理，要稳定误车旅游者的情绪，安排（或协助安排）好其在当地滞留期间的食宿、游览等事宜，使游客的负面情绪能够得到缓解。

（点评人：李子尚　张天竹）

二、想方设法满足客人最后的愿望

 案例 2-10

我要买满绣

旅游行程马上就要结束了，偏偏客人又提出了新要求。"导游，我想买酒店墙上这幅刺绣，帮我问问酒店能不能卖给我？需要多少钱？"游客苏女士期待地说。

听到这个要求，导游小张有点惊讶。一是惊讶于苏女士挺识货；二是奇怪为什么要买酒店里边挂着的成品，到外面买一个不好吗？所以就回复说："好，我先去协调酒店，如果酒店可以出售的话，看看多少钱；如果酒店不肯出售的话，问问他们在哪里买的，联系去买。"小张按照书本上学到的处理方法，流畅地回答。苏女士却回复表示尽量还是买这幅绣品，如果实在不行，也可以出去买，但是就要和这个图案一模一样的，不要其他图案的。

小张找到酒店经理沟通之后了解到，这幅作品出自满绣的非物质文化传承人一位老艺术家之手，然而他早已过世，这幅满绣是酒店老板的个人藏品，并不出售。这可让小张非常为难了，只好如实回复。苏女士请小张协调，表示愿意谈谈价格。但是酒店经理与老板沟通后，说老板也非常珍爱这幅满绣作品，根本不愿谈价。

小张只好努力想办法从其他渠道购买满绣作品，但淘宝、京东、拼多多各大电商平台都没有。问旅行社，全社上下也没有人知道哪里有卖。小张灵机一动，联系自己的恩师段教授，希望能够联系到满绣技艺的传承人。

果然很快在老师的帮助下，总算与满绣技艺传承人建立了联系。详细沟通之后，苏女士预订了同样图案的作品，满意而归。然而当小张问起苏女士为何非要此图案的满绣作品时，苏女士却笑而不答。"为何对此图案情有独钟呢？"小张心想，"不过这不重要，重要的是，帮助苏女士达成了心愿，我就开心，所做的一切都值得。"

（本案例由张天竹提供）

案例点评

导游的个性化服务就是指在满足一般游客一般要求的基础上,进一步发现并满足不同游客正当的、特殊的要求而提供的额外的定制化服务,是使游客体验到被优待、被重视,从而感觉特别满意的人性化服务。在本案例中,对于游客提出的特殊要求,沟通到酒店老板层面就已经可以向游客"交差"了。但是导游秉承"以游客为本,服务至诚"的理念,为游客提供了个性化服务,全力以赴,不断为游客创造惊喜,这正是导游小张的过人之处。

(点评人:张天竹)

三、最美的欢送词,留给最好的你

 案例 2-11

最美的欢送词,留给最好的你

欢送词是容易被很多导游,尤其是新导游所忽视的。很多导游觉得反正团已经带完了,怎么致欢送词都无所谓了,往往就草草了事。殊不知,欢送词是你留给客人最后的印象,也往往是留给他们最深的印象。

李导是一名带团十多年的资深导游,他总结说一篇优秀的欢送词往往能让客人第二次甚至第三次重复来同一个地方旅游。一篇优秀的欢送词不应该是例行公事的礼节性的送别,还需要表达出旅游感受、内心情感。

在带完普陀山行程,客人即将离开时,李导用了下面的欢送词来和客人们说再见:

第一部分:"我们的行程即将结束,眼下又到了分别的时刻。我们每个人都在不断地遇见、遇见又遇见,然而接踵而来的就是再见、再见又再见。人生的过程就像是乘坐一列高速行驶的列车,目的地非常明确,中途不断有人上车,也有人下车,没有谁能陪伴谁走到终点。缘聚缘散从来都是那么的无可奈何。我们在生命中遇到的每个人都是我们的一本教科书,我们做的每件事都会使我们成长。我们走到的每个地方也都是我们本来就该走的地方。看弘一法师的一生,他将自己的心埋到尘埃里,开出花来,所以'天之涯,地之角,知交半零落。一壶浊酒尽余欢,今宵别梦寒'。再想想我们的一生,不就是不断的告别吗?与情感告别,与身体告别,与昨天的那个自己告别……我们终将经历这个世间最热烈的爱恨繁华,也将不留痕迹地离开它。"(这是煽情,将客人内心的情感调动起来,引发共鸣。)

第二部分:"最近有一首歌特别火:'白月光在照耀,你才想起她的好。朱砂痣久难消,你是否能知道。'该怎么理解这段话呢?佛家有这样一个故事,禅师问小和尚,世间什么最珍贵,小和尚沉思良久,说:'已失去和未得到的。'禅师摇摇头没说话。又过了许多年，禅师再问小和尚，这时小和尚答道：'世间最珍贵的莫过于正拥有。'白月光是望尘莫及未曾得到，朱砂痣是已经失去难以忘怀。其实这些都不是最重要的，最珍贵的莫过于正拥有。不在乎天长地久，只在乎曾经拥有，珍惜当下所拥有的一切。大家即将回到自己凡尘俗世的家中，希望大家能把来到普陀的这颗清净心也带回到家里去。珍惜眼下所拥有的一切，祝您越来越好，感恩遇见。"（这一部分是祝福，但语言和方式完全不同于我们平时礼节性的送别，非常温情又能给客人留下特别不一样的印象。）

这样一篇优秀的欢送词，如果你是客人，是不是也会觉得此行意犹未尽？还想再次走进普陀山呢？

（本案例由宋垟竹、张晓旭提供）

案例点评

"编筐编篓，重在收口"。致欢送词是一个弥补工作不足、升华友谊情感的重要契机，欢送词不能忽视，否则会给游客人走茶凉之感。本案例中的欢送词，充满真情实感，跳出小旅程，走进大人生，在人生旅程的大视野下，就普陀山这一佛教圣地的禅机、禅意借题发挥，引人思考，升华情感，提升游客体验，提升服务质量。

要想成为一名优秀的导游员，就要重视欢送词的创作，积极创新，给游客留下无尽的遐想。

（点评人：张天竹）

任务四　规范出入境服务

领队工作对导游的应变能力要求极高，领队经常要在异国他乡独自面对各种突发事件，急、难、杂、特，不一而足。本任务选取了在出入境服务中出现的一些案例，以期为各位读者提供借鉴。

一、领队在出发前务必检查游客护照

案例 2-12

缺失的护照页

领队小孟接到一个赴韩国济州岛的旅游团。该团队搭乘东方航空公司航班由成都经停上海再飞往济州岛。在上海办理出境手续时，某游客被告知护照有缺失。领队小孟接过护照一看，虽然护照缺失页的断口十分平整，但仔细检查看得出来护照的确有缺失页。边防工作人员告知领队小孟这本护照属于无效护照，无法出境。

（本案例由卫美佑提供）

案例点评

根据《中华人民共和国出境入境边防检查条例》的相关规定，持用的出入境证件不得涂改、转让、损毁、伪造、变造，否则视为非法。护照是一个国家公民身份的象征，也是出入境的唯一合法通行证件。

按惯例旅行社在团队组建时会提前收集游客护照，办理目的国签证，检查护照有效期等。航空公司在办理登机牌时也会再次检查护照。但韩国济州岛属于我国的免签旅游目的地，游客只需向旅行社提供护照首页办理机票。所以领队人员务必在出发前检查游客的护照情况，是否与机票名单吻合，是否在有效期，是否破损，签证是否有效等。

（点评人：卫美佑）

二、出境前要召开出境行前说明会

案例 2-13

游客出国旅游没有参加出境说明会，冒犯当地习俗

某旅行社组织 30 名游客出境游，由于领队经常带团出境，自认为经验丰富，不需要专门召开行前说明会。且游客各自赶往机场集中，领队决定在机场统一开说明会。结果由于游客陆续到达，领队只好分批召开简单说明会，讲解有关事项，发放相关资料。最后 5 位游客到达后，领队由于忙于办理登机手续，没有机会讲解具体事宜，直到到达境外才给 5 名游客简单交代几句。其中李先生第一次出国旅游，无意中冒犯当地习俗，遭到当地居民的指责。李先生回国后，要求该旅行社赔礼道歉，并赔偿精神损失。

（本案例由郑州商贸旅游职业学院郭小汇提供）

案例点评

按照 2023 年 3 月生效的《出境旅游领队服务规范》（LB/T 084—2022）的规定，旅行社组织的出境旅游团领队都要在出发前召开说明会。领队应主持或参加行前说明会，并按照 GB/T 31386—2015 中 5.3.5、LB/T 039—2015 中 5.1.2 和 LB/T 040—2015 的相关要求，提供以下服务：给付旅游者相关旅游资料；向旅游者讲解旅游行程单内容；宣讲文明旅游注意事项；提示、告知安全注意事项，确认旅游者在国内的紧急联系人、联系方式等；介绍旅游目的地与出发地的时差、当地气候、风俗禁忌、汇率及兑汇途径等相关情况；说明旅游证件的重要性和证件遗失的后果，提醒旅游者妥善保管旅游证件。

领队确因特殊情况不能主持或参加行前说明会的，应报告旅行社，委派他人代为主持或参加。因特殊原因未能安排行前说明会的，或参团旅游者未能参加说明会的，领队应在团队出发集合地点组织行前说明会。

同时，领队或旅行社还需要再进行行前提示。领队应不迟于出团前 1 日与参团旅游者／联系人联系，再次提醒以下事项并请旅游者回复确认：团队集合时间与地点；出入境、出入海关的注意事项；团队所乘公共交通工具（如飞机、邮轮等）的行李要求和托运要求；出团时携带的证件资料；根据旅游目的地的气候等因素，旅游者需要备齐的物品；领队的联系方式；就旅游目的地与出发地的时差、当地气候、风俗禁忌、汇率及兑汇途径、需要备齐的物品等作出提醒；提醒旅游者根据自身身体状况，准备和携带必要和备用的药品；就推荐旅游者购买相关旅游保险做补充提示。领队应确保与旅游者的联系方式畅通，随时应答旅游者的咨询。

在说明时，要强调境外当地居民饮食特点、风俗习惯和禁忌。如果有的旅游者因故未能参加说明会，领队应在旅游者到达机场后向其介绍说明会上谈及的各项内容。

本案例中李先生由于是第一次出国旅游，无意中冒犯当地习俗，遭到当地居民的指责。回顾导游服务过程，李先生没能参加说明会，导游也没有再及时补充召开，直到到达境外领队"才给 5 名游客简单交代几句"，可见导游服务不规范、不到位，存在一定的过错，造成游客回国后"要求该旅行社赔礼道歉，并赔偿精神损失"的后果。

（点评人：李岑虎）

三、沉着冷静帮助游客快速办理转机手续

案例 2-14

惊心动魄的急转机

8月，领队小林接了一个欧洲 10 日游团队，该团队将搭乘 KL892 次航班由成都飞往阿姆斯特丹，办理入境欧盟手续后，再继续从阿姆斯特丹乘坐 KL1359 次航班飞往布拉格。虽说落地阿姆斯特丹后到下一个航班起飞有 90 分钟时间，但 30 多人的团队还要排队办理入境，时间非常紧张，而且第一段航班还比原计划晚了 12 分钟落地。

领队小林准确地预判到转机的困难，在成都出发时就将转机的程序给游客们做了详细的讲解与描述，同时在飞机落地前又一个个通知游客提前用好卫生间，避免转机时客人有需求而耽搁时间，下飞机后迅速集合游客并要求他们全程必须紧跟队伍，统一行动，听从指挥，最终非常顺利地完成了这次转机。

到返程时，遇到了更为严峻的状况，希腊雅典行程结束后要飞往阿姆斯特丹办

理离境欧盟手续、商品退税手续，再转机飞往成都，而整个转机时间不足一小时。领队小林根据实际情况，提前做好了部署：①告知机组人员该团队的急转机情况，获得落地后优先下机的许可。②提前查询落地后到移民局和飞往成都的登机口的路线，并做好最优的线路规划。③团队抵达移民局后告知官员特殊情况，要求使用快速通道。④退税全部统一办理。最后，该团队一路小跑终于在起飞前10分钟到达登机口。领队小林的沉着冷静和经验丰富，获得了游客的交口称赞。

（本案例由卫美佑提供）

案例点评

领队在带团过程中最担心的往往就是带领游客乘坐国际航班的急转机，要在很短的时间内完成下机、入境边防海关、再次安检、登机等一系列程序，不得不说对领队的业务水平是极大的挑战。案例中的领队经验丰富、提前部署、积极沟通，争取各方最大的帮助。工作细致，连在飞机上要提前使用卫生间都逐一通知到每位游客，避免浪费转机时间，值得各位导游借鉴。

2023年3月生效的《出境旅游领队服务规范》（LB/T 084—2022）规定的领队出境旅游乘坐交通工具时的服务要求，整理如下，供大家参考。

一、检查交通工具的安全设施

团队旅游乘坐的交通工具（如旅游客车、游览包船等），领队应检查其安全锤、安全带、逃生门、救生衣、应急灯等安全设施状况，发现安全隐患应及时要求接待社采取有效措施，必要时向团队操作人员反馈并提出需要其支持、协调的具体事项。

二、办理乘坐公共交通工具的手续

领队应提前留出充足的时间到达集合地点，协助旅游者办理登机牌（或邮轮登船卡）等公共交通工具登乘凭证。

三、乘搭交通工具时的服务

（一）候乘公共交通工具时，领队应核对交通票证信息，向旅游者强调登乘的具体位置和时间，提示旅游者妥善保管交通票证。强调需要销签的团队，应妥善保存好登机牌。

（二）引导旅游者登乘公共交通工具，并礼貌清点人数。

（三）在公共交通工具上，领队应：提示旅游者对号入座、按规定摆放手提行李、系好安全带（如需要）等，并按照LB/T 028的要求向旅游者明确安全乘车要求；确认旅游者已预订的特殊服务得到落实；告知旅游者领队本人的座位号，给予旅游者必要的协助。

（四）抵达后出关前，领队应集合旅游者，礼貌清点人数，提示旅游者检查随身物品；带领旅游者领取托运行李，提示旅游者查验、清点，协助处理行李相关问题；提示旅游者遵守目的地国家或地区的移民局和海关规定，接受移民局的检查和海关对行李物品的检查。

（五）如需中转，领队应带领旅游者前往换乘位置，向旅游者强调出发时间和搭乘位置，提示旅游者妥善保管交通票证。

四、特殊/突发事件处理要求

（一）航班延误或取消

遇航班延误或取消，领队应：向航空公司证实延误的原因，落实预计起飞的时间；报告旅行社团队操作人员；向航空公司索取延误或取消证明，提示旅游者保管好保险理赔所需证据；安抚旅游者，需要时协助安排旅游者的食宿；为旅游者向航空公司争取合法合理的赔偿。

（二）托运行李延误与丢失

1. 托运行李出现延误，领队应：协助旅游者取得承运人出具的相关证明及联系方式；协助旅游者对延误的行李进行追踪。

2. 托运行李丢失，领队应：详细询问行李的丢失细节；协助旅游者与航空公司交涉，并提供所需的联系方式；协助旅游者购买临时必需品；行李无法找回，协助向运输公司/保险公司（如需）索赔。

（三）误机（车/船）

出现整团误机（车/船）事故时，领队应：向旅行社及有关部门报告；与承运方联系，争取搭乘最近班次的交通工具或包乘相关交通工具启程；稳定旅游团（者）的情绪，安排好在当地滞留期间的食宿、游览等事宜；通知下一站，对日程作相应的调整；向旅游者赔礼道歉。

（四）旅游车故障

旅游车发生故障，领队应：敦促司机安全停放车辆并尽快修复；请旅游者安心等待，活跃现场气氛以转移旅游者的注意力；如需要，联络地接社另行派车，或联系当地游览车接替；如需要，与地陪导游分乘车队的头车和尾车，以确保旅游者安全到达；向旅行社上报实际状况及处理情形。

（点评人：卫美佑　李岑虎）

四、要求游客不要参加境外危险活动

案例 2-15

热情的沙漠

11月，某旅行社中东专线组织了阿联酋迪拜7日游，融合了现代化与阿拉伯风情的迪拜，给游客的体验感非常不错。

行程的第三天傍晚是旅行社赠送的沙漠冲沙及阿拉伯沙漠营地的体验，营地中有一个行程外的项目——沙漠越野摩托。在进入营地前，地接导游就提醒了越野摩托有一定的危险，随行领队小梁也多次强调安全，让游客尽量不要参加。但其中一位游客出于好奇，自费参加了越野摩托活动。非常不幸，由于摩托车失控翻车，游客手臂摔伤，预判有骨折的可能性。地接导游立即委派公司助理来到营地接管该团后续的工作，并亲自驾车带着受伤游客前往医院就医。随行领队小梁也马上向国内报备了此情况，并协助公司助理带着其他游客走完行程。结束当天的工作后，领队小梁前往医院看望受伤游客，在游客完成检查和治疗后一同返回酒店。

（本案例由卫美佑提供）

案例点评

在出境游过程中，游客突发疾病或意外就医是经常发生的状况。旅游目的地不同，医疗条件、收费标准、处理程序上都有很大的差异。有的国家医疗费用极为昂贵，如欧美发达国家。有的国家医疗条件非常有限，如亚非拉美部分落后地区。所以领队必须提醒游客携带符合入境国要求的必备药品，同时要求游客避免参加有危险的活动。在需要送医治疗的情况下，第一时间向旅行社报备并协助游客就医。

（点评人：卫美佑）

五、游客兑换外币要做详细记录

案例2-16

一个疏忽造成的经济损失

2017年5月，成都某旅行社组织了阿联酋7日游。该团队将于当天21：00从成都飞往阿联酋首都阿布扎比。领队小汪根据旅行社出团通知书的安排，提前到达成都双流国际机场，并于当晚18：00召集全体游客召开行前说明会。

领队小汪将目的地风土人情和法律法规向游客作了简单介绍，同时告知出入境时的注意事项，最后旅行社工作人员提供了一些收费服务，如升舱、外币兑换、移动WiFi租赁、当地电话卡购买等。后来该团游客在旅行社工作人员处兑换了总额5000多元人民币的当地货币迪拉姆，工作人员也向游客承诺，没有花完的外币，可以在行程结束后找领队小汪换回人民币。

但由于该团领队小汪没有对游客兑换外币进行详细记录（兑换人、金额、货币号码），行程结束后，其中一位游客找到小汪，拿出了价值近7000元人民币的迪拉姆，要求兑换回人民币。在双方争执结束后，由于缺乏足够的证据，本着一心为游客服务的诚信态度，旅行社和领队小汪满足了游客要求，但因此造成的损失由领队小汪个人承担。

（本案例由卫美佑提供）

 **案例点评**

兑换外币这类服务其实并非领队小汪的职责，而且机场也有兑换服务。一旦旅行社提供兑换外币服务，就要求领队一定要做好登记工作，谨防个别游客钻空子赚汇率差，或用假的外币来兑换人民币，从而造成自身财产损失。

（点评人：卫美佑）

六、提醒游客不要购买或走私珍贵动物制品

 **案例 2-17**

哭泣的非洲象

10 月，某旅行社组织了埃塞俄比亚和埃及 10 日游，游客一路领略了非洲奇异的人文和自然景观。在行程结束前，埃塞俄比亚的地接导游在旅游大巴上拿出了他个人的非洲象象牙饰品向游客展示，并暗示可以为游客提供类似的象牙制品。随行领队小甄默许了地接导游的行为，在地接导游的暗示和随行领队的无视下，个别游客当即购买了地接导游兜售的非洲象象牙制品。回国入境时，游客购买的象牙制品被海关缴获，并根据相关法律法规当场扣押涉事游客和领队小甄。经过海关调查，此次事件的涉事游客，属于情节显著轻微，因此海关对他们的象牙饰品处以没收并处罚金处理。

（本案例由卫美佑提供）

 案例点评

我国于 1980 年 12 月 25 日加入《濒危野生动植物种国际贸易公约》（简称 CITES），将非洲象列入附件二，并于 1981 年 4 月 8 日对中国正式生效。《中华人民共和国野生动物保护法》将亚洲象列入国家一级保护动物。根据我国《刑法》规定，走私珍贵动物及珍贵动物制品处五年以上十年以下有期徒刑，并处罚金；情节较轻的，处五年以下有期徒刑，并处罚金；情节特别严重的，处十年以上有期徒刑或者无期徒刑，并处没收财产。但根据《最高人民法院、最高人民检察院关于办理走私刑事案件适用法律若干问题的解释》第九条第四款，不以牟利为目的，为留作纪念而走私珍贵动物制品入境，数额不满十万元的，可以免予刑事处罚；情节显著轻微的，不作为犯罪处理。

案例中的领队默许地陪导游的兜售非洲象象牙行为，最终导致处罚。因此，领队要熟知国家相关野生动物法律法规，在境外旅游活动中，要及时提醒、告知游客境外旅游时不要购买、走私珍贵动物制品。

（点评人：卫美佑）

没有什么比导游职业更让人自由且快乐的了
——记第三届全国导游大赛金奖获得者卫美佑同志

卫美佑，第三届全国导游大赛金奖、最佳服务奖获得者，全国巾帼建功标兵，全国青年岗位能手，中国好导游，高级导游，全国金牌导游，四川省人民政府"金熊猫奖"先进个人，四川省导游技能大师工作室领办人，四川省首届天府旅游名导。

图2-1　讲解中的第三届全国导游大赛冠军卫美佑　　供图：卫美佑

到今年，已经是卫美佑踏入文旅行业的第11个年头了。从业至今，卫美佑经历了地接导游、全陪导游、景区讲解员和出境领队这些不同岗位的"导游"角色，要说起最大的感受，她说：没有什么比导游职业更让人自由且快乐的了！

近几年，卫美佑可谓是尝试多多，拍摄短视频做直播，制作微综艺录节目，走进景区实地授课培训，策划文旅活动担任推介官……随着文旅深度融合，她愈发意识到导游员也需要夯实文化基础、提升专业技能。卫美佑2017年获得第三届全国导游大赛冠军后，回到四川继续她的导游工作，为了锤炼导游技能，在带团之余，她让自己有了更多重的身份：企业部门经理、院校客座讲师、技能大师工作室领办人，等等。得益于对文旅行业的热爱和丰富的导游一线工作经验，她成为了许多旅游管理专业同学们的榜样。曾经，在"榜样的力量"专题分享上卫美佑说："山高人为峰，我也很幸运有许多行业里的前辈作为榜样，指引前进的方向。"

"用心用情，既专且精，感谢我的老师全国特级导游周小丁的谆谆教诲，他说：做好一件事，就能问鼎庙堂。"卫美佑说。卫美佑也希望自己和同人们一起坚守热爱的"导游"工作岗位，持续发挥榜样的力量。

（资料来源：四川省导游技能大师工作室）

当导游就是一场修行
——国家高级导游员吉琳琳的故事

吉琳琳，国家高级导游员，国家中级旅游经济师，河南省旅游协会导游分会理事，河南省旅游协会吉琳琳政务导游工作室负责人，河南航投文化旅游有限公司职工。自2006年从业至今，参与多场国内外大型政务接待活动，在省市导游大赛中先后荣获"郑州市十佳导游员""河南省十佳导游员""河南省行业技术能手"等荣誉称号。工作目标：讲好中国故事，传递文化能量。

图2-2　吉琳琳做客郑州新闻广播电台　　摄影：陈婧

2006年，只有18岁的她，初入导游行业就勇敢担当起服务黄帝故里拜祖大典嘉宾的重任。9年间，在每年的黄帝故里拜祖大典上，你都会看到她忙碌的身影。她还在"郑州人新年游新区""三走进、三郑州"等多项活动中为众多嘉宾提供优质服务，受到广泛赞誉。她曾荣获2008年郑州市导游大赛"十佳导游员"称号，荣获2010年河南省导游大赛普通话导游员组第三名。

"欢迎您回家，我是您的家人吉琳琳……"如果您来郑州旅游，恰好碰到吉琳琳带团服务，一定会听到这样的温馨开场白。她始终认为，河南是中华文明之源，更是全球华人的心灵故乡，游客一路上这块黄土地，就相当于"回家"了。

如何让"家人"在"家乡"有宾至如归的感觉呢？如何让他们深入了解充满活力的郑州呢？从2006年第一次为黄帝故里拜祖大典嘉宾提供讲解服务起，她就牢牢树立下目标：一定要让海内外游客感知到充满蓬勃生机的新河南、新郑州。

河南旅游文化内涵丰富，尤其是禅宗文化、少林文化、黄帝文化名扬四海。为此，吉琳琳博览群书，经常搜集与河南文化相关的历史资料，并在讲解中注重突出浓郁的中原文化。针对不同类型游客，她讲解的内容都有所侧重。比如在接待政府部门人员时，她不仅注重讲解郑州的历史，更喜欢用生动的语言介绍郑州航空港实验区建设、国际陆港建设以及新型城镇化建设等鲜活内容，通过实地走访、图片展示、语言讲解等手段，帮助他们感知日新月异发展中的大郑州。为了解郑州社会经济最新发展情况，她每天都要翻阅省会各家主流媒体报纸，看电视新闻，并把重点内容抄录在笔记本上做到熟练背诵。

近年来，在接待多个党政考察团时，她带领大家到郑州航空港区、经开区等处实地考察，一路为他们生动地讲解郑州航空港经济综合实验区建设最新进展以及如何提速融入"一带一路"建设。通过实地考察，让众多嘉宾重新认识了郑州未来发展优势，对郑州未来发展充满了期待。

当导游近10年来，吉琳琳先后接团300余批，接待海内外游客、嘉宾近5000人次。在带团过程中，她深深感悟到：当导游就是一场修行，不光可以提高自己的人生境界和修养水平，还可以感悟大千世界，品味多姿多彩的人生风景。经历过，思索过，就值得用一生去珍惜。吉琳琳热爱导游员这个职业，并将倾尽全力做得更好。

（资料来源：2015年9月21日 01：43，郑州日报）

项目实训

1. 旅游团接待计划包括哪些内容？请为旅行社编写一份接待计划。
2. 地陪导游接团时应做好哪些知识准备？请编写一份自己接团的知识准备方案。
3. 欢迎词包括哪五个部分？请分别为教师、医生、建筑工人、老年人、儿童各自写一份欢迎和欢送词。
4. 结合自己的工作实际，谈谈如何做好计划内的旅游团餐饮服务？
5. 假如你是景区导游，如何做好参观游览中的导游讲解服务？

服务技能篇

- 项目三　提高导游带团讲解技能
- 项目四　提升导游综合服务技能

项目三

提高导游带团讲解技能

● **项目导读**

  导游带团讲解是导游最基本的服务技能,影响着导游带团质量的高低。如何提高导游带团讲解技能,本项目从导游词的编撰、导游语言表达、导游带团、导游讲解、游客购物引导服务等五个任务方面,列举案例,为导游员朋友提供典型的学习样板。

● **思维导图**

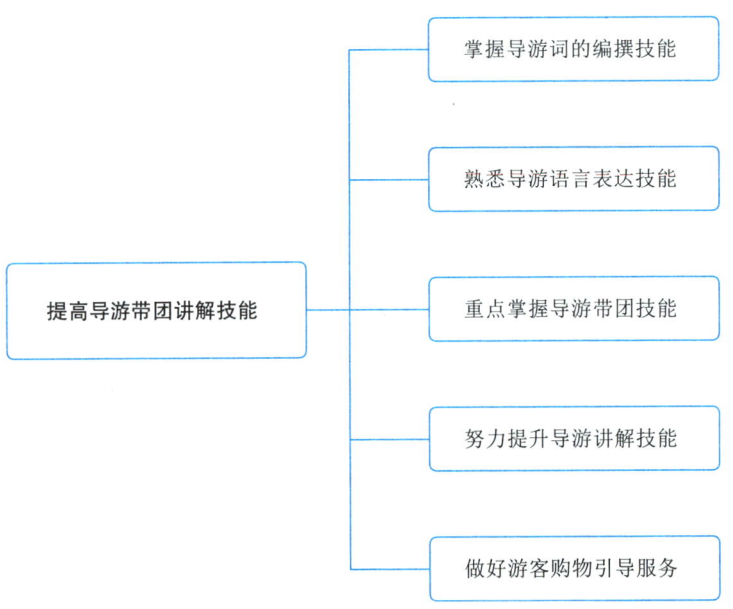

任务一　掌握导游词的编撰技能

  无论是实际带团,还是参加导游大赛,抑或是晋升高级导游、特级导游,导游词的编撰必不可少。我们邀请几位知名的旅游教育专家、知名导游编写了本任务内容，供大家参考，最终达到学以致用的目的。

任务实施

一、导游词的谋篇布局创作技巧

案例 3-1

导游词的谋篇布局创作技巧

谋篇布局是指导游词写作的构思阶段。就是围绕主题，对梳理加工过的材料按一定的逻辑顺序，进行排列与组合，然后用恰当的语言表现出来。谋篇布局从大的结构框架来看，主要由开头、正文、结尾三大部分构成。元代散曲家乔梦符说："作乐府亦有法，曰凤头、猪肚、豹尾六字是也。大概起要美丽、中要浩荡、结要响亮。"导游词与一般乐府做法一样，也应该做到凤头、猪肚、豹尾六字。

一、凤头：起要美丽

一个好的开头要做到亲切、热情、新颖6个字。开头的方式很多，主要有介绍式开头、朗诵式开头、故事式开头、赞美式开头和猜谜式开头等。

（一）介绍式开头

这是一种常用的开头方式，特点是较为全面地介绍情况，使游客尽快知晓。比如：

游客朋友们：

大家早上好！孔孟之乡，文化济宁欢迎您！

首先我代表济宁畅游天下国际旅行社和司机李师傅欢迎大家来济宁观光旅游！我叫李虎，是济宁畅游天下国际旅行社的导游员，坐在驾驶员位置的是我们的司机赵师傅，赵师傅稳重潇洒，和蔼可亲，安全驾驶已经超过30万公里，已经有整整10年的驾龄了，你们尽管放心。在今后三天的旅游过程中，希望大家配合我们的工作，并多提宝贵意见和建议。

预祝大家旅途愉快、顺利开心！

（二）朗诵式开头

1. 抒情性朗诵开头

此方式开头，要求句子精美，朗诵有感情，时间不宜太长，结束后马上进入自我介绍。例如："朋友们，西安古称长安，意为长治久安。自西周开始，13个朝代曾在此建都，有着3100多年的建城史和1150余年的建都史。这是一座铭刻着华夏文明的璀璨荣耀、记录着中华民族的辉煌历程的城市。如今，新时代现代化的西安早已成为天下尽知的国际化大都市，更加繁荣昌盛。今天，正张开它的双臂，热烈地欢迎着你们的到来！我叫罗瑛，是西安国际旅行社的导游员……"

2. 衬托式朗诵

此方式开头，要求用其他景点之美来衬托本地风光之美，众星托月，达到预想的效果。例如："女士们、先生们：您见过大海的壮阔之美吗？你见过草原的苍茫之美吗？您见过峡谷的幽深之美吗？您见过黄河的入海之美吗？今天泰山的雄峻之美、白云飘逸之美、晚霞瑰丽之美、黄河入海之美将一起展现在您的眼前！"

（三）故事式开头

故事能吸引人们的注意力，能激发人的情感，能使人在潜移默化中受到启发与激励，可增加游兴和艺术感染力。例如《大红袍的由来》：

各位游客，欢迎您来到武夷山品尝大红袍。说起大红袍，有一个美丽的故事，据传有个晋阳的秀才赶考，途经武夷山时却突发疾病，当地庙里的一个老和尚用茶水将他治愈，后来秀才高中归来，皇帝赐了一件红袍给他，他便披在了这棵救命的茶树上，从此，就有大红袍这个名字了。

后来状元来到武夷山谢恩，在老方丈的陪同下，前呼后拥，到了九龙窠，但见峭壁上长着三株高大的茶树，枝叶繁茂，吐着一簇簇嫩芽，在阳光下闪着紫红色的光泽，煞是可爱。

老方丈说，去年你犯鼓胀病，就是用这种茶叶泡茶治好的。很早以前，每逢春日茶树发芽时，就鸣鼓召集众和尚，穿上红衣裤，爬上绝壁采下茶叶，炒制后收藏。状元听了要求采制一盒进贡皇上。

第二天，庙内烧香点烛、击鼓鸣钟，招来大小和尚，向九龙窠进发。众人来到茶树下焚香礼拜，齐声高喊"茶发芽！"然后采下芽叶，精工制作，装入锡盒。状元带了茶进京后，正遇皇后肚疼鼓胀，卧床不起。状元立即献茶让皇后服下，果然病除。皇上大喜，将一件大红袍交给状元，让他代表自己去武夷山封赏。一路上礼炮轰响，火烛通明，到了九龙窠，状元命一樵夫爬上半山腰，将皇上赐的大红袍披在茶树上，以示皇恩。说也奇怪，等掀开大红袍时，三株茶树的芽叶在阳光下闪着红光，众人说这是大红袍染红的。

后来，人们就把这三株茶树叫作"大红袍"了。有人还在石壁上刻了"大红袍"三个大字。从此大红袍就成了年年岁岁的贡茶。

（四）赞美式开头

如果接待一些专业旅游团队，可以针对他们的职业与爱好进行褒奖赞美，采用赞美式开头。如碰到教师团队，可用赞美教师的诗词即兴开头："一腔热情，三尺讲台育英才；满身正气，一只粉笔谱华章。千言万语道不尽，师恩深厚重如山。您用谆谆教诲，传道解惑；您用智慧教鞭，点亮希望；您用执着态度，辛勤耕耘；您用满腔热忱，谱写人生。您是百花园中辛勤的园丁，您是迷茫路上指路的明灯；您是心灵正义的捍卫者，您是成长成熟的引路人。尊敬的老师，祝您桃李满天，旅途愉快！"

（五）猜谜式开头

用此法开头，要注意时机，要紧扣景点，不要太难。例如：济南旅游时导游猜谜式开头：

女士们、先生们，在我开始讲解之前，先让大家猜个谜，谁猜中谁得奖。奖品为煎饼卷大葱。请听好：

山东济南有一位古代著名的女词人，是谁？

"李清照。"有人揭了谜底。

又比如："处男处女皆纤体，打李清照词一句。""人比黄花瘦。"游客异口同声地喊了起来。这样的猜谜式开头也能收到良好的效果。

二、猪肚：中要浩荡

导游词写作中最关键的部分还是正文，正文最能显示出写作者功力和水平。正文在结构安排上要注意时间、空间和逻辑三种结构顺序。

（一）时间顺序

导游词中的时间顺序有如下两种：

第一种是景观形成的历程。如概况、自然形成的时间、建成的年代、景观的结构、历史的沿革、社会的变迁、意义价值等。这种讲述主要表现为时间的延续性，几乎每一游览客体都具有这方面的内容。

例如赵州桥：赵州桥，又名安济桥，坐落于河北省赵县县城南部的洨河之上，因赵县古称赵州，因此得名赵州桥。

赵州桥始建于隋朝（581—618），由著名匠师李春设计建造，距今已有1400余年，是世界上现存年代最久远、跨度最大、保存最完整的单孔坦弧敞肩石拱桥。赵州桥因其建筑结构独特，设计合乎科学原理，桥体雄伟壮观，被世人誉为"天下第一桥"。唐代中书令张嘉贞在《赵州大石桥铭》中说它"制造奇特，人不知其所为"。

赵州桥全长64.4米，拱顶宽9米，拱脚宽9.6米，跨径37.02米，拱矢7.23米。从整体看，它是一座单孔弧形石桥，由28道石拱圈纵向并列砌筑而成。赵州桥是我国造桥史上的杰作，占有十分重要的历史地位，对全世界后代桥梁建筑有着深远的影响，其"敞肩拱"的运用，更为世界桥梁史上的首创。赵州桥不仅建造工艺独特，具有极高的科学研究价值，而且造型优美，桥体纹饰雕刻精细，具有极高的艺术价值。它横跨洨河，宛如长虹飞架，巨身凌空，气势雄伟。雕刻刀法苍劲有力，艺术风格新颖豪放，显示了隋代浑厚、严整、俊逸的石雕风貌。整个赵州桥堪称一件精湛的艺术珍品。元代诗人刘百熙曾盛赞它："水从碧玉环中过，人在苍龙背上行。"

（资料来源：赵县人民政府网站，发布时间：2021-02-03 10：23）

第二种是以事件发生的过程为序。例如《祭天大典》：祭天大典是在每年冬至日，当天凌晨4点多各种坛灯点燃，圜丘坛西南的望灯杆望灯高悬，圜丘前燔柴炉上放置一牛犊，用松柏枝烧祭。台南广场排列200多人的乐队、舞队，在庄重的中和韶乐中，文武百官前呼后拥，皇帝亲自登上圜丘坛，站在坛面中心的"天心石"上恭读致皇天上帝的祝文。礼仪完毕，各神位前所供的供品分别依次送到燔柴炉和铁燎炉焚烧，烟气腾空，以示送达天庭。大典结束，皇帝起驾回到紫禁城。

（二）空间顺序

以空间位移或转换的顺序来安排导游词结构是最符合导游带团实际的，所以按旅游线路编写导游词也是最为常见的。具体到某一景点的空间顺序要看具体情况而定，一般总是由远及近，从上到下，从外到内，或者反其道而行之。

（三）逻辑顺序

逻辑是思维的规律。所谓逻辑顺序，就是按照人们共同的思维规律安排段落结构或语句顺序。条理性差的讲解词，随意发挥，讲述事件没有头绪，介绍、说明毫无条理，使人听起来东一句、西一句，没有完整的概念和具体的形象，造成理解上的困难。导游解说中段落的逻辑性主要表现在总述部分。例如，编写故宫概述导游词，按逻辑规律应当先介绍故宫的建造年代、时间，再介绍建造中花费了多少人力、物力、财力，然后介绍建造的结果——面积、规模等，最后讲解建筑的文化含义和特点。这样讲解人们易于了解故宫的历史背景，听起来一环扣一环，条理性强，思路清晰，易于理解。例如故宫概述导游词：

故宫始建于明永乐四年（1406），建成于永乐十八年（1420），前后共花费了15年的时间。城四周各设一座城门，城四角各建有一座结构精美、造型奇特的角楼。故宫在建造过程中共征集工匠23万人、民夫100万人。选用两湖、两广、江西、山西等地的木材，使用了北京房山的汉白玉、河北蓟县（今天津蓟州区）盘山的五色虎皮石和曲阳县的花岗石。故宫占地面积72万多平方米，建筑面积16.3万平方米，有宫殿、楼阁等各种房间8704间。周围有9.9米高的围墙，城外设有52米宽的护城河。故宫的建筑格局是"前朝后寝，左祖右社"，这是遵从了《周礼·考工记》的帝王都城营建的原则。颜色基调为红、黄两色，取意中国传统的"阴阳五行"学说，黄色代表尊贵、权威，红色代表吉祥、富贵。

三、豹尾：结要响亮

"结要响亮"，就是指文章结尾要有力度与回味，所谓"余音绕梁，三日不绝"即是。好的导游词结尾也应做到简洁有力，干净利落，趣味盎然，耐人寻味，给人以美的享受。导游词结尾的主要内容包括：游览总结，虚心听取游客意见，表达感激与惜别之情，期待来日重逢的心愿。导游词结尾的方式主要有以下两种：

（一）诚恳谦虚式结尾

如："亲爱的游客朋友们，我们马上就要说再见了。此刻，我的心情既激动又难过，在这次旅游过程中，我有许多应该做好而没有做好的工作，留下深深的遗憾。感谢各位对我的支持和帮助，我要努力工作，或许来年我们有缘再次相会，我将提供更好的服务。"

（二）祝愿式结尾

比如：尊敬的朋友们，相见时难别亦难，不知不觉已到了即将分别的时刻。真的很舍不得大家，但天下没有不散的筵席，送君千里终要一别。在这里祝大家工作顺利、生活幸福、一路平安！还请大家对我的工作提出宝贵意见。"两山不能相见，两人总能重逢"，期待下次"正是云南好风景，开花时节又逢君"。

结豹尾之法很多，如用名人名言、名人诗句、幽默诙谐的语言等，切忌冷饭回锅、毛驴拉磨、画蛇添足、敷衍了事。

（本案例由李岑虎、汪亚明提供）

导游服务案例选评讲解视频

 案例点评

要学习编写导游词，首先得有相应的专业课程。但是很多学校导游专业并没有开设导游词写作的课程，只在"大学应用文写作"和"旅游文学"中有相应的内容。况且写作课程在大学课堂上历来不太受欢迎，这方面的专职教师也缺乏，造成很多导游写作基础较差，有的不会写导游词，包括高级导游考试、导游大赛参赛等都缺乏相应的导游词写作功底，导游亟须专业的导游词撰写学习和培训。

本案例两位作者均是国内知名的旅游教育专家，整篇案例，从头到尾，行云流水，一气呵成，既有丰厚的写作理论功底，又有实实在在的导游实战经验，更有大赛评委的专业点评技能。本文为导游带团实践、参加导游大赛、参加高级导游考试等活动撰写导游词提供了方法论指导，堪称教科书，具有较高的学术价值和借鉴意义。

（点评人：文化和旅游部人才中心研学旅行指导师考评员高霞）

二、掌握导游词的篇章结构

 案例 3-2

横店影视城导游词

"横空出世，店乃一镇。"各位来宾，上午好！欢迎参加今天的横店影视之旅。我是今天的导游小陈。想必各位已经发现，整个横店影视城规模非常大，它占地近5000亩，涉及的内容也是含古纳今、气势磅礴。所以在参观、游览之前，有必要先给各位做个导引，让大家先了解一下咱们横店最大的看点是什么，您最不可错过的是哪些。

横店最初只是浙江省东阳市境内的一个小镇，与小商品城义乌相邻。但经过 8 年

55

时间的精心打造，花费30亿元巨资，如今的横店已是全国乃至全亚洲最大的影视城，下辖13个跨越几千年历史时空、汇聚南北地域特色的影视拍摄基地和两座超大型的现代化摄影棚，至今已拍摄了5000余部影视剧作品，是当之无愧的"东方好莱坞"。

因此，来到横店最大的好处，就是一举多得、如梦如幻，一日之内，游遍千年。在这里，您既能看到历史，又能看到时尚；既能看到民族元素，又能看到国际大腕；既能看到最古老的，又能看到最潮流的，当然还有俊男美女、各色人等川流不息。行走在横店影视城内，您将彻底理解近年最长盛不衰的一个词：穿越。而且只有在横店，您才会发现这个词原来可以是真实的。

如果您爱秦王汉武，就先"穿越"到秦王宫吧。1997年，导演陈凯歌为了拍摄《荆轲刺秦王》，精心准备了4年，设计师们花费了4年心血设计出了一幅宏伟的秦王宫蓝图。但是要把图纸变成现实，又成了陈凯歌遇到的一大难题。于是，在中国著名导演谢晋的推荐下，陈凯歌带着图纸来到了横店。短短8个月之后，一座仿造秦咸阳宫的"秦汉第一宫"就奇迹般地出现在了这里。陈凯歌的电影以个人风格浓烈而著称，他建造的景区也是这样，陈凯歌几乎是拍一部电影造一个影视基地，造一个影视基地，火一个影视基地。秦王宫景区也因为浓郁的历史氛围，助《荆轲刺秦王》获得了1999年戛纳电影节的最佳技术奖，横店功不可没。

如果您向往京都风范，就穿越去明清宫苑景区。它是以北京故宫为原型，参照了明清时宫廷建筑手法，以影视城特有的营造方式，仿效了唐、宋、元等时期的礼制，又融入民国年间的建筑风格，荟萃了禁城宫殿、皇家园林、王府衙门、景市庙宇、胡同民宅等各种古建精华，再现了不同历史时期的京都风貌，接待过《大明天子》《明末风云》《金枝欲孽》《满城尽带黄金甲》等一百多部影视剧剧组。

当然，您还可以步入《清明上河图》的画面，穿过北宋京都汴京城的繁华与热闹，体会"一朝步入画中，仿佛梦回千年"。也可以在梦幻谷景区品味江南古镇与老街，可以穿过神秘静谧的热带雨林、洪荒时代的沼泽地，可以感受香格里拉的秘境，体验梦幻、奇异与惊险，或者进入大智禅寺，净化内心，广结善缘……

最后，您一定别忘了要穿越回来，记住一个人的名字：徐文荣。因为这趟梦幻般的旅程全依赖这位农民企业家。正所谓：山不在高，有仙则名；水不在深，有龙则灵；地方不在大小肥瘠，有人则行。横店人把"八面山"变成了"致富山"。

现在的横店，剧组云集，明星璀璨，街市繁华，五光十色，可谓是明星面对面，一日游千年。下面就请各位跟随我一起去穿越吧。谢谢！

（本案例由汪亚明提供）

 案例点评

一、本案例的篇章结构与主要内容

开头——首先用一句很有气势的横店广告语开场，接着指出景区游览的主题："横店影视之旅。"本篇导游词的主要内容是景区概况，一般是在正式游览前讲解的。

正文——首先简单概述横店影视城的基本情况，然后总结、提炼出其特征，再针对游客有可能喜欢的类别简单介绍了几个最值得看的景区：秦王宫、明清宫苑、《清明上河图》景区，最后介绍了以横店创始人徐文荣为代表的横店人及横店发展的意义。

结尾——概括横店如今的发展情况及主要特征，提示游览开始，致感谢词。

二、点评分析

（一）角度的选择

本篇导游词是用于参加浙江省大学生导游大赛的底稿，根据大赛的规定，讲解时间不得超过 5 分钟，在庞大的横店影视城撰写 5 分钟约千字的讲解内容，不是一件容易的事。一般的方法是：1. 讲景区概况，提炼、总结景区最主要的特征或看点，选择一定的逻辑框架、结构进行写作，希望能增强游客对整个景区的认识与把握，最好能挖掘出让游客印象深刻的角度与亮点。2. 选择其中最能代表景区特征同时又适合运用多种导游词创作手法的某一个小节点，选择独特、新颖的视角进行深入挖掘，以小见大。本篇选择了前一种方法："先给各位做个导引，让大家先了解一下咱们横店最大的看点是什么，您最不可错过的是哪些。"

（二）亮点的提取

确定了写作角度之后，本篇导游词从横店影视城作为东方好莱坞、影视旅游之地的角度，结合其"一举多得、如梦如幻，一日之内，游遍千年"的特点，创造性地提出了景区最大的亮点：体验穿越。这不仅把景区的特点很好地展示了出来，同时也符合最新的影视剧热点和网络用词，尤其适合追求潮流、喜欢影视剧的年轻游客。可以说，"穿越"是整篇导游词的灵魂，也是篇章结构的核心。

（三）谋篇布局

有了角度和亮点，就可以量体裁衣地选择材料了。横店影视城的主题景区很多，本篇导游词围绕"穿越"的时空特点，结合当前影视剧作品最喜欢"穿越"的热点历史时期，以及景点在整个景区中的地位，选择了秦王宫和明清宫苑做稍详细的介绍，而将其他多个景点一笔带过式地提及。同时，通过"穿越回来"这个情境的设置，十分自然又巧妙地将景区创始人及其建设意义做了概括，既介绍了情况又升华了主题。

所以总体来看，本篇导游词定位清晰、主题明确、亮点突出、结构巧妙，同时又有一定的意义升华，是一篇不错的竞赛导游词。不足之处是，结构过于巧妙，就难免显得不够自然通透，雕琢的痕迹过于明显；某些地方用语过于书面，不利于口头表达；导游词的介绍过多，情节性和互动感较少，削弱了导游词的现场感。

（点评人：汪亚明）

三、导游词的节奏符合大赛要求,"讲"中有"演"

案例 3-3

西湖概况导游词

各位同学:下午好,欢迎大家来到美丽的杭州!

大家还记得《湖心亭看雪》吗?就是我们初中八年级语文课本中张岱写的《湖心亭看雪》。在这篇游记中最有名的是哪几句呢?对了,看来大家对这篇课文都记忆深刻,现在就让我们一起来重温一下,把这几句大声地背出来:"湖上影子,惟长堤一痕,湖心亭一点,与余舟一芥,舟中人两三粒而已!"同学们,那现在我们就已经走进了张岱笔下的西湖啦,让我们跟着课本一起来感受一下西湖的美丽吧!

西湖位于杭州城西,三面环山,东临市区。西湖湖面面积为 6.38 平方公里,南北长约 3.2 公里,东西宽约 2.8 公里,绕湖一周近 15 公里。西湖处处有胜景,历史上就有"钱塘十景""西湖十八景"之说,而最为著名的是南宋定名的"西湖十景"。它们是苏堤春晓、柳浪闻莺、花港观鱼、曲院风荷、南屏晚钟、雷峰夕照、三潭印月、平湖秋月、断桥残雪、双峰插云。如果我们用一句话来概括西湖,那就是:春夏秋冬花,晚云夕月柳。这句话点出了无论是春夏秋冬,还是明晦晨昏,西湖胜景时时皆有,处处绝佳。同学们,我们不妨这样来描述西湖美景:湖面不大不小,湖水不浅不深,湖山不高不矮,夜湖的灯光不明不暗,一切都是那么的恰到好处。难怪早在 1982 年,西湖就被列为第一批国家重点风景名胜之一啦,2011 年又被列入《世界遗产名录》。

各位同学:张岱笔下的"长堤"就是我们眼前看到的白堤,它与前面的苏堤将整个西湖分成外湖、北里湖、西里湖、岳湖和小南湖 5 个部分。白堤,原名叫白沙堤。当年白居易在杭州担任刺史的时候,曾在当时的钱塘门外石涵桥附近修筑了一条堤,称为"白公堤"。当然,现在这条堤已经无迹可寻了,杭州老百姓为了纪念白居易,就把白沙堤改名成白堤。白居易对白堤也特别有感情,曾写下这样的诗句:"乱花渐欲迷人眼,浅草才能没马蹄。最爱湖东行不足,绿杨阴里白沙堤。"

各位同学:现在我们的船已经航行到了西泠桥畔,大家请看,那一座古色古香的环洞石拱桥就是著名的西泠桥了。西泠桥与长桥、断桥并称为西湖三大情桥。在历史上,西泠桥的成名并不是因为它的风景如画,而是一段留传至今的六朝韵事。相传钱塘才女苏小小,自幼聪慧美丽,非常可爱。有一次,她乘车出游,在白堤遇到了青年才俊阮郁,两人一见钟情,小小当即吟诗一首:"妾乘油壁车,郎骑青骢马。何处结同心?西陵松柏下。"诗中的西陵,说的就是现在的这座西泠桥。小小死后就葬于西泠桥畔,后人又在她的墓上建造了一座慕才亭,人们每过此桥都要到她墓前凭吊一番。

各位同学：千百年来，西湖美景风姿绰约，美不胜收，散发出经久不衰的迷人魅力。就连见多识广的唐朝大诗人白居易离开杭州时也恋恋不舍，写下了"未能抛得杭州去，一半勾留是此湖"的千古名句。同学们，当你领略了"水光潋滟晴方好，山色空蒙雨亦奇"的西湖美景后，难道不会生发出与白老先生一样的感触吗？

谢谢大家！

（本案例由汪亚明提供）

案例点评

一、本案例篇章结构与内容

开头——欢迎词，以张岱游记中的引文引入；

正文——先概述了西湖的地理位置、面积水深、主要景点、景观特色和相关荣誉，接着重点介绍了白堤和西泠桥；

结尾——用白居易和苏东坡的诗句概括了西湖景观的迷人魅力，致感谢词。

二、点评分析

（1）因本篇导游词是用于参加全国高等院校导游大赛的底稿，根据大赛的规定，讲解时间不得超过5分钟，开头必须用中学生学过的相关课文引入。然而西湖景区的自然与人文内涵十分丰富，要想在千字文中概述出来，又要与张岱的游记相契合，难度极大，面面俱到，几乎是不可能的。所以，只能采用由面到点的叙述方式，先从面上介绍西湖概况：位置、规模、十景、特点等，然后根据张岱游记的线索，重点介绍白堤（苏堤）与西泠桥。这样讲解就能做到点面结合、以点带面，给人较深的印象。

（2）本篇导游词不仅结构、层次清晰，而且在节奏设置上也非常符合导游大赛的要求。导游虽以讲解功夫见长，但导游大赛必须考虑演讲技艺，也就是在"讲"中穿插"演"，要演讲就必须考虑节奏的问题。本篇导游词全篇根据内容和讲解需要设置了5个大的节奏，而每个大的节奏里又包含若干个小节奏，形成徐疾有致、波浪起伏的效果。如开头至介绍"西湖十景"前都比较平缓，到十景形成一个高潮，然后回落到以平缓语调介绍白堤，但在引用白居易诗句处又形成了一个小高潮，再后来又回到用平缓语调讲述苏小小的爱情故事，最后在结尾又形成一个高潮。真可谓是一波三折！

（点评人：汪亚明）

四、站在制高点，讲出现场感

三峡大坝导游词

游客朋友，大家好，欢迎来到举世瞩目的三峡大坝参观、游览，我是您的导游，今天，将由我带领大家走进这跨越世纪的超级工程，感受激荡人心的三峡大坝，领略高峡平湖的壮丽美景。

治水，在中国历史上都是彪炳史册的伟业，从三过家门而不入换得九州安定的大禹，到修筑都江堰造就"天府之国"的李冰父子，治水与治国相连，定水与安邦相伴。历史行进至中华民族转折、复兴的时刻，倾注到母亲河长江里的依然是治水的期盼。百年梦想，70年论证，17年建设，今天，三峡工程以傲人之姿屹立于世人面前。三峡工程坐落于长江三峡西陵峡中段，与举世无双的峡谷风光交相辉映，形成了令世人惊叹的独特景观。

现在我们所在的位置正是三峡大坝最佳观景区——坛子岭，朋友们，请随我登上这制高点，一睹这宏伟的三峡大坝。站在这里，让我们举目四望，巍巍大坝如银色巨龙横卧于滔滔江水之上。游客朋友，它是世界上规模最大的混凝土重力坝。它长2309米，海拔高185米，相当于一座62层的大厦那么高。您看，位于大坝中部的是长483米的溢流坝段，它承担着宣泄洪水和清除泥沙的任务。在左、右岸发电厂房共装有32台发电机组，年均发电量1000亿千瓦时。也就是说，如果同时用三峡大坝发的电来点灯，可以照亮大半个中国。

朋友们，快看，大坝正在泄洪，水龙闯江、惊涛澎湃、飞流汹涌、水雾漫天。三峡大坝最大泄洪能力为11.6万立方米每秒。2012年7月24日，三峡大坝遭遇了建库以来最大的洪峰，达到了7.12万立方米每秒，大坝依旧巍然屹立，固若金汤。这意味着什么呢？这意味着三峡大坝可以抵御千年一遇的特大洪水。大坝泄洪，是奇观也是壮举，这宣泄的背后，是一去不返的长江水患；这咆哮的背后，是厚积薄发的民族气概。

请您再看大坝之上，好一派含蓄宁静的平湖美景。三峡大坝蓄水后，形成了长660公里、面积达1000平方公里的人工湖。碧水连天，烟波浩渺。那"更立西江石壁，截断巫山云雨"的宏伟蓝图，已成为真真切切的高峡平湖壮丽美景。

您看，巍峨的三峡大坝挡住了滚滚长江东逝水，660公里河道已呈现出绝色金黄，源源不断的电能已从这里输送往祖国大江南北，防洪、发电、航运这三大综合效益得到最佳发挥。孙中山先生的理想、毛泽东主席的心愿，终于从美妙的设想变成了如此生动、如此丰富又如此壮丽的现实。朋友们，我们由衷地为造就了当代大

60

禹的祖国而自豪。

也许您还沉浸在泄洪场景的雄浑壮阔中，当您陶醉于平湖美景的无穷魅力时，我们的三峡大坝之旅也要接近尾声了。感谢您一路的支持与配合，衷心祝愿各位的人生就像我们的大坝一样，能够经受住各种各样的严峻考验，并在考验中进步，在考验中成长，在考验中实现人生的价值。朋友们，再见！

（本案例由刘勤、高晴提供）

案例点评

长江三峡自古以来就是中国著名的自然景观，众多文人墨客都在这里留下无数的诗文佳作，三峡雄壮险峻、江水一日千里的美景，以及由此带来的"长江三峡巫峡长，猿鸣三声泪沾裳"的千古悲愁，也深深地刻印在一代代华夏儿女心中。如今，千年的梦想变成了现实，湍急而又凶险的三峡，已变成了壮阔、美丽的高峡平湖。三峡库区虽然淹没了许多旧景致，却也造就了许多现代新景色。所以，如何在有限的时间里向游客介绍好新景色，就成为这则导游词首先要解决的难题。

本篇导游词选择了一个很好的观赏与讲解视点，将游客带到坛子岭这个景区的制高点上，然后以指点江山的方式，向游客逐一介绍三峡大坝的概况、大坝左右的发电房、大坝泄洪的壮观美景、大坝内开阔和平静的湖景及其综合效益。这样的讲解视点既做到了点面结合，又突出了重点；既有充满动感的泄洪场景介绍，又有宁静湖光山色的形象描述，做到了有点有面、动静结合，现场感很强，讲解效果也很好。

本篇导游词的第二个优点就是历史与现实交相辉映，第二段文字从大禹、李冰父子治水，写到三峡大坝的建成，引出绵延几千年的中华治水史；第六段文字又略叙了从孙中山到毛泽东治理长江水患的百年梦想。两段文字不仅增强了讲解的历史感，也传达了中华民族生生不息、奋发图强的自豪感，使本则导游词的思想意蕴获得了升华。

本篇导游词的第三个优点是结构完整，开首有欢迎词，中间是讲解正文，最后有致谢词。特别值得一提的是最后的致谢词，不仅写出了致谢内容，而且还生发开去，由滚滚激流中的三峡大坝提炼出丰富的人生哲理，使导游讲解获得了言有尽而意无穷的艺术效果。

当然，本篇导游词也有明显不足：一是节奏设置上过于平铺直叙；二是有个别表述不够明确，如第二段中的"历史行进至中华民族转折、复兴的时刻"，到底是指新中国成立？还是改革开放？还是习近平的中国梦？指代不够明确，影响游客正确理解。

（点评人：汪亚明）

任务二 熟悉导游语言表达技能

在导游服务中，口头语言是使用频率最高的一种语言形式，是导游人员做好导游服务工作最重要的手段和工具。每个导游人员务必熟悉导游语言表达技巧，提升导游服务技能。

 任务实施

一、幽默委婉的提醒

 案例 3-5

幽默委婉的提醒

导游和客人的沟通，其实是一个过程，而非一个动作。这就要求我们导游要有预见性，在事情发生之前，把可能发生的事情提前做委婉的说明。最好是通过讲故事或者在讲解本地的风土人情时委婉地说明。

重庆是一座山城，到重庆的游客，行程中难免涉及爬坡上坎的景点。但重庆导游小何在带团时会有一个提前的预判，如果发现行程里有步行比较多或者比较累的景点，他就会在讲解中提前说明情况，做委婉的提醒。但如果直接对客人说："我们今天的行程步行很多，大家会很累，你们要有个心理准备哦。"这样会给客人压抑的感觉，客人甚至会感觉既然这个地方不好，为什么要安排我们去，甚至还会多些没必要的担心。

因此，导游小何通常会以讲解重庆的风土人情的方式来委婉地提醒客人。重庆的三张城市名片是美食、美景和美女。"为什么重庆出美女呢？"小何采用提问的方式和客人互动，"重庆出美女跟重庆的天气和地形有关。众所周知，重庆是座山城，在这里有很多独特的交通工具，比如长达112米全亚洲第二长的皇冠大扶梯、可以爬山的凯旋路电梯，还有飞跃长江的长江索道。重庆最深的地铁站在地下100多米深处。所以重庆有一句俗语叫作'坐车没有走路快'，重庆的汽车是在大马路上绕山而行的，但是走路却是可以直接上山下山的，那重庆人也把我们这种直上直下、步行走台阶的交通方式称为爬梯坎。每天在不断的上上下下和爬梯坎的过程当中也就无形地锻炼了身体，所以女孩子的体型、身材就保持得非常好，这也是我们重庆出美女的原因之一。"

所以，小何在讲解重庆风土人情时，就有意识地告诉游客，重庆的独特之处就是它是山城。言外之意，就是让他们有个心理准备。用这种方式，也更容易让游客接受。

当然，有时也遇到极少部分客人，在做了铺垫以后，到了真的走得比较辛苦时向导游抱怨为什么不把车开上去，这路走得太累了，等等。

这时应该给他们解释为什么车不能开上去，顺便以开玩笑的方式告诉他（她）："你来到重庆不爬一爬重庆的梯坎，怎么能算到过重庆呢？如果你告诉朋友来过重庆却没有梯坎都是平路，那朋友肯定认为你走错地方了。"这样客人就会认为导游很幽默，从而有效缓解了情绪。

（本案例由高级导游员何凯提供）

案例点评

导游和客人的沟通是一个过程。根据带团经验，预判游客反应，做好提前商量、打好预防针也是沟通的技巧之一。而直接提醒游客这不好、那不好，做好心理准备，往往效果欠佳，会使游客扫兴，也会质疑行程安排。所以借助故事或风情讲解穿插，用或温情或幽默的方式委婉提醒，创造愉悦和谐的气氛，激发游客的旅游动力，使大部分游客更容易接受，从而做好心理准备，有利于旅游活动的顺利开展。

（点评人：张天竹）

二、备好讲解词，巧用好道具

案例 3-6

备好讲解词，巧用好道具
——灵活的语言表达技巧

芊芊是一名刚毕业的大学生，毕业前的最后一个暑假，芊芊跟着做导游的朋友乘坐游船去长江三峡旅游，朋友还给芊芊起了一个称号"实习导游"。那是芊芊第一次走上游船，看着巨大的游船芊芊非常兴奋，没过多久就把船上的各个部分了解得非常透彻。

第三天早上，游船缓缓航行进瞿塘峡，由于游客非常多，芊芊嫌船头太拥挤，就跑到船尾赏景。那里也早早聚集了一批和芊芊一样嫌船头拥挤的客人。见芊芊过来，大家也都把芊芊当成了导游，求芊芊给他们讲解一下长江三峡。看看周边又没有其他的导游，芊芊硬着头皮，结合所做攻略以及有关长江和三峡的知识，开始指着两岸的山峰为游客讲解："夔门北岸的赤甲山是长江三峡的最高山峰，与白盐山对峙……"

值得一提的是，有个北京的阿姨对芊芊说她很喜欢两岸的民居，芊芊便对她讲起了重庆的古镇及三峡两岸的古镇,从大昌古镇到大宁河口,到涞滩古镇到龚滩古镇,再到西沱古镇……末了,这位阿姨说:"三峡的导游很棒!"大家响起了热烈的掌声。那些要求芊芊讲解的客人们永远也不会知道,那时的芊芊同他们一样,只是一个第一次下三峡的游客,芊芊觉得自己没有为三峡丢脸,更没有为重庆丢脸。

回来后,芊芊报名了导游证考试,并考取了导游证,她完成了从一个"实习导游"到真正导游的转变。

拿到导游证后,芊芊选择去游船上做一名"船陪"导游。当再次为游客讲解瞿塘峡景区时,芊芊站在船头拿出10元人民币,展示背面的图案给游客,娓娓道:"大家请看我手中的10元人民币,再看看我们正前方的瞿塘峡口,大家有什么发现?这位游客说得对,我们游船正前方的瞿塘峡正是我手中这张10元人民币的背景图案……"在游客的赞叹中,芊芊把一次次旅游活动推向了高潮。

(本案例由宋垟竹、张晓旭提供)

案例点评

芊芊从一名"实习导游"的讲解到真正导游的讲解,都运用了灵活表达的语言技巧。在芊芊还是"实习导游"时就会运用自己的语言,并把自己的知识进行延伸,对长江三峡进行讲解。在她成为一名真正的导游之后,运用道具让客人对景点增加了更加深刻的印象。所以在导游服务中导游一定要有随机应变的能力,讲解不是死记硬背,活学活用才能更好地把讲解融入到导游服务中去,从而更好地为游客服务。

(点评人:宋垟竹、张晓旭)

三、讲解时要把书面语言变成口头语言

 案例 3-7

讲解时要把书面语言变成口头语言

我们知道导游语言从表达形式上分为书面语言和口头语言,在导游实际带团过程中我们的讲解都是以口头语言表达出来的。口头语言不等于我们平时说的话,而是书面导游词的口语化。好的口头语言在表达上不仅准确、规范,同时还具有通俗易懂、生动活泼、亲切自然等特征。大家不妨看下面"武隆景区"公众号中关于"天福官驿"的简介:"天福官驿,自唐代开始,它就是连接附近钻天铺和白果铺,及连接更远的涪州与黔州之间的一条官道上的邮递驿站。景区刚开发的时候,它还是附近村落相互联系的必经之路。在这座幽静的四合小院里,有着古朴的建筑风格、沧桑的墙体和柱廊。这座古驿站,古已有之,只不过,为了拍摄电影《满城尽带黄金甲》,2005年在原有的基础上专门进行了恢复重建。当初这部片子在这里拍摄武打

戏时，剧组租用了3万元一天的'飞行家'，完成了对整个重要野外场景的航拍，观众也更大程度上欣赏到了天生三桥恢宏的气势。"

大家看到的这一段偏书面语言的导览介绍，并不适合导游的实际工作，需要向口头语言转换。我们可以利用语音、语调、转换词汇、改变句式、修饰等方法提升导游口头语言表达技能。请再看下面的导游词：

各位游客，请大家小心脚下台阶。此刻走在这里我想到一首诗："待到秋来九月八，我花开后百花杀。冲天香阵透长安，满城尽带黄金甲。"张艺谋导演的电影《满城尽带黄金甲》名字便源于这首诗，周杰伦还为这部电影创作了主题曲："菊花残，满地伤，你的笑容已泛黄，花落人断肠，我心事静静淌……"大家顺着我手指的方向看过去，下面的这座四合院叫天福官驿，唐代设立，是连接重庆和贵州的官道上的重要驿站。2005年为了拍摄电影《满城尽带黄金甲》，在原有的基础上专门进行了恢复重建。身处其中，四面环山，重岩叠嶂，遮天蔽日，地势凶险。因为这里"一夫当关万夫莫开"，所以成为电影《满城尽带黄金甲》唯一的外景地。近年这里也是好莱坞大片《变形金刚4》、刘亦菲和杨洋主演的电影《三生三世十里桃花》的取景地，此外，《爸爸去哪里》《我们十七岁》《极限挑战》等综艺节目也来此录制。等一下我们下完这段台阶后，就可以到天福官驿里面参观拍照，现在是春天，我们可以看见秀峰翠鸟、芳草萋萋。如果是盛夏则玲珑幽静、清风徐徐，深秋则层林尽染、落叶纷纷，寒冬则略带银装、白雪点点。

通过对比以上两段文字，希望大家在今后的实际导游过程中有意识地去使用导游口头语言的表达技巧，要把凝重的书面语言变成通俗的口头语言。

（本案例由中级导游贺仁俊提供）

案例点评

本案例很好地对比展示出了书面语言与口头语言在导游讲解中的不同表现力。总结技巧如下以供参考：

导游口头讲解中，可以适当增加现场感强的词语，譬如，表达时间、地点的词语——"现在、今天、刚刚、马上、这、这里、此时此刻"等。现场引导语——"请大家、大家小心、现在我们在、哪位朋友愿意、大家看到的是、大家不妨猜一下"等。操作提示语——"参观过程中请大家务必保持安静，不得高声喧哗；眼前我们看到的就是人民大会堂，在参观之前，请大家拿出100元的人民币，比较一下人民币背面风景和眼前的景色是否一致"等，能够让书面导游词快速口语化。

讲解中的相关征引也可以让导游词内容更加丰富，增加口头语言表达的文学性，使得口头语言更加优美。引用歌曲不妨唱出来。口头语言表达并非只有"说"一种，不同的方言发音、唱腔及语音语调的变化甚至俏皮话、谐音梗等都可以丰富口头语言的表达，这些表达方式可以让游客眼前一亮。

在口语表达上，要避免使用生僻、学术、古今异义的词汇。比如案例中的涪州和黔州是古称，应改为今天使用的地名，若没有改为今天的名字，在导游讲解中应做相应的解释说明，避免游客产生歧义。

相比于已经成文的书面语，口头语言的表达更应该具有时效性，在导游讲解过程中我们可以蹭最近流行事物的热度，这能让游客在游览过程中与所游览的景点产生联结，引起兴趣，比如案例中的影视剧、综艺节目，都能够起到引起兴趣的作用。

很多导游认为口头语言的表达不需要修饰，这样处理十分不妥。汉语拥有丰富的修饰方法，从汉字结构上说有联边、析字、图示等，如案例中的"芳草萋萋"的四个"艹"字头表现出植被茂密，可以美化情境。这样的词还有江河湖海、汹涌澎湃、峥嵘嶙峋、崇山峻岭、远近遐迩等。

此外在语音方面，导游还可以运用顺口、叠音的修饰方法。顺口即押韵，说起来朗朗上口。叠音一般有 AA、AABB、ABB、ABAB 等，如清风徐徐、甜甜蜜蜜。在句式的修饰上，叠音的使用会造成复叠萦回的效果，加强表达。句式上的修饰也有很多，如排比、对偶、比喻、拟人、对比、设问、夸张、换算等，比如案例中使用排比句式加强气势，增加了口头表达的旋律美。

（点评人：贺仁俊）

任务三　重点掌握导游带团技能

导游带团技能，是导游人员根据旅游团的整体需要和不同游客的个别需要，熟练运用能提高旅游产品使用价值的方式、方法和技巧的能力。导游带团技能贯穿于旅游活动的全过程之中，其水平高低直接影响导游服务的效果。因此，导游人员要重点掌握一些带团技能。

任务实施

一、赞美游客，一路开心

案例 3-8

学会适当的赞美

小马是稻城—亚丁景区的一名讲解员，也是一名土生土长的康巴藏族汉子。小马每天的工作就是在亚丁景区内为来自全国各地的游客们介绍美丽的亚丁景区。5月的一天小马接到了一批来自广东的游客，是个6人小团。

　　这一天天气非常好，亚丁景区蓝蓝的天上白云飘，从山下望去，可以看见绿色的森林，各色的高山杜鹃点缀其中，好一幅漂亮的山林画卷。刚到景区门口，游客们就被亚丁的美景深深吸引，纷纷拿出手机、相机开始拍照，还请小马为他们拍摄合影。小马拿着手机和相机为他们拍照，客人不停地变换角度和姿势，小马也尽心尽力为游客服务。拍摄过程中，有一位年轻女士，看到优美的风景，不禁由衷感叹："亚丁的景色真美啊，而且不论从哪个角度拍照风景都很美！"这时小马回答道："稻城亚丁的风景再美，也比不上姐姐美啊。"

　　客人听到这里立刻开心起来，说："小马你真会说话。"小马笑笑说："我说的是真的。"接着小马带客人继续后面的行程，这下客人有了好心情，一路都非常开心。小马继续接着说："姐姐您的皮肤也非常好，您今年有二十几岁？"客人咯咯地笑了起来，说："别开玩笑了，我马上都快40岁了，哪里才20岁呀？""真的吗？那还真看不出来，我们藏族姑娘因为在高原上，紫外线特别强，皮肤都很黑，所以看起来比实际年龄要大。可是您看起来就真的只有20多岁，太年轻了。你们这几位姐姐人美心善，就像仙女下凡一样，为我们稻城又增添了一道亮丽的风景。"小马这一番话说得客人心花怒放，很快一天的行程在轻松愉快的氛围中结束了，游客们表示以后还会再来亚丁旅游，亲戚朋友再来稻城—亚丁也让小马给他们当导游。

　　在导游带团过程中，赞美能使客人获得舒心愉悦的享受，同时也让客人对导游留下良好的印象。

（本案例由宋垟竹、张晓旭提供）

案例点评

　　在旅游的过程中，游客获得真心的赞美是人的本能的需要，游客总是喜欢在赞美声中认识到自身存在的价值，从而获得旅游的满足感。导游的赞美能获取游客的信任，拉近导游与游客的距离，促进双方进一步沟通；导游的赞美也会体现导游的友善和阳光，体现导游尊重游客、尊重他人的美德。

　　"扬他人之长，隐其之短"。在旅游活动中，导游要善于发现游客的优点、长处，放大游客的闪光点，学会欣赏游客，赞美游客，使其获得自我成就感，增强自豪感，从而在心理上获得最大的满足，完成愉快的旅游活动。

　　本案例中的导游小马，把赞美技巧发挥得淋漓尽致，因事而发，赞语连珠，让游客心花怒放，在微笑中完成了愉快的旅游，而且表示会再来亚丁，再来旅游。

导游服务案例选评讲解视频

（点评人：李岑虎）

二、跑调的黄梅戏缩短了导游与游客的心理距离

 案例 3-9

咱俩能合唱一曲《天仙配》吗

导游小张接待一个旅游团,前往中国雪乡国家森林公园。由于路途遥远,行车时间漫长,小张考虑到游客是同一个公司的同事,适合开展行车游戏,便组织大家演起节目来。

小张不擅歌舞,就讲起了笑话。然后麦克风就像传接力棒一样,一个传一个。游客中卧虎藏龙,很多美妙的歌声让大家为之动容。最后大家纷纷起哄,请老板唱首歌。这位公司老板,六十多岁的年纪,说自己平时就会一首黄梅戏,邀请导游小张合唱一曲《天仙配》。这可把身为 80 后的小张难住了,因为无论是黄梅戏还是流行歌曲,小张通通找不着调。

小张只好拒绝合作,表示自己真是跑调,五音不全。没想到全体员工起哄得更加热闹了,就想听听跑调的黄梅戏。无奈之下,小张打开手机,复习了一遍唱词和音调,结果复习之后更没有勇气唱了。

此时大家一再鼓励小张,说导游又不是专业歌唱演员,我们要的只是气氛。出来旅游呢,不要想那么多,开开心心最重要。如果导游唱到专业级别,我们反倒不敢开口唱了。小张这才悟出抛砖引玉的道理,放下心理包袱,唱了一曲五音不全的黄梅戏,博得了游客们的阵阵掌声和更多的喜爱。此后几天,全团客人积极配合,亲如一家,圆满完成了行程。

这次经历使小张领悟到,旅游是一件追寻快乐的事,更多的是要追求快乐的氛围,而不是追求专业的艺术水准。也许过于专业的演唱,还会使游客产生心理压力,不敢开口,无法"众乐乐"。从那以后小张就在游客诚邀唱歌时大方演唱,尤其是选唱家乡特色歌曲和二人转、龙江剧等,还会带上二人转代表道具红手绢,配合着来一个转手绢的表演。尽管唱得不怎么样,但是却使气氛热烈,自己经常自嘲"走了幽默搞笑路线",却总能激起游客学唱和学习转手绢的浓烈兴趣。

(本案例由张天竹提供)

 案例点评

在带团的过程中很多导游由于缺乏音乐知识和音乐技能培训,从不敢在旅游车上唱歌,生怕被嫌弃,更怕被嘲笑,只用表演笑话、故事、脱口秀、模仿秀等语言类节目的方式来活跃气氛。本案例告诉我们,旅游是一件追寻快乐的事,更多的是要追求快乐的氛围,而不是追求专业的艺术水准。相反,过于专业的演唱,反而可

能会使游客产生心理压力，不敢开口，无法"众乐乐"。导游员适当的露怯或许能让我们的角色更真实、更立体，让同为平凡人的游客与我们走得更近，拉近了与游客的心理距离，为后续的导游服务奠定了良好的基础。

（点评人：张天竹）

三、说错一句话可能会引发更换导游的情况

案例 3-10

带团用比较法也会适得其反

导游小郭带团已经 2 年了，而且经常以讲解棒、服务好得到客人的好评和旅行社的认可。

一次旅行社派了一个外地同行团给小郭，团队成员都是 A 旅游公司的资深的境外领队。A 旅游公司为答谢这些领队的辛苦付出，特别安排了这次重庆奖励旅游，并且由本公司接待部蒋经理带队。而这次旅游的目的地，正是蒋经理主张并选择的。

接到这个团，小郭心里就在打鼓："这些团员都是资深领队，带团经验非常丰富，还经常出国，见识、阅历都比我强，我在他们眼里就是个新导游，啥都不会。而且之前听老导游说过同行团比较挑剔，挺难带的。"但是团已经接了，小郭还是硬着头皮去了。

第一天去一个著名的世界遗产景区，团队从重庆出发车程三小时。小郭一上车就拿着话筒讲："各位好，我听说大家都是同行，都是资深领队，我是一个小白，啥都不会，你们的经验都比我丰富，肯定带团也比我好很多，所以大家就凑合着听吧。我们重庆是一个网红城市，有关资料显示，我们重庆在 2018 年和 2019 年的旅游人数非常多，在 2019 年春节达到了 4700 万人次，国庆节达到了 3700 万人次，都超过了重庆本地的人口。虽然到重庆旅游的游客非常多，但是重庆的旅游人均消费水平并不高，大约才 150 元每人的水平。而我们隔壁的成都，旅游人数虽然没有重庆多，但是他们的人均旅游消费水平却远远超过了重庆，达到了 500 多元一位，是重庆旅游人均消费的 3 倍。所以呀，有钱的旅游消费者都去成都玩儿了，没钱的旅游消费者才来重庆玩儿……"

上车不到一小时，旅行社就接到了客人的投诉电话，要求更换导游。但在问及客人原因时，客人只说了一句话："请安排一个经验丰富的导游过来。"上午 10 点与小郭同一个公司的李姐接到了电话，公司把大致的情况给李姐描述了一遍，并拜托李姐问一下客人到底是什么原因要换导游。李姐见到客人，马上跟客人寒暄起来："大家好，大家都是领队是吧，都是走哪些线的，我也做领队……"随后客人让小郭离开，单独跟李姐沟通，李姐了解到原来是小郭说了这句话："有钱的旅游消费者都去成都玩儿了，没钱的才来重庆玩儿……"这句话让蒋经理非常不高兴，这本来是公

司奖励领队的福利，但小郭说出来以后会让团队成员认为"原来公司不带我们去成都旅游来重庆，是因为重庆消费便宜，公司可以省钱"。

（本案例由宋垟竹、张晓旭提供）

 案例点评

本案例中小郭运用了比较法进行讲解，先拿自身与游客做了比较，表示自己没有信心带好团队。游客交了导游服务费，却想让游客"将就听"，也许是谦虚，也许是真的胆怯，但更是没有责任心的表现。接待同行团、专家团、政务团等，更应该迎难而上，积极认真，以十二分的热情与努力做好准备，完成任务。之后导游又拿重庆、成都旅游人均消费情况做对比，令人匪夷所思，不知道她的目的究竟是什么，但案例中的她就是这样做了，引发游客不满。这也提醒我们带团切不可信口开河、随心所欲，要言之有理、言之有物、言之有意、言之有趣，时刻谨言慎行。

（点评人：张天竹）

四、将用餐服务变成景点体验

 案例 3-11

讲解中运用态势语言，将用餐服务变成景点体验

重庆是一座充满魅力的大都市，很多到达重庆的团队也要从美景、美食等各方面感受重庆之美。

欢乐的时间总是过得很快，导游小刘带着客人游览了解放碑、洪崖洞等景点后，就到了晚餐时间。旅行社原本为大家安排了重庆江湖菜的中餐，但是组团社说要给客人惊喜，让地接社重新安排个特色火锅餐。公司打电话给小刘让他重新安排。上车后，小刘并没有直接向客人说要带大家去体验美食火锅，而是卖了个关子："各位亲爱的游客朋友们游览了一天重庆的美景，现在该去享受一下咱们重庆的美食了，大家猜猜咱们晚餐吃什么？"客人们都说行程上写了，江湖菜嘛。这时小刘摆了摆手说："不不不，且听我慢慢道来。"

这时小刘提了提嗓门，用了比之前讲解时稍大还略带兴奋的声音说："朋友们，来到重庆啊一定要为大家安排重庆的特色美食，关于今天的晚餐，我先给大家讲一首打油诗，大家来猜猜：街头小巷子，开个幺店子（小刘竖起了右手食指，放在了右耳侧）。一张方桌子，中间挖洞子（小刘双手比画了一个四方桌子，又在胸前划了一个圈）。洞里生炉子，炉上摆锅子（小刘继续用双手比画出炉子，还做出了一个端锅的样子）。锅里熬汤子，食客动筷子（又伸出右手在胸前画了几个圈，同时把右手食指和中指做成了剪刀状表示筷子）。或煲肉片子，或煲菜叶子（伸出了剪刀式的手

指在自己的面前晃动了几下）。吃上一肚子，香你一辈子（小刘最后用手掌转圈轻抚几下肚子，又用手掌在鼻子前轻轻扇了几下）。大家猜到晚餐是什么了吗？""火锅！"游客们异口同声地回答道，个个都兴奋不已。

"不错，正是我们的特色重庆火锅。吃重庆火锅有秘诀，大家仔细听哦：有些菜肴有严格的涮烫时间要求，比如毛肚和鹅肠，俗称七上八下（这时小刘又将右手做成了剪刀的手势，在胸前到嘴之间上下移动），意思就是毛肚和鹅肠不能一直放在锅里煮，它在涮烫时的控制时间是 15 秒……"

晚餐时，游客们兴致很高，气氛热烈。晚餐结束后，纷纷表示吃了一顿最棒的火锅，不仅美味，而且有趣，记忆深刻。还有游客请导游再讲一遍打油诗，跟着学习呢。

（本案例由宋垟竹、张晓旭提供）

案例点评

这是一个声情并茂的案例。只看文字，读者都觉身临其境，感受到了欢乐的氛围，更有思考的余地，引人入胜，这源于导游的用心与扎实的技能。在讲解过程中，导游经常用到悬念法，引而不发，吊胃口，卖关子，引起游客注意，激发游客游兴。案例中，导游员并没有平铺直叙地告诉游客今晚为大家准备了重庆特色火锅，而是用设置悬念法讲了一首打油诗，通过打油诗，配合态势语，生动形象地向游客展示了晚餐的内容，并且结合当地情况讲解了正宗重庆火锅的食用方法，普及了相关知识与技巧。"猜谜"使游客对这次晚餐抱有期待，激发游兴；普及重庆火锅知识使讲解留有余味，使游客在用餐时有知识储备。这一番色香味全、调动"五感"的用餐讲解与体验，使游客记忆深刻，成为了整个旅游活动中的点睛之笔。

导游服务案例选评讲解视频

（点评人：张天竹）

五、欢歌笑语回荡在高速公路上的旅游车里

案例 3-12

旅游高峰期耽误行程，如何处理

5 月 19 日，一年一度的中国旅游日是出行高峰期。导游小马带着他的一日游团队踏上了去某景区的路。按照往常带团经验，今天可能会堵车，于是小马在早上讲解时就事先告诉游客做好心理准备。在距离景区 3 公里的路上开始堵车，放眼望去全是旅游大巴和私家车。小马安慰游客，打趣说："我们先看看堵车风景吧，毕竟黄金周最大的欣赏点就是人山与人海。"此后一名游客献歌一曲安抚了大家迫切游玩的

心。半小时后到达景区，果然人山人海。小马高举导游旗，时时提醒游客跟紧队伍不要走散。带领游客有序排队，以最快的方式进入景区游玩。但是因为景区限制客流量，仍然比往常延误了两个多小时。在与旅行社沟通后，决定将返程时间推后两小时，打消游客对游玩时间的顾虑。集合返程时，导游提醒大家去卫生间后再出发，以防服务区拥堵。

在返程途中，小马看到提示，前方路段变成红色，预计通行时间一小时以上。他首先问司机师傅是否还有备用路线可走。得知这是必经之路，于是小马准备了许多娱乐活动，堵车时用来打发时光。

半小时后果然堵车了，游客们看到天已经黑了，高速上排着密密麻麻的车，不禁抱怨起来。小马赶紧安抚起游客的情绪："有种缘分叫百年修得同船渡，千年修得同车行，堵车是因为我们缘分太深，冥冥中又故意给大家增加了相处时间。如果您有中意的人就快点留个联系方式，不要错过天赐的良缘！"游客们听后，纷纷笑了起来。小马看形势大好，又重新回到打发行程上，请游客们发表感言，组织猜谜语、击鼓传花、唱歌接龙等游戏活动，在欢声笑语中顺利通行，结束行程。

（本案例由临汾市旅行社导游协会马梦兰提供）

案例点评

本案例导游能够根据经验预判交通堵车、景区拥堵等事件的发生，并提前做好预警提示工作，使游客有一定的心理准备，这为后续顺利工作打下了较好的基础。发生拥堵情况后，导游用自己丰富的经验，组织游客快速进入景区并延长游览时间，弥补客观情况造成的游览时间不足，有效保障了游客权益和游览质量。

途中堵车时，导游采用转移注意法，圆满完成带团任务，做法值得借鉴和推广。所谓转移注意法是指在游客产生烦闷或不快情绪时，导游有意识地转移游客的注意力，使其从不愉快、不顺心的事情转移到愉快、顺心的事情上。譬如，有的游客因对参观对象有不同意见而不快，有的游客因爬山时不慎划破了衣服而懊恼，有的游客因看到不愉快的现象产生联想而伤感等。导游除了说服或安慰游客以外，还可通过讲笑话、唱山歌、学说本地话或讲述民间故事等形式来活跃气氛，使游客的注意力转移到有趣的文娱活动上来。

（点评人：马梦兰）

任务四　努力提升导游讲解技能

导游讲解是衡量导游人员水平高低的最为重要的技能。通过导游人员精彩的讲解，可使祖国的大好河山更加生动形象，使各地的民俗风情更加绚丽多姿，使沉睡千年的文物古迹死而复活，使令人费解的自然奇观有了科学答案，使造型奇巧的工艺品栩栩如生，使风味独特的美食佳肴内涵丰富，从而使游客感到旅游生活的妙趣横生，留下经久难忘的印象。因此，导游要努力提高自己的讲解水平。

 任务实施

一、将景点讲解与当下热点紧密融合

 案例 3-13

将景点讲解与当下热点紧密融合

导游讲解过程中，如果能将景点与当下热点结合，不仅能使客人感受到景点本身的魅力，更能引起客人进一步倾听的兴趣。

张导是一位在云南带团十几年的资深导游，他关心新闻并总能将这些热点新闻融入导游讲解中，取得很好的效果。

2021 年，全国高考有一道 10 分的大题引起众人的关注，这道地理题让考生以阿者科村（位于云南红河哈尼族彝族自治州元阳县新街镇）发展乡村旅游为背景，说明该村实行村集体企业主导的旅游开发模式的优势。高考几乎是所有中国人都在关注的热点。于是，张导在带团游览阿者科村时，除了讲解梯田、蘑菇房等特色景观，还会用这道考题引发客人进一步探索阿者科的兴趣。

他这样致欢迎词："2021 年，我国如期完成新时代脱贫攻坚目标任务。同样是在 2021 年，高考试卷上一道 10 分的大题引起很多人的关注，要求考生以阿者科村为背景，说明村子旅游开发模式的优势。一个村落的发展为何能够登上全国高考试卷？各位朋友，我们现在所在的位置处于哀牢山腹地，眼前这座既没有汽车，也没有公路的村子就是世界文化遗产红河哈尼梯田最重要的组成部分——阿者科村。阿者科村欢迎大家，让我们一起去探寻村民们幸福生活背后的'高考'答案吧。"这样的欢迎词突破传统，以新颖的开场白吸引了游客。

在讲解中，他又积极引导客人了解、体验阿者科村的脱贫致富："……截至 2021 年 6 月，旅游公司自 2018 年运营以来，累计分红 4 次，共计分红 47 万元。阿者科村共计 65 户，实现户均分红 7254 元，直接带动全村 23 户建档立卡户精准脱贫。阿者科村的旅游开发以传统村落保护为首要前提，在保护传统村落上着力，通过保护把文化传承下去，坚守传统民居不租、不售、不破坏；不引进任何外来社会资本，孵育本地村民自主创业就业；不放任本村农户无序经营，严控商业化，力保村落原真性。现在，有 14 位村民在旅游公司上班，孵化村民经营农家乐餐馆、民族服饰体验店、小卖部等 9 家商铺。这些收入并不在村民分红范畴，分红的部分主要是门票和体验式项目收益……"

将当下热点与传统讲解完美融合的讲解方式，使张导成了云南远近闻名的导游，很多客人慕名而来，指名要他接待讲解。

（本案例由宋垟竹、张晓旭提供）

案例点评

习近平总书记多次强调要讲好中国故事。他说："讲故事，是国际传播的最佳方式。要讲好中国特色社会主义的故事，讲好中国梦的故事，讲好中国人的故事，讲好中华优秀文化的故事，讲好中国和平发展的故事。讲故事就是讲事实、讲形象、讲情感、讲道理，讲事实才能说服人，讲形象才能打动人，讲情感才能感染人，讲道理才能影响人。要组织各种精彩、精练的故事载体，把中国道路、中国理论、中国制度、中国精神、中国力量寓于其中，使人想听爱听，听有所思，听有所得。"

本案例告诉我们，在导游讲解景点的过程中，不要被书本上的导游词所局限，要突破传统导游词的局限，关注时政热点，以全新的视角去理解、宣传景点，解读宏大主题，讲出精神内核，给游客以精神启迪，赋予景物以灵魂，引起游客更深层次的共鸣，满足游客高层次的审美需求，唤起游客不虚此行的感受，达到悦心悦意、悦情悦志。

我们知道，每个景点不仅有过去，更有现在和未来。它们会有新发展、新内涵、新传承和新体现。我们应该从过去讲到现在，讲到未来。所以导游讲解也要紧紧把握大时代的主旋律。

我们每个人都身处在大时代，我们就要弘扬大时代的主旋律，在中国特色社会主义理论和党的基本路线的指导下，大力提倡一切有利于发扬爱国主义、集体主义、社会主义的思想和精神，大力倡导一切有利于改革开放和现代化建设的思想和精神，大力弘扬一切有利于民族团结、社会进步、人民幸福的思想和精神，大力倡导一切用诚实劳动争取美好生活的思想和精神。比如我们导游可以讲一带一路、乡村振兴、全面小康、脱贫攻坚、治理现代化、数字经济、城市群、中国智造、青年三有、精准扶贫、地摊经济等，讲这些其实都是我们大时代的主旋律，在祖国各地都能找到具体化的落脚点。导游讲解应该融入地域文化与精神，讴歌一方好山好水、好人好事、好发展，传递正能量。相信大家只要用心搜集资料，就能有载体，做好联结，做好创作，提升水平。

（点评人：张天竹）

二、善用修辞手法

案例 3-14

用生动的修辞手法为游客讲解

语言是人与人沟通的工具，在导游服务中更离不开语言的表达和沟通。导游在与游客的沟通和交流中，语言表达可以使事物更加的生动形象，使游客得到美好的旅游体验，留下难忘的印象。练好语言表达的基本功、提高语言表达能力也是每一位导游应该做到的。

武隆天生三桥景区是著名的世界自然遗产，小曹带团到天生三桥游览途中，他是这样为游客朋友们做介绍的："天生三桥景区位于重庆市武隆区仙女山镇，是全国罕见的地质奇观生态型旅游区。在2007年6月，重庆武隆与贵州的荔波、云南的石林共同申报了'中国南方喀斯特第一期'并成功入选《世界遗产名录》，同时武隆也成为了中国第六处世界自然遗产。2011年又入选了国家5A级旅游景区。武隆的喀斯特地貌不像人们熟悉的广西桂林山水那样优美，它也没有刘三姐；不像云南石林那样风景如画，它也没有阿诗玛，但武隆的喀斯特地貌里却藏着巫山云雨的神女，或是华蓥山中的双枪老太婆。这里，山是一座桥，桥是一座山，桥连坑，坑接桥，三山生三桥，这三道桥呈纵向排列，由天龙桥、青龙桥、黑龙桥三座天生石拱桥组成。它们横跨在峡谷之上，将两岸山体连在一起，形成了'三桥夹两坑'的奇特景观。桥面高度、宽度和桥体厚度等指标居世界首位，堪称是目前全世界规模最大的串珠式天生桥群。那么，天生桥是怎么形成的呢？简单地说，它是因某种地理原因形成的类似桥梁的自然结构。在喀斯特构造的地区，因为地下暗河对岩层的长期溶蚀和侵蚀作用，导致地下河与溶洞的顶板崩塌，而横跨河谷的残留部分，两端与地面连接，中间悬空呈桥状，这就是我们俗称的天生桥了，它是地下水精心雕刻而成的地质'艺术品'。"这段讲解赢得游客们的声声称赞。

（本案例由宋垟竹、张晓旭提供）

案例点评

案例中，导游小曹准确地讲解了天生三桥的位置、成功申遗的情况，之后讲解层层递进，熟练运用排比、比喻的修辞方法，把武隆天生三桥及其代表人物巫山神女和革命人物双枪老太婆与游客们更为熟悉的同类型景观——广西桂林山水及其代表人物刘三姐、云南石林及其代表人物阿诗玛做对比，用生动的口头语言呈现了武隆天生三桥，使游客从小曹的讲述中深深地体会到武隆天生三桥不一

导游服务案例选评讲解视频

样的美。

（点评人：宋垟竹、张晓旭）

三、专业性与趣味性相结合

 案例 3-15

专业性与趣味性相结合

导游在带团中，会将丰富的知识传授给游客，也应注意将专业性与趣味性有机融合，从而更好地服务游客。专业性是说导游专业知识要丰富，而趣味性是指讲解要生动有趣。

周导是一位在桂林带了几十年团队的优秀资深导游，有自己独特的讲解方式和风格。有一次，他带领一个韩国旅游团游览，讲解了桂林著名的"城徽"象鼻山，并讲述了有关普贤塔的传说故事。经过周导一番生动的介绍，游客们对象鼻山表现出了浓厚的兴趣。接着，他又讲道："提到象山的水月洞，大家猜猜是谁洞穿了水月洞？"（在此之前，周导为穿山做了铺垫，告诉游客们传说穿山之洞是东汉伏波将军马援用神箭射穿的）就在游客们茫然之际，周导又佯装出一副很失望的样子对游客们说："不知道水月洞是何人洞穿是件非常遗憾的事。"当游客们迫不及待地追问答案时，周导又卖了一个关子，神秘地告诉大家，此洞是被一个很了不起的人洞穿的，请大家猜猜看这个很了不起的人是谁，至于最终答案将在完成所有游览活动后公布。

当游客们踏上去机场的归途时，周导公布了答案："与水月洞是被伏波将军马援用神箭洞穿不同，象鼻山是由大名鼎鼎的'吹牛将军'，也就是周导我用嘴吹出来的，把洞给吹穿了。"一语惊人，此刻游客们都发出了愉快的欢笑声。这时周导又适时地要求游客们以后无论走到哪里，都一定要记住周导这个'吹牛将军'，记住桂林有一个著名的象鼻山。结果，游客们再次爆发出欢笑并向周导报以热烈的掌声。而当周导最后用岩溶科学向游客们澄清象山水月洞产生的真正缘由时，周导的讲解不仅拉近了与游客的距离，还让桂林的象鼻山在外国游客们心中留下了深刻而又美好的印象。

（本案例由宋垟竹、张晓旭提供）

 案例点评

案例中这位周导带团讲解象鼻山的情况告诉我们，每一位导游的话术风格各不相同，无须刻意朝向一种感觉模仿靠拢。导游在进行讲解时也应当是有机地将"专业性"与"趣味性"相结合并随机应变。另外，还需要注意气氛的调节以及掌握幽默语言的使用技巧与分寸，不然也会弄巧成拙。需要注意的是，风趣幽默虽然是解说中必不可少的,但也要牢牢把握玩笑的"度",做到不过界、合时宜。

(点评人:宋垟竹、张晓旭)

四、正确使用导游态势语言

 案例 3-16

正确使用导游态势语言

良好的语言表达能力是导游人员最重要的基本功之一。对于导游员的语言表达要求是语言要正确,语音、语调要优美,节奏要得当,要恰当运用修辞艺术、讲解艺术、篇章艺术等。在短时间内提高语言表达能力是有一定难度的,但是却可以合理地使用态势语言,便于游客更好地接受我们所传递出的语言信息。

态势语言不仅包括表情神态,也包含了身体动作等,它能够提高我们的表达效果。大致来说态势语言具有指示、象形、象征、情意、号召等作用。下文的导游词是介绍重庆地理概况的,括号部分为态势语言的运用,大家不妨参考一下(戴耳麦,解放双手讲解适用)。

尊敬的各位游客朋友:

大家好!(面带微笑表情意,拉近客我距离)欢迎大家来到美丽的山城重庆!很荣幸能够带领大家游览重庆美丽的山水。

重庆是中西部地区唯一的直辖市,是西部大开发的战略支点,是"一带一路"(左手握拳略伸出,象征这一城市定位)和长江经济带(右手握拳略伸出,象征另一城市定位)的重要联结点(双手在胸前做握手动作,象征联结),以及内陆开放的高地(右手做抬高动作),以桥都、雾都、江城著称。想必大家来到重庆已经感受到重庆是一座被大山大水环抱的城市,在重庆 8.24 万平方公里的土地上,我们北有大巴山(手指向上方,指示),东有巫山(面对客人伸出左手,指示),南有武陵山、大娄山(面对客人依次指向自己的左下、右下,指示)。

重庆的主城区在渝西,坐落在整个华蓥山的余脉上(面对客人将刚才指向自己右下的手上移,并以适当速度做小圆周运动,象征坐落在华蓥山余脉上的重庆主城区),渝中半岛的两边分别是长江、嘉陵江(左右手在胸前做环抱状,形象地描绘出长江、嘉陵江),两条大江交汇的地方就是重庆的地理零公里标——朝天门码头(环抱的双手指尖轻碰几下,象征流动的两江在此交汇),整个重庆城便坐落在这高低起伏(手掌做波浪状起伏,象征山脉起伏)的华蓥山余脉上。

重庆是一座 8D 魔幻城市,导航根本没用,所以各位朋友在重庆游览期间请一定紧跟导游。为了防止大家迷路,我送给大家人手一份礼物,好不好?(提高语气,睁大眼睛,做出兴奋的表情,表示期待、友好的情意)各位游客伸出你们的右手准备接礼物了(伸出右手,手掌面对客人,号召所有的客人跟着一起做动作,增强与游客的互动氛围),我要送大家一幅重庆地图(两眼放光,略带疑问,表示制造悬念)。其实每个人的手中都有一座重庆城,大家看右手的生命线和智能线相交于虎口处,相交处就是朝天门码头,上面的智能线是嘉陵江,下面的生命线是长江,大家可以对着地图看一看连河流的走势都几乎一模一样(形象地用掌纹表示重庆主城的江河走势)……

(本案例由宋垟竹、张晓旭提供)

案例点评

案例中,导游首先通过一系列手势指示东南西北的方位,使游客对重庆四周的山脉有具体的了解,仿佛在看重庆的地形图。之后又制造悬念,趣味互动,以手为地图,生动形象地引导游客了解重庆地形。整个讲解合理使用态势语言,更加生动、形象,变静态为动态,变抽象为具体。各位导游也应当根据讲解的实际情况,合理设计和增加态势语言,从而增强表达效果。

(点评人:张天竹)

五、熟练运用导游讲解技巧

案例 3-17

熟练运用导游讲解技巧

导游的途中讲解,带给客人求新、求奇、求知的满足,更可缓解游客途中疲劳,改善无聊的状态,提升客人的旅游体验度。所以讲解需要技巧,甚至是高超的技巧才能达到客人的旅游要求。

一、确立讲解主题,中心思想明确

例如:成都至九寨的旅游车团,游客全程乘车 400 余公里,耗时 10 小时左右。大巴车早上 7 点出发,大致上午 11 点经过国道 213 线茂县至叠溪段,游客可以透过玻璃窗看到岷江北岸茶马古道的松茂古道遗址。

茶马古道是指存在于中国西南地区,以马帮为主要交通工具的民间国际商贸通道,是中国西南民族经济文化交流的走廊。茶马古道分川藏线、滇藏线两路。

茶马古道源于古代西南边疆的茶马互市,兴于唐宋,盛于明清,"二战"中后期最为兴盛。茶马古道分陕甘、陕康藏、滇藏大概路,连接川滇藏,延伸入不丹、锡金、尼泊尔、印度境内,直到抵达西亚、西非红海海岸。

茶马古道是藏族、汉族同胞的物流通道、经济通道、文化通道和友谊通道。藏族同胞生长在高海拔寒冷地带,长期食用牛羊肉、奶制品增加热量抵御风寒,高寒地区缺少绿色蔬菜，因此造成通便不易、脂肪堆积、消化不良、上火风燥等病痛。他们迫切需要通过绿色果蔬来解决这一问题，但蔬菜水果长途运送不易保质，于是有了做成茶饼、茶砖的茶叶进入藏民生活中。茶叶中含有茶多酚、维生素和各种矿物质，可以有效分解脂肪、除腻刮油从而润肠通便，稳定情绪。而藏区剽悍的战马是连年征战的中原王朝迫切需要的。于是就有了茶马互市，有了茶马古道的产生。松茂古道全长700余里，起于都江堰，终止于阿坝州茂县、松潘县，后来延伸至甘肃、青海和陕西。它属于南方丝绸之路的一段，都江堰是南方丝绸之路的起点。其具体起源时间已无从考证，但是无数的事实表明，最迟在三国时期就开通了。四川是离藏区较近的茶叶大省，纵观历史，都江堰和松潘县分别是内地和西北两地的物资集散地，这也造就了松茂古道的形成。

二、引用资料翔实准确，有据可查，尊重历史

多查资料，不限于网上。尽量多找一手文献，如各地地方志、景区管理部门出版的书籍报刊、旅游管理部门的培训资料等。综合甄别，总结编写自己的导游词。尊重历史，就是尊重自己，尊重游客，使你的讲解有让人信服的基础。

三、讲解有逻辑顺序

（一）茶马古道的形成

是物流通道，各路商贾用马队将藏区的毛皮、药材、山珍运出，在都江堰换成藏民生活的必需品，如茶、盐、丝绸和布匹等。

（二）经济通道

通过以物易物，带动沿途及交易地的生产、人工、餐饮、住宿等经济发展。秋冬之际，西北高原地区寒冷，无法从事生产，一部分藏羌同胞沿松茂古道进入成都平原打工。到汉族家中、工厂作坊里工作，解决了高原地区剩余劳动力就业和城市用工的需求。

（三）文化通道

藏、羌、汉人在交易地停留，以及部分藏、羌民众在成都平原工作学习，藏、羌朋友能歌善舞，生性淳朴热情，汉族同胞识文断字，生性含蓄，通过语言的交流互相影响。成都教育发达，农业生产技术先进，手工业发达，行业类别较为齐全，对于藏、羌地区影响较大。因而在藏、羌地区刮起一股汉文化之风。

四、生动的细节故事

三流的导游讲自己喜欢讲的，二流的导游讲自己喜欢听的，一流的导游讲客人都喜欢听的。这就得靠细节的把握了。导游讲解不是老师上课填鸭，更多的是介绍、演绎和引导。根据客人的文化程度、经济状况、修养和兴趣综合判断，在景点主题确立的基础上，发散讲解，引起客人的兴趣。诗有诗眼，词有词眼，曲有曲眼，导游讲解的眼，出彩、传神、引人入胜，那就是细节！

松茂古道沿途有威州（今汶川）、茂州（今茂县）、叠溪校场和松潘等驿站。古

道上千万人曾路过，千万双马蹄留下的痕迹至今清晰可见。每一个脚印就是一个美丽的传说，每一个驿站都有讲不完的故事。

当年松茂古道上运输繁忙，来往马匹穿梭在仅容一马通行的羊肠小道之上，道上数十里设置一个亭驿，用于上、下马队休息和让路。岷江风起云涌，山间滑坡飞石时有发生，煞是危险。稍有不慎，坠入岷江峡谷，人马货皆空。比起自然的风雨威胁，来自人为的困难却让人哭笑不得，十分遗憾。

在众多来往马帮之中，要数驮茶马帮最吃香。马帮驮茶既赚钱又安全，因为茶能避邪。据说"茶"字本身就是一个镇邪符号，鬼神不侵，贼寇不扰，把"茶"字拆开即为"二十人骑木"。因此，不足二十人的强盗不敢抢劫驮茶马帮。

有的驮茶大马帮财大气粗挺威风。锅头骑的是披红挂绿的壮实好马，腰插手枪在后压阵；二锅头（马帮中的第二号人物）佩长枪，常巡前察后流动着，其余赶马人都备有防身器械。倘若在某地遇上贼寇或乡丁要过路钱时，双方常亮出家伙各显威风，结局自然是弱者甘拜下风。

茶马古道上的路途凶险，路窄崎岖，如果两个马帮对面相遇，那要怎么处理呢？驮茶马帮的赶马人也有自己的办法，随身带着铳（类似火药枪）、铓（类似锣的乐器）、大铃（拳头大的马铃铛）和超子（小铃铛串），如果两个马帮狭路相逢，走在最前面的赶马人就赶紧鸣铳、敲铓，退到较为宽敞的地方让另一方前行。但是也经常有双方都无路可退的情况，这时候就要比拼谁的货物多、重、值钱，处于下风的一方卸下货物让路。不得已之下弱势马帮连马带货推下河谷，马货两空，面临破产。

五、简明幽默的语言

有位伟大的诗人说过"语言是人力量的统帅"。语言是思维的外壳，口乃心之门户。简单明确的表达，吐字清楚，不要废话，少带"啊""那么""就是""我们"这些口头语，不要重复讲话，能用十个字表达清楚就尽量不要用十一个字！对客人来讲听着舒服，对导游而言说着不累，说话费精神，听话一样费精神，关键是你的讲解是否有效，这很重要。

旅游是为了愉悦身心，幽默的导游一定是游客喜欢的。莎士比亚说："幽默和风趣是智慧的闪现。"幽默是良好情绪的催化剂，幽默是疲劳的缓解药。

六、轻重快慢停的节奏

普通话标准，吐字清楚，语言简明幽默，这是讲解的基础。而真正让您深入游客心灵的是你的"演绎"。导游讲解天文地理、人文历史、艺术体育，不同环境、地点、场合，如果平铺直叙，自己背书似的讲解，像念经一样，估计客人听着烦，同样的语调、语速很容易和客人的疲劳情绪共频，催眠入睡！因此，语调轻重演绎人物形象，讲解景点特色，精彩之处语调当重则重，声音当大则大！语速快慢有致，抑扬顿挫，随情绪和事物发展高低起伏。特别强调"停"这个字！长篇地轻重快慢讲解，得给游客留下思考、反应、休息的少许时间，给自己留下片刻思考、组织语言的时间。重新开始之时，那当是于无声处听惊雷！

（本案例由罗凯提供）

案例点评

罗老师对导游讲解技能有着深入的分析与精妙的见解。这里我们仅就罗老师提出的"精练"讲解的观点与啰唆讲解的现象加以讨论。带团中我也发现，确实很多同行啰唆而不自知，包括我自己也有口头语，此前我经常说"然后"，刻意改掉，又说起了"那、那么"，如今也是积极改正中。

曾经我做全陪出团，和游客有个微信群，地接导游不在群内。地接导游在车上讲解，大家在群里查数："1、2、3、4……"最后游客们哄堂大笑。导游问笑什么，我们也不敢说，只有个游客说"笑对不对"。地陪不明所以，说："对，想笑就笑。"大家笑得更欢了。至今我也没敢告诉这位导游同行，大家笑的是给他查数，究竟说了多少个"对不对"，这位导游讲解每句话结尾都要加上个"对不对"，短短十几分钟，数到几十个，终于爆笑了。实话说，这个"对不对"听着是真烦人、真难受，委婉指出，他都没有发现自己的讲解问题。各位同行，自查自省，我们导游讲解一定要过好语言关，对不对？

导游服务案例选评讲解视频

（点评人：张天竹）

六、导游语言要具有生动性、趣味性

案例 3-18

诗韵黄鹤楼

各位来宾、各位朋友：早上好！

我是中国国际旅行社的导游员，我叫李子尚。欢迎你们来到美丽的黄鹤楼！

黄鹤楼位于长江南岸，武昌蛇山之巅，始建于三国时期公元223年，距今天已有1700多年的历史了。黄鹤楼与江西滕王阁、湖南岳阳楼齐名，并称为"江南三大名楼"。

关于黄鹤楼的雄伟，我给大家讲一个有趣的故事。有一天，湖北、四川两地的客人相会在江上，相互交谈之间，竟相赞美自己的家乡。四川客人说："四川有座峨眉山，离天只有三尺三。"（导游用讲解手势）湖北客人呵呵一笑说道："湖北有座黄鹤楼，半截插在云里头。"惊得四川客人无言以对。当然，这个故事是有些言过其实，但黄鹤楼的确以壮丽的景观及浓郁的文化气息吸引着中外游人。

还有一个故事，大家可以体会黄鹤楼的"妙"处。黄鹤楼的妙就妙在文人墨客的逸事上。

请看眼前这幅名为"文人荟萃"的陶版瓷画。瓷画中间那位身着黄袍的正是唐代大诗人崔颢。

有一年崔颢来到江城，在游览黄鹤楼后，写下了那首《登黄鹤楼》：

昔人已乘黄鹤去，此地空余黄鹤楼。黄鹤一去不复返，白云千载空悠悠。

晴川历历汉阳树，芳草萋萋鹦鹉洲。日暮乡关何处是，烟波江上使人愁。

这首诗意境美妙，是描写黄鹤楼的一首不可多得的好诗。

有一年，诗仙李白来到黄鹤楼，当地文人墨客见诗仙来此，十分高兴，纷纷要求李白为黄鹤楼写一首诗。李白游览后感觉黄鹤楼风景优美，于是备好笔墨纸砚，打算写一首诗。可是他一抬头，看到了墙上崔颢的诗，他当场愣住，摇摇头，不写了。围观的人们不知道何故，纷纷询问为什么？只见李白叹了口气，吟出一首打油诗：

一拳打碎黄鹤楼，一脚踢翻鹦鹉洲。眼前有景道不得，崔颢题诗在上头。

（此处导游讲解运用肢体语言和手势）

由于李白的推崇，崔颢的诗名声大振，黄鹤楼的名声也随着崔颢的诗传遍四方。

李白面对如此美景，没有写出好诗，十分惆怅。李白决心再找机会，与崔颢一比高低。机会终于来了，开元十八年（730）三月，这一年，李白送好友孟浩然去广陵（今扬州），来到黄鹤楼，李白满怀激情地为即将远行的朋友写下了一首感情真挚的送别诗：

故人西辞黄鹤楼，烟花三月下扬州。孤帆远影碧空尽，唯见长江天际流。

这首诗将黄鹤楼雄伟壮丽、登高望远的意境描写得非常美妙。诗评家评论，在描写黄鹤楼的上千首诗中，崔颢的七律——《黄鹤楼》，李白的七绝——《黄鹤楼送孟浩然之广陵》，可以称得上是并列第一。这就是历史上有名的崔颢题诗、李白搁笔、最终赢得并列第一的千古绝唱。

但是，李白对崔颢的《黄鹤楼》依然耿耿于怀。到了唐玄宗天宝六载（747），李白南游金陵时仿照《黄鹤楼》写下《登金陵凤凰台》：

凤凰台上凤凰游，凤去台空江自流。

吴宫花草埋幽径，晋代衣冠成古丘。

三山半落青天外，二水中分白鹭洲。

总为浮云能蔽日，长安不见使人愁。

至此，李白的《登金陵凤凰台》与崔颢的《黄鹤楼》，把黄鹤楼推向了瑰玮绚烂的巅峰，使黄鹤楼成为名传千古的文坛佳话。

……（掌声、夸赞声）

非常感谢大家的掌声和对我工作的支持和配合。请跟我继续游览，去黄鹤楼五楼观景台……

[本案例由峰之旅（北京）教育科技有限公司李子尚编写]

图3-1　讲解中的国家金牌导游赵东勋　　供图：赵东勋

案例点评

案例中的导游之所以赢得掌声和夸赞声，主要是因为导游讲解具有生动性和趣味性。

导游讲解语言生动形象至关重要。要使导游讲解语言生动形象，除了要把握好语音、语调之外，还要善于运用比喻、比拟、排比、夸张、映衬、引用、双关和示现等修辞手法。本案例中的导游用夸张的手法和象形手势来形容黄鹤楼的雄伟壮观，使游客对黄鹤楼"云横九派""气吞云梦"的磅礴气势有了更深的认识，激起了游客的共鸣，富有感染力。

中国古诗词是中国古典文学宝库中的艺术瑰宝，用词凝练，意境含蓄，诗画合一，形象生动，以其完善的艺术形式和宽广的想象空间寄托了诗人的丰富情感，展现着中华民族深沉的人文情怀，丰富人们的精神生活。导游在讲解时引用著名诗句可使展现的景点简洁凝练，增添感染力；同时诗词也有利于游客在游览、听讲中产生联想或共鸣。本案例中的导游以黄鹤楼主题诗词为线索，引经据典，吟诗作赋，口吐莲花、妙语连珠，滔滔不绝，且自然、贴切、流畅，能让游客在听讲解的过程中，紧紧地以导游为核心，感受到一种美好的意境，增加了游客对黄鹤楼的好感。此种讲解方法值得大家深思。

导游服务案例选评讲解视频

（点评人：李岑虎）

七、导游语言表达要层次分明

 案例 3-19

杭州美食导游词

各位朋友：说起杭州的美食，我想起了唐代著名的诗人白居易。白居易说："未能抛得杭州去，一半勾留是此湖。"他认为，杭州的美妙西湖占了一半，这恐怕是很多人的心声。所谓"天下西湖三十六，就中最好是杭州"。但是，大家可能发现了一个问题：西湖虽好，也只占了白居易的"一半勾留"，那么杭州的另一半魅力又是什么呢？

著名的人类学家张光直说："到达一个文化的核心的最好方法就是通过它的肠胃。"其实，一个城市的魅力，也常常根植在人的肠胃里：那就是它的饮食。杭州的饮食充满了江南独特的文化色彩，它和其他地方饮食最大的不同不是口味，而是每个菜点都有一个充满传奇色彩的传说或故事。于是，品尝者常常分不清自己吃的究竟是食物还是文化。

比如有这么一道菜，据说是受了苏东坡《望江南》词中的一句"休对故人思故国，且将新火试新茶，诗酒趁年华"的启发。古代称寒食之后重新开火做饭为"新火"，时间就在清明前后，人们由此联想到这个季节中的时鲜河虾，于是将它与龙井新茶一起烹制，这就是著名的"龙井虾仁"，它结合了湖虾的鲜美、绿茶的清香，尊重原味，就地取材，体现出杭州崇尚清淡、自然的个性。

在杭州就连一道最普通的点心也有一个有趣的故事。1142年，抗金英雄岳飞以"莫须有"的罪名被害于临安大理寺，由此杭州百姓十分痛恨秦桧夫妇。

相传有一天，杭州有一家卖油炸食品的业主，捏了两个人形的面块比作秦桧夫妇，将它们撕到一块，用棒一压，投入油锅里炸，嘴里还念道："油炸桧。"这就是油条的来历。后来又在此基础上发展为杭州风味小吃：葱包桧。这道点心体现的是杭州人最质朴的民族感情和善恶观念，也为杭州这个柔美的城市添上了阳刚的一笔……

（本案例由邢台学院研学实践中心樊凯文编写）

 案例点评

导游语言表达要有层次感，做到层次分明。导游应根据思维逻辑，将要讲的内容划分出前后次序，即先讲什么，后讲什么，使之层层递进，条理清楚，脉络清晰。

本案例导游语言表达层次分明。首先从白居易的诗引出杭州的饮食文化，接着介绍了"龙井虾仁"与苏东坡《望江南》词句的联系，最后揭示普通点心因杭州百姓十分痛恨秦桧夫妇的原因起名"油炸桧""葱包桧"，表现出杭州的饮食充满了江南独特的文化色彩。由此可见，这位导游对杭州饮食介绍的成功与其具有严密的逻辑思维密不可分。

（点评人：李岑虎）

八、散客导游讲解常用对话式讲解

 案例 3-20

我与散客谈烤鸭

两位嘉宾上午好！欢迎你们来北京观光考察！我是峰之旅（北京）教育科技有限公司的导游员程广飞，今天由我来为您两位提供导游服务。

刚才你们提到北京的饮食文化、北京的特色小吃，咱们首先谈谈北京的烤鸭。

导游：你们知道北京最有特色、最有名的菜是什么吗？

游客：知道啊，当然是北京烤鸭了。

导游：那请问你们知道北京烤鸭哪里制作的最好吃吗？

游客：北京全聚德天下第一楼，全聚德的烤鸭最正宗。

导游：您两位知道全聚德的由来吗？

游客：不很清楚，您能给我们讲讲吗？

导游：1864 年，北京前门大街上一家名叫"德聚全"的干鲜果铺，因经营不善即将倒闭。一直在附近以售卖生鸡、生鸭养家糊口的杨全仁正好经过此处，面对即将空出来的店面，一直攒钱想改变命运的杨全仁马上盘下了这家店铺，并改名为全聚德。从此以后，一家只经营烤鸡、烤鸭和烤炉肉的小铺逐渐发展成为以烤鸭为龙头，集各大菜系之所长的中华老字号品牌，成为中华美食的代表、中外交流的桥梁，跨越三个世纪，生意越做越红火……

游客：啊？！原来是这样，我明白了。

［本案例由峰之旅（北京）教育科技有限公司程广飞编写］

 案例点评

随着中国社会经济的高速发展，人们旅游的需求趋向个性化。游客本人单独出行或与家人、朋友结伴而行的小规模散客游已成为国内、国际旅游业的主要形式之一，成为我国旅游客源的重要组成部分。

散客抵达游览景点后，导游可采取对话的形式进行讲解，这样显得更加亲切自然、直接有效。

所谓对话式讲解是指导游与一个或一个以上游客之间所进行的交谈，如问答、商讨等。对话式讲解具有两个特点：第一，依赖性强，即对语言环境有较强的依赖性。对话双方共处同一语境，有些话不展开来说，只言片语也能表达一个完整的或双方都能理解的意思。第二，反馈及时，对话式讲解属于双向语言传递形式，其信息反馈既及时又明确。

本案例导游小程用对话的形式，一步步引导游客回答问题，引人入胜，最后引导出全聚德烤鸭的由来，游客全神贯注地与导游对话，心领神会。

（点评人：李岑虎）

九、迂回式劝服——兜圈子

 案例 3-21

我与游客兜圈子

2023 年 8 月，我带领一个 36 人的北京八达岭长城旅游团，其中有一位曹姓游客在游览长城中离团独自活动，一会儿去厕所，一会儿去小摊点购物，一会儿单独去远处拍照。出于安全考虑和维护旅游团活动的整体性，我不得不跟他进行谈话，进行劝服。

我走过去对他说："曹大哥，现在大家准备休息一会儿。通过这段时间的接触，我发现您见多识广，见解独到，很希望您跟大家讲讲您在八达岭长城游览中的新发现、新体验，作为我讲解不到位的补充。"曹大哥听后，非常高兴，热情地答应我的请求，然后主动回到团队中来，参与团队活动。在北京剩余的三天旅游，曹大哥非但再也没有离团单独活动，还主动担负起团队协调的任务，全团顺利完成旅游行程。

［本案例由峰之旅（北京）教育科技有限公司程广飞编写］

 案例点评

本案例导游没有直接地把离团单独活动的游客喊过来，给他讲明利弊得失，指出其错误，也没有大声地强制命令、呵斥批评，而是采用间接的、含蓄的方式，用巧妙的语言兜了个圈子，通过赞扬客人，迂回地引导游客主动回到团队中。这样做不仅没有伤害到游客的自尊心，还使客人感受到了尊重与信任，心甘情愿地为团队提供帮助。

这里导游采用的劝服方式就是迂回式劝服。迂回式劝服是指不对游客进行正面、直接的说服，而采用间接或旁敲侧击的方式进行劝说，即通常所说的"兜圈子"。这种劝服方式的好处是不伤害游客的自尊心，而又使游客较易接受。本案例中的程导做得行云流水，恰到好处，堪为典范。

（点评人：李岑虎）

十、以诚待人，热情服务，赢得了游客的好感与信赖

 案例 3-22

以诚待人，热情服务，赢得了游客的好感与信赖

2023年9月，"杭州+乌镇+苏州+千岛湖五日游"旅游团因故需要提前离开水乡乌镇，团里的游客心中十分不快。而在游览乌镇时又下起了大雨。这时，该团的全陪导游小李请地陪导游小梁放慢游览前进速度，让游客边听讲解边避雨，欣赏雨中乌镇。小李在协助地陪先安排好游客避雨后，自己冒雨跑到停车场，在旅游车中找到游客的雨具，并冒雨将雨具送到每位游客手中。这时他已经浑身湿透，过生日时女友给买的崭新的皮鞋也成了水鞋，脸上也分不清是汗水还是雨水……他的真诚感动了每一位游客，需要提前离开美丽乌镇的烦恼很快消失，全团游客十分合作，积极配合，圆满完成了旅游行程。

[本案例由峰之旅（北京）教育科技有限公司李子尚编写]

 案例点评

旅游团队是由天南地北、素不相识的各个游客组成，导游如何尽快与这些游客建立良好的人际关系，并确立自己在旅游团中的主导地位，是带好一个旅游团的关键。

导游真诚对待游客是建立良好人际关系的基础，当导游的真诚和热情被游客认可时，就能赢得游客的好感与信赖。

许多刚刚参加工作的年轻导游带团时难免会出现一些差错，但他们往往能得到游客的肯定和欢迎，这是因为他们的热情和真诚感动了游客，弥补了导游工作中的某些不足。当游客认定导游是真心维护他们的利益时，即使遇到了问题、事故，他们也会持积极合作的态度。本案例中的导游小李冒雨为游客拿雨具，虽然浑身湿透，狼狈不堪，但是却取得了游客的信任，确立了导游的主导地位，形成了凝聚力、影响力和调控力，为后期的带好团打下了坚实的基础。

（点评人：李岑虎）

十一、转移注意力，调节游客的情绪

案例 3-23

转移注意力，调节游客的情绪

2022年10月，济宁导游小孔带团在去孟子故里——邹城的途中发生交通堵塞，这时距离两孟景区还有1.5公里的路程。小孔无法确定堵塞情况会持续多久。大约等了10分钟依然不见动静，游客这时候开始烦躁起来，嘟嘟囔囔，骂骂咧咧，抱怨司机，抱怨导游。小孔见状，于是安抚游客，在旅游车上组织开展了以下活动：

1. 安抚游客，前去了解、打听恢复交通所需的大概时间。

2. 看能否采取绕道行驶的措施，如果车被堵在中间而不能掉头，可与旅行社联系，看能否再派一辆车，然后带游客离开堵塞路段。

3. 组织唱山东民歌接力活动。导游领唱，团长领头，每人一句，不会唱的站起来说一段笑话。一下子车内气氛活跃起来，缓解了游客的烦躁情绪。

4. 组织讲自己知道的孟子故事、孟子成语，为最优秀的讲解团员颁发小奖品。

5. 由于等的时间太长，小孔征得游客同意，与游客弃车步行前往两孟景区。步行时，始终和游客在一起，提醒游客注意交通安全，不要让陌生人插队，保护好自己随身携带的物品。

（本案例由济宁学院导游服务中心赵立芳编写）

案例点评

在旅游的过程中可能会发生各种各样的无法预料到的事件。如果游客的需求得到满足，就会产生愉快、满意、欢喜等肯定的、积极的情绪；反之则会产生烦恼、不满甚至愤怒等否定的、消极的情绪。导游要善于从游客的言行举止和表情变化去了解他们的情绪，在发现游客出现消极或否定情绪后，应及时找出原因并采取相应措施来消除或进行调整。

本案例中出现堵车突发性事件，游客出现不愉快的情绪。想化解游客的不满情绪，首先要运用转移注意法来转移游客的注意力。

导游服务案例选评
讲解视频

转移注意法是指在游客产生烦闷或不快情绪时，导游有意识地转移游客的注意力，使其从不愉快、不顺心的事情转移到愉快、顺心的事情上。本案例中堵车已经很烦心了，又不知道何时结束，有的游客出现了不愉快的情绪。导游除了说服、安慰游客以外，还可通过讲笑话、唱民歌、讲故事等形式来活跃气氛，使游客的注意力转移到有趣的文娱活动上来，不失为一套非常有效的转移注意法。

（点评人：李岑虎）

项目三 / 提高导游带团讲解技能

十二、导游讲解要突出灵活性

 案例 3-24

变化中的泰山导游词

（秋高气爽）各位老师大家好！今天是第39个教师节，阳光明媚，秋高气爽。在这样的好天气之下，相信老师们的心情一定也不错！带着这样一份好心情，让我带领老师们走进泰山，领略"孔子登东山而小鲁，登泰山而小天下"的气势雄伟磅礴的风景吧。

（蒙蒙细雨）各位游客，今天老天爷不太赏脸，偏偏下起了毛毛细雨。可能他也在嫉妒我们来到这"五岳独尊"的泰山体会"会当凌绝顶，一览众山小"吧。这倒正好，这霏霏细雨就像轻纱一样，给东岳泰山这个伟大的世界文化与自然双重遗产更增添了一份妩媚和神秘。各位这次在蒙蒙细雨中登泰山，你们来得真是物超所值呀。

（淅沥大雨）游客朋友们，我们坐飞机、乘火车不远千里来到泰山，偏偏天公不作美，下起这淅淅沥沥的大雨。各位可能有点儿担心这大雨会不会影响我们欣赏巍巍泰山美丽的风景，您尽管放一百个心，大家如果细心一点就会注意到，前面刚刚游完泰山的游客身上淋湿的地方并不多。大家看看，泰山茂密的森林有许许多多的松树，像一把把墨绿的大伞，支开了等着我们，让我们就像作家李健吾所写的《雨中登泰山》一样，"有雨趣而无淋漓之苦"，去好好欣赏一下雨中的泰山吧。

（雪天）亲爱的游客朋友们，早上好！今年泰山的第一场雪，今天终于来了。好美的雪花啊！大雪虽然给我们的旅行带来了一定的影响，但也未尝不是件好事。您知道泰山什么时候最美吗？其实就是雪中的泰山最美。这可不是我瞎说，许多摄影师们专门趁下大雪这个时候来泰山拍风景照片呢！不信的话，我们就亲自去体验一下雪后的泰山是什么样子吧。

（本案例由济宁学院导游服务中心赵立芳编写）

 案例点评

　　导游讲解是导游的一种创造性劳动，因而导游讲解的方法千差万别，但是无论采用什么方法，都要符合讲解规律，遵循导游讲解的基本原则，包括导游讲解的灵活性原则，即导游讲解要因人而异、因时制宜、因地制宜。

　　旅游活动往往受到游客、景点、天气、季节、交通等因素的影响，我们所讲的最佳时间、最佳线路、最佳景点都是相对而言的。如果讲解客观的最佳条件缺乏，主观上导游艺术的运用就不可能有很好的导游效果。因此，导游在讲解时要根据游客的具体情况以及天气、季节的变化和时间的不同，遵循灵活性原则，采用切合实际的导游讲解内容和导游讲解方法。

本案例中导游的讲解以晴天、小雨、大雨、雪天四种类型的天气变化等客观现实为依托，实施针对性、计划性和灵活性的讲解方法，体现了导游讲解活动的本质，也反映了导游讲解的规律。导游自然而巧妙地将灵活性原则融于导游讲解之中，其讲解水平和驾驭旅游的能力之高超可见一斑。

（点评人：李岑虎）

十三、触景生情说外滩

案例 3-25

触景生情说外滩

2023 年 7 月，孟子故里教培考察团一行 15 人来到上海黄浦江外滩，小邵担任地接导游员，他的讲解词如下：

来自孔孟之乡的老师们，大家下午好！

我们现在所处的位置是上海黄浦江畔的新外滩。新外滩是上海的风景线，整个外滩全长约 1.5 公里，南起延安东路，北至苏州河上的外白渡桥，东临黄浦江，西面是中西融合 52 幢风格迥异的古典复兴大楼，周围还有对岸浦东的东方明珠塔、金茂大厦、新建的上海中心大厦等地标景观，是国内外游客们去上海观光的必到之地。

上海黄浦江畔的新外滩共有五条旅游线路，在您的左手边是被誉为"万国建筑博览"的建筑群和宽敞的中山路，在您的右手边是波光粼粼的黄浦江以及前程似锦的浦东陆家嘴金融贸易区，眼前是新颖独特的观光游览区。这建筑群、中山路、观光区、黄浦江、陆家嘴仿佛音乐的五线谱，勤劳智慧的上海人民则好似串串音符，正组成最新、最美的乐章，欢迎着各位来宾的光临……

（本案例由李子尚编写）

案例点评

本案例小邵的导游词十分精彩，其触景生情，借题发挥，借助眼前的景观、景点，全面地叙述了新时代上海的高速发展，生动形象地描绘了新外滩宛如五线谱，使游客在这跳动的"音符"中深受感染，身临其景，感受上海的飞速变化，感受新时代美丽中国的繁荣昌盛。这种讲解法即触景生情法。

所谓触景生情法就是指在导游讲解中见物生情、借题发挥的一种导游方法。在导游讲解时，导游不能就事论事地介绍景物，而是要借题发挥，利用所见景物营造意境，讲解内容与所见景物和谐统一，情景交融，引人入胜，使游客产生联想，让游客感到景中有情、情中有景，从而领略游览观景之妙趣，激发情怀。

触景生情贵在发挥，要自然、正确、切题地发挥。导游要通过生动形象的讲解、有趣而感人的语言，赋予死的景物以生命，注入情感，引导游客进入审美对象的特定意境，从而使他们获得更多的知识和美的享受。

（点评人：李岑虎）

十四、制造悬念卖关子

案例 3-26

制造悬念卖关子

材料一：参观世界文化遗产湖北钟祥明显陵，游客看到陵前的外明塘往往困惑不解，导游小李不失时机地介绍："明塘是显陵的独特设置，不仅有外明塘，里面还有内明塘。那么显陵为什么要在陵前设置明塘呢？请大家边参观边思考，等到了明楼我再告诉大家答案。"这就给游客留下了一个悬念。

游客登上明楼后，小李再告诉游客："一方面，按风水理论，山为龙的骨肉，水为龙的气血，水有截住龙气流逝的作用。于陵前设置明塘，就满足了吉壤中穴对水的基本要求。另一方面，明塘含有龙珠喻义，如果说神道犹如一条旱龙，那么九曲河就好似一条水龙，两龙交汇于明塘，构成了双龙戏珠的奇特景观。"

游客仔细聆听，十分满意，赞叹导游讲解艺术的高超。

材料二：苏州网师园的月到风来亭，依水傍池，面东而立，亭后装一大镜，将对面的树石檐墙尽映其中。对这个亭子的介绍有两种方法，效果完全不同。

导游小张介绍说："如果在晚上，当月亮从东墙上徐徐升起时，另一个月亮也在水波中荡漾，这镜子安置得十分巧妙，从里面还可以看到一个月亮。"

游客们看了看镜子，并未引起多大兴趣。

另一位导游小王将游客带到亭中，这样介绍说："当月亮升起的时候，在这里可以看到三个月亮。"他微笑着，望着游客，并没有立即往下讲。游客们好生奇怪，都以为是听错了或是导游讲错了，最多只有两个月亮：天上一个，水池里一个，怎么可能会有第三个呢？大家的脸上都露出了迷惑不解的表情。这时，导游才点出：天上、池中还有镜里共有三个月亮。大家才恍然大悟，在响起一阵掌声、叫好声之后，也更领悟到镜子安置的巧妙，印象特别深刻。

（本案例由济宁学院导游服务中心赵立芳编写）

案例点评

上述两组材料,导游均采用了制造悬念讲解法。

所谓制造悬念讲解法就是导游在讲解时提出令人感兴趣的话题,但故意引而不发,激起游客急于知道答案的欲望,使其产生悬念的导游方法,俗称"吊胃口""卖关子"。这种"先藏后露、欲扬先抑、引而不发"的手法,导游一旦运用,会给游客留下特别深刻的印象。

制造悬念是导游讲解的重要方法,在活跃气氛、营造意境、激发游客游兴等方面往往能起到重要作用,所以导游都比较喜欢用这一手法。材料一中导游小李和材料二中导游小王的讲解就是最好的证明。

导游服务案例选评
讲解视频

材料二中苏州网师园的月到风来亭,同是一地,小张介绍虽很热情,也富有诗意,但因是平铺直叙,听者不以为然;而后者小王虽用词简朴,却能做到出其不意,异峰突起,引起了游客的注意、思考、怀疑和猜测,兴趣顿起。小王的成功之处,在于掌握了游客的心理,不是一下子把话讲完,而是留有余地,让大家去体察、回味,然后由自己做出补充,因此效果尤佳。

(点评人:李岑虎)

十五、注重日常知识积累,做好讲解前的准备工作

案例 3-27

注重日常知识积累,做好讲解前的准备工作

如果没有日常知识的积累,肚子里空洞无物,导游的各种巧妙的讲解技法,就很难做到运用自如,也很难满足游客的求知需求。要提高导游讲解水平,知识积累是重要基础。

在日常工作和生活中,导游可以通过以下渠道积累知识:

1. 通过媒体关注"身边事",收集城市及景区的点滴变化。这些内容导游如能"有心"收集,在日后讲解时将成为有用的素材,丰富导游讲解内容。

2. 向身边"队友"学习。"一千个读者,就有一千个哈姆雷特",对于同一个旅游景点,不同的导游和讲解员会有一些不同的理解和侧重,这种差异,源于个体的认知、学识、经历、感悟力、价值观、信仰等的不同。作为一名导游,要善于博采众长,多向同行队友学习借鉴,这样才能填补自己的讲解盲区。

3. 向当地人学习。一方水土养一方人,每个地方都有自己独特的风土人情,要想把导游词讲得鲜活和生动,导游需要先同本地民众打成一片,走到群众中间去,深

入了解地方特色，探听一些和旅游景点相关的奇闻逸事和坊间传说，尤其是讲解目的地的历史文化、风俗习惯等。比如，要了解开封的文化特色，就可以去看看开封人的早市，在早市上与开封人聊天，这样可以更直观地了解开封人的饮食文化和休闲文化。这些具有烟火气息的素材最能打动人，也最有说服力，也更生动、具体、真实。讲解时来两句开封早市上的吆喝声，可以更生动有趣，更能吸引游客的兴趣。

4.通过阅读专业书籍，丰富自己在某一知识领域的积累。譬如，导游要想讲好黄河文化，阅读黄河文化之类的书籍是非常有必要的。只有通过深入学习，才能让自己的讲解不仅能"讲其然"，还能"讲其所以然"。

5.学用地方志，助力讲解权威。通过县级门户网站、地方志管理部门的网站、地方志编纂办公室、当地的图书馆和文化馆等，查找自己想要的地方志资料。比如，兰考县名字的由来，从县志里查出来的就更权威。

6.善于向专业人士学习。导游讲解中涉及专业领域的知识必须科学、准确、严谨，因此，导游员可以先行请教专家或者专业人士。比如人民的好公仆焦裕禄同志带领兰考人民为治理"三害"广种泡桐树，那么这个泡桐为什么适宜兰考种植？泡桐试验站的育苗专家会从专业技术角度解释、分析。导游员要学会在请教专家的过程中储备专业知识。

7.通过网络搜索，寻找某一关注问题的相关背景知识。譬如，导游要想通过讲解河北涿州的水文历史来介绍涿州的抗洪史，可以在网络上搜集涿州各种水文数据及抗洪史实，再通过类比法、妙用数字法等讲解方法灵活运用搜集到的素材，以达到良好的讲解效果。

（本案例由焦裕禄纪念馆杨香编写）

图 3-2　游客瞻仰焦裕禄当年种植的泡桐树　　摄影：杨香

案例点评

本案例重点介绍了导游进行知识积累的 7 种方法，都是行之有效、简易可行的好方法。长此以往，日积月累，为写好导游词、讲解好景点做好了前期的知识准备工作，值得大家学习、借鉴。

（点评人：赵立芳）

任务五　做好游客购物引导服务

旅游六要素包括：吃、住、行、游、购、娱。不要谈"购"色变，购物也是游客的内在需求。如何帮助游客购物、购好物，买到称心如意、货真价实、物美价廉的商品，能够"避坑""避雷"是导游的服务内容和技能体现，也是一门学问。

 任务实施

一、引导游客学会辨别真假产品

 案例 3-28

真假中国北极蓝莓干

中国北极蓝莓，是黑龙江省大兴安岭地区的特产，中国国家地理标志产品。蓝莓又名"笃实"，生长在北纬 52℃以北气候寒冷的大兴安岭原始森林中，与其他野生植物成片混生，7 月末至 8 月初成熟。蓝莓果实鲜果维生素 E 含量高于苹果和葡萄，氨基酸含量比山楂还高。所以很多游客都想带些中国北极蓝莓干作为伴手礼。

这一天导游小孙带领团队游览，在讲解中介绍了中国特产北极蓝莓。游客们非常感兴趣，便询问小孙在哪里购买。因为市面上存在一些假冒蓝莓或以次充好的现象，所以小孙详细地介绍了中国北极蓝莓干的品质鉴别方法和参考价格，并一再叮嘱游客，不要随意购买街边小店销售的蓝莓干，容易上当。

但是在游览中，游客抵挡不住商家促销的诱惑，以明显低于市场价的价格购买了所谓的"中国北极蓝莓干"。游客拿着买到的蓝莓干上车品尝，也给了小孙几颗。小孙一看就知道，这种"蓝莓干"是用一种大兴安岭常见的野生红果，浸泡蓝莓香精、色素等伪造的，便以实相告。游客们半信半疑，有的游客非常信任小孙，表示要去退掉商品；有的游客则旁敲侧击地表示小孙是不是想要诋毁别人家的产品，后面好带大家去商店购买获取提成收益。小孙则表示自家有在大型超市购买的中国北极蓝莓干,明天会带来给大家对比品尝。

第二天两种果干放在一起,真假优劣一目了然。游客希望能重新回到小店退掉商品。然而行程安排比较紧张,之前有过类似事件,那些商家常常会百般抵赖,甚至争执吵架,投诉到相关管理部门处理,退货会占用其他大多数游客的游览时间。

小孙安抚游客,说明旅游行程已经预订好,请大家考虑到全团游客的权益,按照计划完成游览。请退货的游客们保留好购物发票、支付凭证,等今天行程结束后,再去找商户处理。还讲了一个寓言故事,劝解游客们不要因为购物产生的不愉快,导致自己失去游览美景的心情,赔了夫人又折兵,丢了西瓜捡芝麻,得不偿失。

游览之后,游客找到了商户,有理有据地说出了"蓝莓干"不是真品,最终退掉了假货,并要求小孙带他们去买了真正的中国北极蓝莓干。回到家后,来自于大兴安岭的美味伴手礼非常受欢迎。几名游客又联系小孙,请她帮助购买。小孙答应了游客的请求,帮助其买好蓝莓干,并开具了正规的购物发票,一并邮寄给了游客,游客们非常满意。

(本案例由张天竹提供)

案例点评

旅游中,游客对导游员的话将信将疑,自作主张,在街边购买"特产""伴手礼"等受骗上当的情况并不少见。回过头来,发现上当,往往要么自认倒霉,要么反而苛责导游员没有阻止自己的购物行为,不能正视自己的选择,而使导游"背锅"。

为防止这类损害游客权益的事情发生,导游员要做一个购物专家,对当地特产非常熟悉,有扎实的挑选品评的实战经验。在去往不良商户较多的游览之地途中,应详细讲解商品的鉴别方法,反复强调、提醒游客不要擅自购买。为使游客能够听进去、记下来、刹得住,也可以将一些生动、真实的案例讲给游客听,使游客在听故事、听经历的过程中产生理性思考,防止游客上当受骗。一旦游客上当受骗,需要维权,导游应积极协助,不应冷眼旁观,甚至看笑话,幸灾乐祸。

最后提醒,《导游服务规范》(GB/T 15971—2023)第五条第七款关于购物服务的内容,请导游员朋友们认真学习,严格按照要求提供规范化的购物服务。做到:在旅游购物服务中,导游应严格按照旅游合同的约定安排购物活动,不应向旅游者兜售物品或诱导、欺骗、强迫、变相强迫旅游者购物;购物时,导游应向旅游者客观介绍当地特色商品的主要品种和特色;提醒旅游者不应购买、携带违禁物品;必要时,向旅游者提供购物过程中所需要的服务,包括翻译、介绍托运手续等。

(点评人:张天竹 聂维)

二、帮游客购买合格产品

案例 3-29

请帮我买一套俄罗斯套娃

小张带领旅游团游览了素有"东方莫斯科""东方小巴黎"之美誉的北方名城哈尔滨。浓郁的异域风情，使游客朋友们流连忘返。在游览期间，游客们购买了很多俄罗斯商品，包括俄罗斯的小镜子、望远镜、各色糖果、箱包和紫金首饰。尤其是俄罗斯套娃，更是因其美满吉祥的寓意、带有浓烈俄罗斯风情的造型和鲜明的地域特征，受到游客们的追捧，几位游客都买了套娃带回家作为伴手礼。

团队回到家后，小张接到了一位游客的电话，希望能够帮他选购一套500元以内的俄罗斯套娃，并一再强调是给小孩子的玩具，千万不能有油漆味道。原来这位游客此前低价购买了一套套娃，孙女爱不释手，却发现有刺鼻的油漆味道，担心孩子健康安全，便希望能再购买一套环保的套娃。

小张给领导汇报后便答应了游客的请求，选择了两家正宗的俄罗斯商品售卖行。通过与游客微信视频联系，让游客挑选自己心仪的图案造型，并一再与商家确认套娃所用油漆的环保情况。但接连开启几套套娃，小张发现都在不同程度上存在着油漆味道，商家表示这些油漆安全达标。小张便向游客提出建议，可否接受购买陈列品。这些陈列品由于摆放时间较长，已经没有了油漆味道，很多套娃只做展品摆放，不供游客触摸，所以几乎等同于全新货品。游客欣然接受了小张的提议，购买了陈列的样品。小张索取了购物发票，与所购套娃一起一并邮寄给游客。游客收到套娃后非常开心，发了红包，对小张的服务表示衷心的感谢。小张给旅行社领导做了汇报，领导也非常满意。

（本案例由张天竹提供）

案例点评

购物是旅游者的一项重要活动，也是增加旅游目的地旅游收入的一条重要途径。《导游服务规范》（GB/T 15971—2023）对导游购物服务做了明确要求：导游应严格按照旅游合同的约定安排购物活动，不应向旅游者兜售物品或诱导、欺骗、强迫、变相强迫旅游者购物。购物时，导游应：向旅游者客观介绍当地特色商品的主要品种和特色；提醒旅游者不应购买、携带违禁物品；必要时，向旅游者提供购物过程中所需要的服务，包括翻译、介绍托运手续等。《中华人民共和国旅游法》也对购物服务做了法律性的规定，对违规者做了明确的处罚规定。导游员应严格按照《中华人民共和国旅游法》《导游服务规范》（GB/T 15971—2023）的规定来操作，根据接待计划规定的购物次数、购物场所和停留时间带领旅游者购物,不擅自增加购物次数和延长停留时间,更不得强迫旅游者购物。对于不愿参加购物活动的旅游者,要做出妥善安排,如就近参观其他景点,或安排到环境较好的地点休息等候等。

本案例是旅游行程结束后客人要求导游帮助买俄罗斯套娃,属于后续遗留工作。此时帮助游客购物,导游应认真、妥善地处理好旅游者托办购物事宜。

第一,首先请示领导,领导同意后再办理。

第二,导游应向游客讲清有关购物的注意事项,并介绍商品的特色及相关商品知识。

第三,如实向游客介绍本地合法经营的、正规的购物场所。

第四,数字化自媒体时代,购物要用视频同游客联系,让游客全程参与购物,帮助游客确认产品质量。购物后要留下发票复印件,原件寄给游客。办理托运物品手续,留下凭证。

第五,导游人员不得私自收取商家给予的购物"回扣"。

第六,事后还要向单位领导报告。

本案例中小张帮游客购买合格产品的做法符合规范,符合游客要求,堪称导游后续服务的典范。

(点评人:李岑虎)

三、尽心尽力做好个性化服务

案例3-30

游客非要买马拉爬犁老乡的衣服不可

"穿林海,跨雪原,气冲霄汉……"

一辆辆马拉爬犁满载着游客飞驰在中国雪乡的风雪之中,一路欢歌笑语。

爬犁停下后,一位台湾老先生,依依不舍地与驾驶爬犁的老乡拍照合影。然后转身对导游小张说:"帮我找家商场,我要买一套狗皮帽子和狗皮大氅!"

导游小张笑着说:"好好好,这可是我们东北人最帅的服饰,穿上之后那绝对是英姿勃发,可是您回台湾也穿不上呀!热不热的先不说,这走在街上也太拉风了吧。"

谁知平时最爱开玩笑的老先生这一次却不是开玩笑,他很认真地说:"这次我不是开玩笑的,我是真的喜欢这套衣服。我真要买,我要收藏。我家里还有苗族的服饰、傣族的服饰,收藏了很多很多的民族服饰呢。"

这可把导游搞晕了。早年间,关东有八大怪,其中倒是有"狗皮帽子头上戴,狗皮大衣毛朝外"这一条,当时这种装扮都是必备服饰,抛开用真的动物皮毛不够环保、有些残忍之外，这套服装绝对的防寒保暖，又酷又帅。即便是在零下三四十度的天气，那防寒保暖效果用东北话说也是"杠杠滴"。可是问题来了，现在这套服装只是特色表演性服装，让我去哪里买啊？

导游只好问老乡，老乡们都说没得卖，这都是自家取皮子、自己裁剪定做的，而且已经穿了十几二十年啦！"盘"的油光锃亮，都快成了传家宝了。现在再想要这么好的工艺，已经找不到制作人了。

一听说这套服饰已经被穿了十几二十年，老先生不但不嫌弃，反而表现得更感兴趣了，爽快地提出了一个要求——直接要买老乡身上这套。

老乡说："这可不行，短期之内我也做不出来新大袄，要是穿着羽绒服拉马爬犁，一来我和大队伍着装都不整齐了；二来我这行头没有了，就没了特色，就没法吸引游客坐我的马拉爬犁和我拍照了。我们一年到头儿就这么几天短暂的冰雪旺季，要是没这衣服，我没法开工，还怎么赚钱呀？"导游只好帮着台湾客人游说，十几分钟过去了，台湾客人就是不肯让其他人坐爬犁，非要买老乡的衣服不可。双方僵持不下，影响老乡的生意，眼看老乡在台湾客人的软磨硬泡下，要忍不住发火了。其他团友刚开始看热闹，津津有味，时间一长就不耐烦了。小张真是哭笑不得，生平第一次遇见这种一个非要买、一个非不卖的事。

眼见着要剑拔弩张，一群驾驶马爬犁的老乡，也凑上来跟着起哄，一时间老乡的服装价格疯涨。有人说那你就2000块卖给他呗，然后在家躺着就不用出来干活了。大家只是开个玩笑，瞎起哄。没想到台湾老人二话不说，立刻掏出2000块人民币，竟然还是现金。老乡赶紧反悔，因为他是真的不想卖，的确不是趁机哄抬售价宰客。毕竟卖了这身服装也赚不到多少钱又影响他的生意，可是已经来不及了，游客已经把钱塞到他手里，顺势要扒他的衣服了。小张见二人僵持不下，十分尴尬，赶紧劝说道："台湾同胞这是爱祖国，喜欢咱东北，热爱咱东北文化。也知道东北大哥仗义，东北人说话算数，咱不能反悔，伤了台湾同胞的心，让台湾同胞笑话，自家兄弟有事好商量嘛。"众人也跟着劝说老乡。于是，客人得偿所愿，披上了有体温的狗皮大衣，戴上了有体温的狗皮帽子。最终，老乡和他的台湾兄弟在雪乡握手、拥抱合影，游客满意而归，小张却已汗流浃背。

（本案例由张天竹提供）

案例点评

游客个性化的需求有时真的是千奇百怪。面对游客奇奇怪怪的个性化需求，不能简单地想着不在我服务范围内而想方设法拒绝。相反，我们应该用耐心、细心、爱心、同理心、责任心来尽量满足。毕竟标准化服务追求的是掌声四起，个性化服务是锦上添花。我们若要追求卓越，快速提升服务质量，就应该重视个性化服务，个性化服务才能赢得人心，实现导游自我价值。

项目三 / 提高导游带团讲解技能

（点评人：张天竹）

特级之星

山水有情，大地飞歌
——记全国特级导游员黄志康的故事

"多谢了，多谢四方众乡亲。我今没有好茶饭，只有山歌敬亲人呐，敬亲人……"每次带团，他都会用最嘹亮的歌声唱着壮族歌仙刘三姐的民歌，欢迎远道而来的中外游客。他就是广西壮族自治区南宁市的全国特级导游——黄志康。

在旅游行业，他并非是天赋型导游，所以坚持勤能补拙，选择笨鸟先飞，对自己高要求、严要求，积极向上。自入行至今的17年里，一线带团、成立导游工作室、培训教学，一步一个脚印，他在导游这个职业上走出了属于自己的精彩。他说获评全国特级导游是一个新的起点，能为游客贡献自己的力量是他一直以来的目标，他也会继续为之奋斗。

图3-3 讲解中的黄志康　　供图：黄志康

一、刻苦钻研，导游综合素养过硬

在导游素养方面，他认真钻研导游各项业务，在其导游工作中没有任何投诉事件，游客意见表上关于导游讲解及服务的评价都是满意和非常满意。带团初期，他的英语不是很出众，为了能带好入境团队，他有很长时间坚持每天5点起床学习英语。为了能精进业务，快速成长，在别人休息的时候他也奔波在一线带团，有疑问就请教身边的司机或者导游前辈。每一个团都会写带团日志来总结经验，发现问题。为了带给游客更好的出游体验，他根据游客的不同需求来量身定制导游词。他带团讲解的导游词都是自己整理和创作的。服务方面他会更加注重细节，为游客带去更

99

多惊喜。

在注重实践的同时，他也在通过不断考级、参加比赛倒逼自己对业务知识进行更加系统的学习。"我非常赞同以赛代训的观点，参加工作之后时间都是碎片化的，只有给自己设定一个目标，你才能有更强的动力每天拿出时间去学习。"他说。2009年，他考取了中级导游证。在2013年，获得了高级导游证。在2014年，考取了广西大学旅游管理专业硕士。

职业能力和学历方面的双重提升，让他的导游之路更加顺畅，也为他的导游事业带去了更多可能。2009年他荣获"广西十佳导游"称号，并被共青团广西区委授予"2008—2009年度广西杰出青年岗位能手"称号，2011年被南宁市旅游局授予"南宁市导游员标兵"称号，2014年被评为"广西最美十佳导游"，2012年获评全国优秀导游，同年通过原国家旅游局考核，入选"第四批全国名导师资库师资"。

二、做好传帮带

2011年，黄志康报名参加了援藏工作。前期的业务积累加上援藏导游的经历，为他的导游工作带来了新的机会。"那时候一些旅游院校开始邀请我去学校开讲座。"他说。他没影响力的时候选择做好自己，当有一定影响力的时候，他希望自己能去帮助和影响更多人。

抱着这样的想法，他开启了培训教学之路。"其实讲课费用不高，远不如一天的带团团补。但我希望能通过这样的方式，为这个群体的发展做出一些自己的努力，另外也是为自己的职业发展探索新的可能，所以也就坚持了下来。"他回忆道。那时候经常是连轴转，坐很远的公交去给学生上课，然后再回来准备带团工作。

2015年，黄志康入选了原国家旅游局推出的"万名英才计划之技术技能大师工作室"项目，成立了"南宁（黄志康）导游大师工作室"，自主推出了三年制学徒制导游培养模式，2016年至2019年为广西旅游业界输送了50余位专业导游。2017年，黄志康当选为南宁市导游协会会长。在积极输出自己在导游培养方面的理念的同时，他开始思考如何为导游争取更多的利益。2020年疫情发生之后，他将重点工作放在了如何为旅游行业留住更多的有生力量。在进行市场调研之后，他发现研学导师和红色旅游带班老师对导游来说是一个很好的转型方向。所以在2021—2022年，他依托协会和工作室平台组织了多场研学导游和红色旅游讲解员的培训，有200多位老导游参与培训。

三、探索新可能

之后的工作，首先他会继续做好本职工作，带好团，教好学生，把行业的一些新思路、新思维带到学校里面去，理论结合实际去培养更多好导游。充分发挥导游工作室的作用，在导游职业标准、薪酬体系方面做一些研究。他还会联合更多优秀的导游，尝试探索导游的一些新的职业路径。利用协会的平台打造了导游直播矩阵，希望更多导游能通过这个矩阵打造自己的个人品牌。另外，他也在计划写一本广西的导游词，将广西更好地介绍给游客。

尽职尽责，热爱广西，服务广西，他是这样一直践行着这一诺言。他始终对自己高标准，严要求，努力以"全心全意为游客服务"为宗旨做好各项工作。在今后的工作和生活中，他将继续加倍努力，提高自己的政治思想觉悟和业务水平，把导游工作作为自己的终生事业来努力奋斗，为全国导游队伍建设、发展贡献自己的力量。

（本资料由南宁市旅游协会提供）

金牌之光

锲而不舍，追求卓越
——国家金牌导游张天竹的故事

张天竹，全国优秀导游、国家金牌导游、高级导游员、高级计调师、高级茶艺师、文化和旅游部人才中心研学旅行指导师考评员、黑龙江农业工程职业学院教师。

2003年从事导游工作至今，承担导游、政务接待、研学指导和行业导游人才培养工作。先后任黑龙江省文旅厅文旅大讲堂培训专家、省旅游培训中心培训讲师、全国导游云课堂授课教师、黑龙江省导游协会副会长、哈尔滨市导游协会副会长、哈尔滨市旅游协会研学旅游分会副会长、黑龙江省教育厅高校就业创业指导专家库专家成员、全省导游技能大赛评委。

图3-4　国家金牌导游张天竹　　供图：张天竹金牌导游工作室

走上导游工作岗位，是在她大学二年级。作为新导游，她一边学习知识丰富自己，一边拜前辈为师，积极实践。她不满足于背诵教科书上的导游词，总是认认真真地四处求教，翻阅文献，利用课余时间或徒步或乘公交，几乎走遍了哈尔滨市区，记录街道、建筑、美食，关注大到国家政策，小到楼盘价格；新到时事热点，旧到老街老巷里被遗忘的故事。当时，她撰写的两篇关于哈尔滨老街道背后故事的文章刊登在《生活报》上。她修改、编写的导游词，发表在 QQ 空间里，被同行们大量转载。她撰写的关于哈尔滨市俄罗斯建筑文化的论文在中俄大学生论文大赛中获三等奖。

这个探索旅游文化的过程，也激起了她对金源文化的浓厚兴趣，还在读大学三年级的她毛遂自荐，几经面试成了哈尔滨市收藏协会满族银器收藏分会的秘书长，积极参与组织专家学者和收藏爱好者的交流活动，这段经历，为她提供了更多的学习机会。她英文成绩很好，在考取导游证之前就曾被学校委派为志愿者为 2001 年国际滑雪论坛做滑雪装备展馆的英文讲解员。考取导游证后，在校的两年间还是实习导游的她就已接待包括伊拉克石油部访华团在内的外宾上百人。从业至今，她仍千方百计地学艺，从导游前辈与同行、旅游车司机、祖国各地的游客、线上线下的讲座那里学到的知识博杂，却都被她分门别类地整理结集，十几年的积累，成为了她在导游培训中给学员的内部讲义。如今她编写的特色导游词在行业中备受认可，为省旅发大会活动景区绥芬河中俄自驾营地及绥芬河国门景区、省文旅厅漠河黄金古驿路自驾项目、中国雪乡冰雪及研学游开发项目等，撰写导游词、策划案 10 余万字。

本科毕业后，她成为了一名高职院校的旅游专业教师。寒暑假正是黑龙江省的旅游旺季，她坚持在一线做地接、出全陪、做领队，理论指导实践。带团中，她不仅精耕细作导游词，还细心研究表演在带团中的应用，细细斟酌讲解内容与眼神、动作的关系，推敲词语与语气、语调的配合，更学习了龙江剧、模仿秀、小魔术等才艺用于带团，形成了独特的讲解风格，受到游客们的赞赏，也圆满地完成了各项政务接待的任务。

带团中，张天竹表现出了强烈的爱心、责任心和灵活的应变能力，展现了导游员应具备的素质和基本功。她参加哈尔滨市红十字会培训，考取救护员资质，在团队 7 个国家 27 名留学生游客食物中毒时，不眠不休陪护照料，积极协助调查认真翻译；在游客滑雪骨折和巴士连环相撞事故中她救护及时、专业，处理得当，得到游客的衷心赞赏。每次她还尽力提供额外的亲情服务，凌晨的热粥、病床前的鲜花和水果、随身携带的急救包、精细的小工具等，总让游客惊喜和感动。优秀的表现，使她成为了哈尔滨师范大学桃李园旅行社、哈尔滨工大教育旅行社、哈尔滨龙诚旅行社有限公司、黑龙江海纳百川旅游有限公司、黑龙江康辉国际旅行社、哈尔滨飞扬国际旅行社等多家旅游公司的兼职导游员，在 9 年间先后接待游客 2 万余人次，并被聘为黑龙江省旅游培训中心培训讲师，为哈尔滨师范大学桃李园旅行社、哈尔滨工大教育旅行社等旅游企业培训了几百名导游员。

2010 年，她考取了哈尔滨商业大学旅游管理专业研究生继续深造，她一边读书，一边教书，一边利用一切可利用的时间做导游。她钻研心理学，考取心理咨询师，结合心理学知识研究导游的个性化服务，在全国中高级导游云课堂开课，讲授导游个性化服务理念与方法，获得业界广泛认同与借鉴。她凭借扎实的基本功、过硬的实践技能，在2010年全黑龙江省导游员大赛中脱颖而出，荣获冠军，被授予黑龙江省"十佳导游""最佳风采奖""黑龙江巾帼建功标兵""黑龙江青年岗位能手"称号和奖项。2011年获得省级优秀共产党员称号，2013年被评为全国优秀导游。2017年入选全国金牌导游培养项目，成立了张天竹金牌导游工作室，与黑龙江农业工程职业学院校园模拟旅行社融为一体，开展教学、培训和社会服务工作。团队现有领办人1人、专家成员10人，具有扎实的理论功底与技术技能，人才培养、社会服务能力及社会影响力强。工作室专注于导游服务与冰雪、生态、康养、研学、政务接待导游人才及乡村旅游人才培养，在黑龙江省冰雪旅游、生态旅游、乡村旅游、研学旅行（游）及康养旅游人才，尤其是冰雪导游人才培养领域作出了积极贡献。工作室成立以来，累计为社会培训省内外乡村旅游、导游、民宿、旅行社经营与管理、研学旅行（游）等旅游从业人员3万余人次。以"师带徒"形式培养了徒弟10人，其中省行业导游大赛银奖2人，省金牌导游1人，省职业院校技能大赛导游服务赛项一等奖、二等奖8项，全国职业院校技能大赛导游服务赛项三等奖1项。

多年来她为省旅游培训中心、多家旅游公司、旅游规划公司及院校开展导游培训、旅游产品设计、景区规划、市场营销、就创业指导等工作。尤其是在发现很多导游存在职业迷茫和倦怠时，她积极参加培训，考试成为高级职业生涯规划指导师，已义务为几百名旅游从业人员开展职业生涯规划讲座与咨询。作为黑龙江农业工程职业学院旅行社创业指导师，她参加黑龙江省首届创业指导课程大赛，获得全省第一名，指导学生创业项目获省级创业大赛银奖，并积极参加送课程进校园活动，在多所院校开展创业指导培训和创业教师培训。由于表现突出，被聘为省教育厅高校就业创业指导专家库特聘专家、黑龙江省高职高专教育旅游管理专业教学指导委员会委员，参与导游资格证考试命题，入选全国第四批"名导进课堂"工程师资和中高级导游研修云课堂师资。截至目前，发明实用新型专利4项、外观专利1项。主持省级科研课题2项，参与国家级、省级科研课题5项。主编、副主编教材4部，发表省级以上科研论文16篇，其中北大中文核心期刊论文2篇。获得全国职业院校技能大赛教学能力大赛一等奖、全国职业院校中华优秀传统文化微课大赛二等奖、全国职业院校红色故事大赛三等奖等多个教育教学奖项。

关于将来的打算，她说："从事导游工作转眼间已经接近20个年头，与很多导游前辈们相比我从业时间不算长，要学习的东西还很多很多。导游工作带给我的苦辣酸甜是我非常宝贵的人生体验，它让我在山与水之间陶冶情操，在予与得之间感恩奉献；它让我在笑与泪之间感悟成长，让我在知与行之间提升锤炼。作为导游员，我是行者，在与游客分享的路上，努力地成为智者、德者、歌者、创作者、奉献者，用送给游客玫瑰却还留有余香的手将快乐传播,在为游客创造惊喜中实现自己的美好人生。对于未来,只要我能,我会一直从事导游工作;如果有一天我不能,我也会致力于新导游的培养。锲而不舍,因为我舍不得。这也许就是导游这份职业的魅力所在吧。"

这就是张天竹的职业追求,热烈而执着。

（黑龙江省张天竹金牌导游工作室供稿）

项目实训

1. 根据自己的工作实际,谈谈如何使导游语言具有逻辑性？
2. 根据自己的工作实际,谈谈导游口头语言表达要领有哪些？
3. 根据自己的工作实际,谈谈导游语言有哪些沟通技巧？
4. 根据自己的工作实际,谈谈如何做好购物服务？
5. 根据自己的工作实际,谈谈导游调整游客情绪的方法。
6. 根据自己的工作实际,谈谈导游讲解的原则和要求。
7. 根据自己的工作实际,谈谈导游讲解常用的方法。
8. 根据下列材料所提供的信息和要求撰写一则规范的概况类导游词。

某公园位于县城北面的边缘,园中除林木、湖泊、湿地和多处泉眼外,还有依山势而建的20多个唐代以来的古建筑（如五佛寺、洁音殿、湖心亭、雷台、药王阁、火神宫等）和一些现代建筑（如腾飞塔、过山车、旱冰场、游泳池、鹿鸣园等）,是县城居民休闲和外地游客必游之地。

撰写要求与评分参考（本题共20分）：

①请根据以上材料提供的景观信息,撰写一篇在语言、形式上符合要求的导游词（3分）；

②请将字数控制在800~1200字（2分）；

③要求按照材料中提到的概念、信息和景观意象,进行准确、恰当的解释、扩充与想象,不能照搬某一景点现成的导游词（10分）；

④在选材、角度、结构、表达等方面要有一定的创新性（5分）。

（说明：本题可作为高级导游考试模拟试题,读者可列出类似景区进行模拟性写作,如大明湖景区概况、千岛湖景区概况、南湖景区概况等,也可以自选相关景区进行写作练习。）

9. 根据下列材料所提供的信息和要求撰写一则规范的山地类导游词。

某山为喀斯特地貌,面积约8平方公里,自然景观除野生灌木和花草外,还有洞穴、悬崖、奇石、一线天、瀑布、地下长河等。人文景观有道观、仿古亭、吊桥、栈道、陡阶,分别位于山脚、山腰和山顶。山上各景观之间建有安全的游步道。

撰写要求与评分参考（本题共20分）：

①请根据以上材料提供的景观信息,撰写一篇在语言、形式上符合要求的导游词(3分);

②请将字数控制在800~1200字(2分);

③要求按照材料中提到的概念、信息和景观意象,进行准确、恰当的解释、扩充与想象,不能照搬某一景点现成的导游词(10分);

④在选材、角度、结构、表达等方面要有一定的创新性(5分)。

(本题可作为高级导游考试模拟试题,读者可列出类似景区进行模拟性写作,如雁荡山、天目山、莫干山、武夷山、三清山、龙虎山等,也可以自选相关景区进行写作练习。)

项目四

提升导游综合服务技能

● **项目导读**

导游服务除了常规的带团服务技能以外，还有参加导游大赛获胜技巧、红色文化讲解服务技能、政务接待服务技能三个方面的综合服务技能。本项目收集了这三个综合服务技能的案例，并一一进行了点评，供导游员朋友参考使用。

● **思维导图**

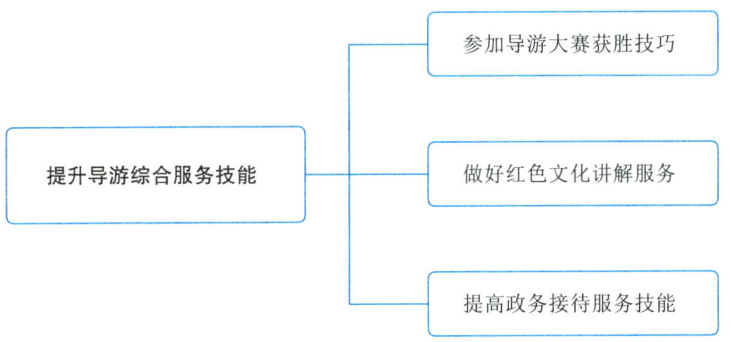

任务一 参加导游大赛获胜技巧

参加导游服务技能比赛，能够激励导游提高技能水平、文化底蕴和综合素质，同时提升导游形象、交流导游经验、增强导游作为文化交流使者的作用。为了提升自己的参赛技能，在大赛中有优异的表现，成功者做了以下尝试。

项目四 / 提升导游综合服务技能

任务实施

一、参赛导游词聚焦小景观、小节点

案例 4-1

滴水洞的诉说

各位朋友,在韶山冲西部,有一个名叫"滴水洞"的地方。这里三面环山,冬暖夏凉,前人曾以"一沟流水一拳山,虎踞龙盘在此间"的诗句,赞美这灵秀聚钟的宝地。就在这条狭长的山谷里,一栋建成于1962年的乡间别墅内,一盏落地灯昼夜开启,灯光映射在旁边的白色沙发椅上,仿佛时刻等候着主人归来。这张沙发是为谁而准备,灯光为何春夏秋冬长明不灭?今天,就让我们走进滴水洞一号楼,一同去探寻这张沙发椅背后的故事……

现在,大家所处的位置为一号楼多功能会议室,为啥管它叫"多功能"?首先,它最基本的用途是会见宾客、召开会议;另外,您有没有注意到,在会议室左边的偏厅摆放着一架老式放映机,当放映机放映的画面投射到右边雪白的墙面上时,会议室便成了放映室;倘若将现在主厅与偏厅连接处放置的这排沙发撤走,会议室又成了小型剧院,右边的主厅是观众席,而左边的偏厅则变身舞台。此外,偏厅里还放着一张大圆桌,使得会议室又增添餐厅这项功能。了解完会议室的基本情况,或许您早已留意到了之前我所提到的那张"亮灯的沙发椅"。接下来,请听我为您讲述关于它的故事……

图 4-1　亮灯的沙发　　供图:欧阳玛杰

1966年6月17日至28日，毛主席又一次回到韶山，下榻于滴水洞一号楼。这12天里，毛主席基本是深居简出，谨言慎行。除了阅看、审批从北京、长沙通过机要送来的文件、资料，静静地思考党和国家以及国际一系列重要问题外，就是在滴水洞一号楼附近散散步，和工作人员聊聊天，或在落地灯旁的沙发椅上坐坐。

12天很快就过去了，当有人小声提醒毛主席离开时，他突然从门外又转身返回屋内，在沙发椅上重重坐了下来，用他那一口浓重的乡音念叨着："你们，先走咯，我还要坐下子哒！"

新中国成立后，这是毛主席第二次回乡，而且是在家乡人民不知道的情况下秘密回韶山的。他心里多少有些遗憾和伤感，万千离愁别绪汇聚心头。他多么想在故乡的土地上多待一会儿，再多看一眼这里的山山水水呀！可他知道，家乡以外，还有很多更重要的事情等着他去做，不想走终究还是要走哇！

大约过了一杯茶的光景，经随行人员再次劝说，毛主席才从沙发椅上慢慢起身，步履沉重、依依不舍地走出一号楼，和大家一一握手道别。当他与滴水洞管理人员廖时雨握手时，有人介绍："这位是小廖，主要是给主席管房子的。"毛主席听后，用力握住廖时雨的手说："小廖啊，你要把房子看好，我还要回来的。"

"我还要回来的"，这是毛主席留给滴水洞的最后一句话，也是他面对深爱、眷恋着的韶山说的最后一句话。更让毛主席自己也没有想到的是，这次分别竟成了他与故乡的永诀！

毛主席曾说，无数革命先烈，为了人民的利益，牺牲了他们的生命，使我们每个活着的人想起他们就心里难过。难道，我们还有什么个人利益不能牺牲，还有什么错误不能改正吗？

五十多年过去了，滴水洞一号楼的工作人员换了一批又一批。当初白色沙发椅亮灯等候毛主席归来的往事，如今悄然成为了这儿的一项传统。未来的日子里，落地灯仍将静静陪伴着白色沙发椅，向来到滴水洞的每一位宾客无声诉说那一位全心全意为人民服务的韶山赤子情系国家、别梦故园的往事。

导游服务案例选评
讲解视频

（本案例由湘潭市导游协会欧阳玛杰编写）

案例点评

在湖南省导游大赛冠军争夺赛环节，需导游员自创一篇导游词并声情并茂地讲解。这位导游没有选取众所周知的历史事件或者名山胜境作为讲解内容，而是选取了毛主席回到家乡，在滴水洞房间里使用的一盏落地灯开展创作，讲了主席第二次回到韶山的往事。见到这盏曾为主席照明的落地灯，睹物思人，主席的音容笑貌浮现眼前，引发游人对伟大领袖的思念，听者无不动容。这位导游以小小的落地灯展开的导游讲解，得到了评委们的高度评价和肯定，最终在综合评比中得到了冠军，可谓实至名归。

（点评人：湘潭市导游协会刘世恒）

二、两位选手各自表现却又高度配合

案例 4-2

男女选手高度配合，现场带团讲解美轮美奂
——2021年湖南导游大赛现场带团讲解（片段）

2021年湖南省导游大赛于12月14—15号在张家界举行，这次比赛汇聚了从全省14个地市州选拔的66位优秀选手，角逐金、银、铜奖。各位选手都使出浑身解数，打算在比赛中一显身手，一决高下。

在进行到第三轮20进10的赛程时，比赛进入到关键赛点。谁能从20强中脱颖而出，就能跻身前10，取得金、银、铜奖，所以比赛进入到白热化的程度。

按照近几年导游大赛的赛制规定，第三轮比赛是20进10的一对一对抗赛，两位选手随机配对成组，每组选手以接力演讲的形式进行对抗。每位选手有若干段讲解，每段讲解限时1分钟。讲解指定题目，每段是指定内容，轮流做现场导游。这种比赛模式，令本身就紧张的比赛添加了更加剑拔弩张的气氛。

每位选手都在设计讲解风格，如话题如何抛，怎么接，能否在对抗中突显自己的实力。把对手逼进绝境是大部分选手考虑的主要方向，但其中一组选手的对抗，却给比赛现场带来了一股清流，让评委和现场观众如沐春风，享受了一场美、精彩、配合默契、赏心悦目的高质量讲解。

我们来看这个案例。

比赛的题目是："天安门广场。"共四段讲解，分别是：天安门概况、周围建筑、历史沿革、升降旗仪式。

甲乙两位选手，就这四段，轮流讲述。

甲选手（以下简称甲）：

（上前一步）（演唱）我爱北京天安门，天安门上太阳升……

（激情澎湃，热情洋溢）各位朋友，欢迎大家来到祖国的心脏——天安门广场。这里是世界上最大的城市中心广场，南北长880米，东西宽500米，面积达到440 000平方米，可同时容纳100万人举行盛大集会。在1949年10月1日，毛主席在这里宣布"中华人民共和国成立了"，并升起了共和国的第一面五星红旗。从此，天安门广场书写了共和国诞生的光辉一页和中华民族走向繁荣昌盛的壮丽诗篇。下面有请我的小伙伴带领大家参观。

（退回原位置）（51秒）

乙选手（以下简称乙）：

（充满深情，娓娓道来）来吧，我们从天安门广场正中央的人民英雄纪念碑前进！纪念碑雕刻着毛主席题写的"人民英雄永垂不朽"八个铂金大字。这广场四周东、西、南、北的建筑物，您听我向您一一道来。这广场的东边是世界上单体建筑面积最大的博物馆中国国家博物馆，西边是举行全国人民代表大会的人民大会堂，南边则是毛主席纪念堂，北边是天安门城楼，是您欣赏天安门广场景色的最好去处。那这雄伟的天安门广场究竟有着怎样的历史沿革呢，快给大家介绍一下吧！（55秒）

甲：（先抑后扬）好的。在明清帝王统治时代，这里曾经是皇家禁苑。1900年，八国联军入侵北京，这里成了屯兵耀武之地。1914年，北洋政府对这里进行了改建，把过去的皇家禁苑变成了一个真正意义和现代意义上的广场。直到1949年开国庆典之后，这里才变成真正属于人民的广场。1958年，为了庆祝中华人民共和国成立10周年，对这里进行了大规模的改扩建，才成了我们现在的规模，世界上最大的城市中心广场。一次次的翻新和扩建，见证了我们中华民族从站起来、富起来走向强起来的壮丽诗篇。好了，朋友们，升旗仪式就要开始了！（60秒）

乙：（庄重大气）看，我们国旗护卫队的战士们正迎着清晨第一缕晨光，迈着矫健的步伐向我们走来！1991年5月1日规定，天安门广场日出时升旗，日落时降旗，以象征五星红旗与太阳同升同落。整个升旗过程2分07秒。在每月1日、11日、21日天安门广场升国旗时，还会有军乐队奏国歌。就在前天，12月13日，国家公祭日，我们应该勿忘国耻，牢记使命，珍爱和平！也祝愿祖国永远繁荣昌盛！（55秒）

甲：（从口袋里举起一面五星红旗挥舞着，高声演唱）五星红旗迎风飘扬，胜利歌声多么嘹亮，歌唱我们亲爱的祖国，从今走向繁荣富强！

乙：配合甲的演唱在伴舞。

台下评委和观众已被深深吸引和带入，情不自禁地打起节拍，与甲、乙选手共情，为祖国自豪和骄傲。

最后，这组对抗选手，双双进入最后总决赛，分别获得银奖和铜奖。

（本案例由湘潭市导游协会常务副会长、湖南省导游大赛银奖获得者刘鑫洋编写）

案例点评

从这一组选手的导游词看，中规中矩，并无华丽和特别精彩之处，可贵在各自成就和高度配合。

第一，以歌开场，以歌舞结束，首尾呼应，主题突出，气氛烘托到位。甲方男选手，歌声嘹亮激昂；乙方女选手，身着民族服饰，载歌载舞，代入感非常强。

第二，两位选手，一唱一和，话题互相传递和抛捡，配合默契，互相成就，使整个讲解连贯通畅，一气呵成，没有一丝一毫脱节和跳跃，不为难对方，衔接点自然流畅，不只突显自己，而是以整个讲解为大局，通盘考虑和布局。

第三，讲述，感情充沛，有张有弛，张弛有度，抑扬顿挫，犹如琴瑟合鸣，非常和谐。根据讲述内容，处理语气、语速，让人得到美的享受。

第四，文案有关数据、史料引用准确。口语化和书面语结合自然，听上去亲切、自然、不生硬，代入感强。时长把握得当，在规定时间内完成。

（点评人：刘鑫洋）

导游服务案例选评
讲解视频

三、巧用道具服装，灵活应变

 案例 4-3

巧用"小帅哥"广告牌演绎双簧

在融城杯的某次大赛中，一位导游想声情并茂地演绎一段双簧，但是赛制规定需要导游独立完成。思来想去想到一个办法，用一个人像广告牌做搭档，刚好广告牌的人像又是位小帅哥。结果赛场上参赛导游和"广告小帅哥"默契配合，赢得了满场喝彩和掌声，也赢得了评委给予的高分。

（本案例由湘潭市导游协会刘世恒编写）

 案例点评

参加大赛不仅仅比拼参赛者的专业知识和技能水平，也比拼灵活应变的能力，况且灵活应变能力也是合格导游应具有的。这位选手能够巧妙借助道具实现自己的参赛计划，既符合大赛规则又事半功倍，获得更好的效果，可见其机智与灵活。

大赛中，有困难或者失误都不要紧，关键是去克服困难，巧妙、灵活弥补失误，这样做更显良好的心理素质与应变能力，甚至可能带来更高的评价与认可。比如，比赛无人配合，表演无人喝彩，或者麦克风临时发生故障，选手能想到办法，镇定自若，一一化解，更容易获得肯定。毕竟导游员带团情况复杂多变，临危不乱，果断应变才更显高手本色。

（点评人：张天竹）

四、紧紧抓住一个主题撰写导游词

案例 4-4

南湖红船导游词

各位团友,大家好!现在我们已经来到了南湖。南湖是浙江三大名湖之一,因位于嘉兴城南而得名,以"烟雨迷蒙"的旖旎风光为历代文人雅士所赞颂。小学课本上那段对南湖的优美描绘一直深深地印在我的脑海中:静静的水面上笼罩着薄烟,刚从云雾中挣扎出来的朝阳喷发出红晕,一只普通的乌篷船荡漾在晨光霞霭中,中国历史上崭新的一页由此掀开……今天我们的红色旅程就是去探寻南湖之上这普通而又神圣的红船。

各位团友,我们的摇橹船正向一艘小船靠近,这就是南湖红船了。大家请看,这是一艘典型的江南画舫,全长约16米,宽3米,分为前舱、中舱、房舱和后舱。当时中共一大就是在这画舫的中舱内举行的。现在中舱内摆放有八仙桌,桌上仿照当时的样子放了茶壶和茶杯。画舫后面系的小拖梢船,就是当年接送代表们的小船。

大家知道,中共一大最早是在上海召开的。那么是什么原因让会议中途不得不转移地点呢?又是什么原因让代表们选择在嘉兴南湖继续召开呢?这次会议的成功转移与一位伟大的女性分不开,她就是熟知南湖的乌镇人王会悟,一大代表李达的夫人。

1921年7月23日,中共一大在上海李汉俊的寓所秘密召开,王会悟负责后勤工作。当她在后门口望风时,突然有个年轻人手里托着湿衣服直奔楼上跑去。王会悟觉得事情有些蹊跷,她也赶忙跑上楼,把情况进行了汇报,共产国际代表马林当即宣布休会,大家匆匆收拾文件撤离。显然李汉俊的寓所已经不能继续开会了,到哪里继续把会开完呢?代表们意见不一,有的建议在上海找个旅馆,有的主张到杭州西湖。在这紧急关头,王会悟建议到她的家乡嘉兴南湖,租一条游船,以游湖为掩护在船上开会。她的提议令代表们豁然开朗,大家纷纷投了赞成票。于是会议就秘密转移到了嘉兴南湖之上。

但即便是转移到了南湖画舫上的会议还有一个插曲,当会议进行到下午5点左右时,南湖湖面上一艘汽艇向画舫疾驶而来,代表们因为有上海发生的经历而提高了警惕,立即藏起文件,摆上了麻将牌,"七条""八万"地喊着,把麻将搓得噼里啪啦地响……后来打听到,这是当地士绅的私人游艇,大家才松了一口气。

就这样,在这红船之中会议完成了全部议程,全体代表高举右手紧握拳头,轻声呼出了时代最强音"为共产主义事业奋斗终身"。会议结束后,代表们悄悄下船,当夜离开了嘉兴。他们把革命的火种带向全国各地,中国的历史从此写出了全新的篇章。

这艘红船94年来牵动着无数共产党人的传奇故事，我想，这也是大家来这里一睹它风采的动力。

时隔94年，沧海桑田，当年无名的画舫如今已经成为一个国家的传奇；当年积弱积贫的民族早已摆脱"东亚病夫"的病容，以全新的大国风范屹立于世界之林。想到今天的和平、富足都是从这里开始，我坚信在我们面前的这艘"南湖红船"的传奇故事，将继续延续，指引着所有为了信仰而奋斗的人们。

（本案例由陈萍萍、杨贤达编写）

案例点评

本篇导游词以南湖红船作为讲解对象，选择一物——南湖红船、一事——中共一大召开、一人——李达夫人王会悟而展开，内容集中，条理清晰。导游词开篇以小学课文中关于南湖的优美景色的描绘引入，勾起游览者的回忆，拉近导游员与游客之间的心理距离。对于红船的简介，简单明了，不拖沓。接下来用一连串的设问，增加悬疑，扣人心弦，即党的一大为什么会在南湖的一艘小船上召开？自然引出当时的当事人——李达夫人王会悟，过渡自然，且另辟蹊径。结尾简洁，铿锵有力，富于时代感。南湖作为红色旅游景点，可以说家喻户晓，如何写出新意，确实令人犯难。本篇导游词紧紧抓住党的一大为什么会在南湖的一艘小船上召开这一主题，设疑解疑，条理清楚，重点突出，具有新意。当然，本篇在结构上还可以更加完整，比如首、尾处最好有一个欢迎与致谢的内容。作为对红色旅游景点的导游讲解，也需要在真诚和感染力方面做好恰当的把握。

（点评人：吴旬初）

五、导游大赛获胜的八大法则

 案例4-5

导游大赛获胜的八大法则

这几年，各级各类的导游大赛在各地如火如荼地举行，自2010年由原国家旅游局、共青团中央、全国妇联主办首届全国导游大赛以来，经历2012年、2017年、2019年至2023年，已经举办五届全国导游大赛。为此，全国各省市自治区等更是一次次掀起导游竞赛和导游人才选拔的热潮，从旅行社内部竞赛，到县市级、省级层层选拔，形成了涉及整个行业的一件大事、盛事，一批批优秀的导游人才也在一系列的大赛中脱颖而出，成为了旅游业界的代表和旅游形象的窗口。越来越多的导游员参与到比赛的队伍中来，并将它视作自己职业发展和技能提升的重要途径，甚至是实现自身价值的重要舞台。我们似乎感受到导游业界形成了一种"不想参加导游大赛的导游不是好导游"的共识。

确实，导游大赛作为一种特殊的培训方式、难得的展示机会和交流平台，是导游员提高技能水平、文化底蕴和综合素质的最集中、最有效的渠道，同时对展示导游员良好形象、扩大社会影响、提升行业知名度等，都有着不可低估的作用。因此，导游大赛越来越受到旅行社、旅游行政主管部门、从业人员的广泛关注和重视。导游大赛的获奖选手也已经成为整个行业的代表与领头人，为国家和地区的旅游事业及自身的职业生涯都带来了益处。

那么，导游员如何能在竞争激烈的大赛中脱颖而出、拔得头筹呢？笔者在综合了全国导游大赛、浙江省及各地市导游大赛的基础上，根据五届全国导游大赛比赛规则及评分标准，提出了导游大赛获胜的八大法则。

法则一：良好的职业形象奠定基础。

所谓良好的职业形象，简单来说就是导游员的精气神，具体包括仪容仪表、仪态礼节、谈吐风度及职业感等。

我们都知道，在人际交往中有一个"首轮效应"，体现在比赛中，就要求选手能在极短的时间内树立起良好的职业形象。不可否认的是，这种形象首先会受外在形象的影响，"爱美之心人皆有之"，这也是为什么许多比赛最后都有点像选美的原因。所以除了个别特别有个性、有特长的选手之外，一般选手都需要在身高、容貌、体态等方面占得先机，再加上适当的妆容修饰，着装得体，就能呈现出较好的外在形象。但导游职业形象的良好，更重要的是由内而外散发的那种健康、阳光、沉稳、自信而又厚积薄发的感觉，因此积极向上的神采、饱满的精神、规范的行为礼仪和深厚的文化素养就显得尤其重要。有句话叫"腹有诗书气自华"，形象地说明了良好的文化修养对形象气质的重要影响。一般比赛中都会有一个形象风采展示或者自我介绍环节（有时是现场展示，有时是视频展示）。这时候选手就要把自己最好的精气神展现出来，同时配合凝练得体的言辞，举手投足间自然而恰到好处地展现出一位优秀导游员的职业形象。

总体来说，良好的导游形象需要有亲和力的外形、恰当的修饰、得体的服装、优雅的举止和深厚的积淀，对导游工作的感悟要自然、深刻，尽量不说大话套话，而要注重挖掘自身的独特性，做到出面亮眼、出口动人、出手不凡、胸有成竹。

法则二：扎实的理论知识决定成败。

纵观近几年各类导游大赛，理论知识的考核是标配的常规项目。它要么出现在初赛、复赛中以笔试的形式初定排名，要么在决赛中设定一个知识问答环节现场考核，其特点是所占的分数较高，每道题的分值大，具有明显的拉开差异、决定名次的作用。比如2010年全国导游大赛知识问答的总分为20分，一共5题，每题4分。因此如果有一题回答错误，就会和满分选手相差4分，这个差距在"导游讲解"环节中，几乎只出现在最高分和最低分之间。更有甚者，第三、第四届全国导游大赛，更是将理论知识考核作为第一轮淘汰赛制的比赛项目，第五届则作为第一轮淘汰赛项目与主题推介考核各占50%分值。由此可见，一旦理论知识考核不过关，就会面临着直接被淘汰出局的命运，其他技能再好也将没有展示的机会。

理论知识一方面要求选手要有足够的知识储备，另一方面需要战时的有效强化。理论知识内容一般包括时事政治、旅游政策和法规、导游业务技能、导游文化知识、文明旅游及服务礼仪等，涉及面广，涵盖的内容多，题型则以客观题为主，分判断、单选、多选等，第五届大赛又新增了条件题。为方便操作和统一标准，前两届全国大赛都事先公布了知识问答的题库，但从第三届开始，为了更真实反映选手的理论知识储备，全国导游大赛不再提供题库而只是公布一个提纲范围，进一步增加了难度。但无论题目是否事先公布，其来源基本是行业与专业中较主流的书籍、教材、参考资料，以全国导游人员资格考试初、中、高级教材为主，出题者应为旅游相关院校专家教师，难免会存在偏于理论化的情况，也不会全面考虑各地的实际情况，因此再有经验的导游员也必须做好扎实的理论准备，不可仅凭经验。因此，赛前根据大纲进行针对性学习和强化记忆就显得尤其重要。而随着导游大赛与电视、网络等融媒体的不断结合，为使比赛更有看点，理论知识考核中都会设置抢答题，这就使理论知识的考核不仅考验选手的积累，也考验选手的临场反应能力和按抢答器的能力。

法则三：出色的导游讲解初定乾坤。

正如导游讲解是导游服务的灵魂，导游讲解也是导游大赛的核心和灵魂，在导游大赛中起了举足轻重的作用，是比赛中最核心、最精彩，也是最受关注的环节。虽然从比赛的实际来说，理论知识成了第一轮淘汰选手的命门，但一旦进入第二轮，就是讲解者得天下了。

导游讲解的考核形式也在不断多样化，从原来的5分钟自选景点导游讲解，到后来的抽选主题和接待对象进行导游词创作与讲解，到一对一轮流PK讲解，再到文旅资源和文旅主题推介讲解，既是赛制发展与创新的自身要求，也反映出时代发展对于导游职业更多的能力要求。

那么，怎样的导游讲解算是成功？如何才能做到出色？笔者反复查看了浙江省，尤其是全国导游大赛选手的讲解视频，并结合自己多年教学研究和指导导游大赛的经验，提出了"竞赛型导游词"和"实战型导游词"的概念。

以下首先以前三届全国导游大赛"导游讲解"环节的评分标准为参照，阐述导游讲解要求。

第一是时间把握要准，比赛要求"5分钟，4分30秒时计时器提示，到时即停"，第一届大赛还规定了"超时10秒内扣2分，超时10秒终止比赛"的严苛要求。因此导游讲解第一个最关键的要求就是时间问题。一旦时间失控,再好的讲解都受了硬伤。

第二是讲解内容,其最佳要求是"全面、完整、准确,重点突出、紧扣主题、与时俱进"。也就是说,导游讲解的5分钟,不是平时常规带团中随意截取的一个自然片段,而是经过整合、重构后的一个浓缩的精华。它麻雀虽小,五脏俱全,既要有明确的主题且主题全面并有完整的阐述,又要有围绕主题的主次内容,并能体现时代特色。全国大赛有一位上海选手讲解上海世博园的水博园,设定了当今最受关注的环保的大主题,并结合水与生命的关系和现代科技,对人类的生存状态进行了反思,讲解内容发人深省、直入人心,得到了较高的分数。哪怕是讲历史、讲传统,也应该从中能看出新意,点出其与现代社会和现实生活的关系,将物与人、与时联系起来。

图4-2 第五届全国导游大赛讲解中的选手冬雪　　供图:冬雪

第三是讲解结构,要求"结构合理、层次分明、详略得当、逻辑性强"。

结构是对主题和内容的具体体现,是盛装内容的"容器"。容器要适合内容物的需要,最好还能使之锦上添花,符合观赏者的接受心理。因此,选手应致力于研究导游讲解艺术,熟悉游客接受心理,在充分运用各种逻辑思维的基础上巧妙布局,化普通为神奇。

第四是"讲解具有很高的文化内涵"。也就是说,导游大赛重申了导游员是文化人的观点,对讲解的品位与内涵提出了要求。那种哗众取宠甚至滑稽庸俗的讲解,在这里被否定,而按部就班的常规讲解也同样不被提倡。这就要求选手尽量避免单一游程式的解说,而应对讲解对象进行立体分析、深入挖掘,做到广阔的眼界与深刻的见解相结合,体现深厚的文史地理知识或科学原理,阐发时代精神、哲学思想及人文关怀，表现出厚积薄发、娓娓道来的自信与涵养。

第五是讲解技巧，要求"讲解角度新颖，讲解生动幽默、通俗易懂，富有感染力、亲和力"。讲解角度的选择和主题直接相关，选手最好能以小见大、由此及彼、推陈出新、点石成金，做到一朵花里看出春天，一粒沙中看到世界，在情理中，在意料外，给人耳目一新、妙不可言之感。同时，选手最好能用令听众喜闻乐见、赏心悦目的方式来表达深刻的主题和内容，语言要符合导游语言的要求，即口语化，富有感染力、亲和力和交流感。

第六是语音、语调上要求"普通话标准（外语语音标准），语调自然、音量适中、语速把握得当、节奏合理、肢体语言规范"，表达能力方面"口齿清楚、语法正确、表达自然流畅"。这一点主要强调导游讲解与其他语言样式的不同。比如导游讲解不是演讲，过分的夸张和鼓动性反而会显得别扭和不自然，破坏了交流语言的自然天性；导游讲解也不是朗诵，情感过于强烈，遣词过于华丽，就失去了导游讲解口语化的基本特征；导游讲解更不是表演，它讲求的是娓娓道来，情真意切，有画面感，有交流感，要的是激情而不是抒情和煽情。导游讲解虽然以导游员讲解为主，但始终存在着游客这一潜在接受者和对话者，因此导游讲解是一个召唤结构而不是一种单向展示模式。选手的肢体语言也要结合导游工作实际，做到职业、规范、恰到好处而不是呈现出表演性和夸张性。总体而言，导游讲解应该是由内而外情真意切地讲述，而不是声情并茂地背诵。

如果做到了以上六点，基本上就是一次成功的导游讲解了，而只有在导游讲解中表现出扎实的文化积累、出色的语言技能和讲解水平、巧妙的主题设置和谋篇布局、规范得体的体态语言，以及自然大气的综合形象，才能得到高分，最后赢得胜利。

其次以第四、第五届全国导游大赛"旅游资源推介""主题推介"等为例，简单阐述选手在进行资源推介讲解时的要求和做法。

第一在定位上一定要突出资源推介的特色。比如在推介对象和场景设定、措辞、方法方面，都应紧紧围绕一个具体而真实的推介场景和推介者身份。同时，选手的状态也要更有推介的感召力，形象、服饰也可以更有舞台性和艺术性。

第二在推介内容上同样要有鲜明、集中的主题，围绕一个具体主题选材，切不可泛泛而谈没有重点；同时要注重思想性、文化性和家国情怀，体现出时代特色。比如第四届全国大赛中浙江省代表队选手选择推介的主题是"大运河文化带浙江段"，选择的是一条特色集中的线路，而不是某一个景点，并以这条线路上的古镇作为核心，体现运河古镇的创新发展模式，传统中见时代、熟悉中见陌生的选题获得了较好的评价。

第三在技巧上要注重推介形式和方法的多样化、创新性。推介和讲解不同，相对可以多一些设计感和表演性，可以参考真实推介会案例，创设推介方法，如结合才艺、技艺，植入互动体验等。

最后以第四、第五届全国大赛中的一对一对抗讲解为例，简单说一下以接力方式进行对抗讲解的注意事项。一般每人1分钟轮番接力讲解，一共4组8分钟时间，这类讲解在导游讲解的常规要求之外，还进一步考验选手的临场反应能力以及对抗策略。最好能一开始就设定符合需要的对象和情境，先人一步奠定整个讲解的基调，在自己设定的情境中，既完成自己的讲解内容，也能给对方抛出有一定难度的问题，形成有利局面。在备赛中，除了做好自己，还需要尽可能了解对手，预判对手的准备方向与策略，做到知己知彼，百战不殆。

法则四：规范的业务技能举足轻重。

导游带团业务技能也是导游大赛中考核的重点。过去主要以"情景再现"的方式，要求选手观看导游现场工作视频短片，然后按照要求，将视频短片中导游员在日常工作中不符合导游业务规范的行为或其他错误用中文写在答题纸上，观看视频5~8分钟，答题时间20分钟。

随着导游大赛赛制的改革和比赛经费的增加，这部分考核逐渐从观看视频走向实战，第三届到第五届全国导游大赛就设置了实地带团环节，以全面考核选手的业务能力和综合素质。在实地带团时，一般会安排两名"神秘游客"作为应变能力考核的出题人，通过制造游客迟到、走失、丢失物品、抢占导游专座、不文明旅游等问题，考察选手及时发现问题并规范解决问题的能力。这种真实的带团考核，能最全面、最准确地反映导游员的综合素养和技能水平，也是检验选手是否有丰富实战经验的试金石。

一般来说，这一赛项因为是考核导游工作业务规范的，即使是平时实际带团的老导游，也应针对标准进行强化训练，比如学习导游资格证考证教材中关于业务规范的知识以及国家和行业的服务标准，如"导游服务规范"等。

当然，事物都有两面性。"情景再现"或实地带团的规范不是完全参照实际工作中所谓的不出错的标准，或者是旅游者的感受，而是按照行业或职业中被公认的标准或者是国标、行标规定的相对正式的标准来评判的。如果导游员选手在日常带团中没有注意一些细节而是养成了习惯成自然的随意性，那么就有可能在这个赛项中因为经验的限制反而出现失误。倒是一些工作时间不长的新导游由于没有先入为主的"经验"，反而有可能在学习业务规范时更遵从和恪守其中的严格规定与要求，从而获得准确性的优势。

因此，无论哪类选手，都应该安下心来扎扎实实落实业务技能和工作流程，仔仔细细对照国家标准和行业规范，认真梳理导游服务工作中有可能出现的纰漏和错误，掌握规定动作，加强对业务细节的钻研，包括形象、礼仪、言行举止和各个程序中的必要元素等，切实做好比赛准备。

法则五：精彩的才艺展示锦上添花。

导游大赛中的才艺比赛在近几届全国大赛中已经不作为考核项目，但在其他各级比赛中仍然存在。对导游大赛才艺展示环节比较明确和形成共识的一点是必须要符合导游工作的实际，注重表演项目的简单可操作性（符合导游工作实际）和选手表现的专业感（符合才艺审美要求），如果再加上独特的创意和与导游工作紧密而巧妙的结合度，使才艺在技术和艺术指标之外还能展现职业精神和共同价值，必然能得到高分。对于没有才艺基础的选手来说，独特的创意和职业精神就是一个获得高分的捷径。

为了体现才艺展示要符合导游工作实际，前两届全国导游大赛都规定了"选手在歌舞、戏曲、器乐、相声、小品、口技、朗诵、魔术、武术、讲故事10项中选择1项"。在分值分配中，现场表现（要求节目内容健康向上；表演自然、流畅，无差错；临场发挥稳定，感染力强；题材新颖，与导游工作性质贴近）和专业素养各占2分，再一次体现出导游大赛才艺比拼注重职业背景的特性。

然而，才艺展示最值得注意的地方是它的赋分较低，只有5分，而一般经过一定的舞台包装，每位选手的分数差异相当微小。以"2010全国导游大赛决赛成绩汇总表"为例，除了一位选手只有4分之外，大部分选手都在4.2~4.7分，平均分为4.58分。这就有了一个策略的问题，即为了这不到1分的差距，选手应该花多少的精力去准备，以及准备的侧重点应该在哪里？我们常说，台上三分钟，台下十年功，可见才艺表演并不是一个可以速成的项目，如果要拼真功夫，就必须已经具备了功底。因此像歌舞、戏曲、器乐、口技、武术等讲求技术的才艺类型，就不适合没有基础的选手选择。有基础的选手要在最短时间内达到最佳的效果，一方面应该请专业高手进行指点，并选择巧妙的才艺扬长避短；另一方面可以增加体现导游工作的元素来提高节目分值。没有才艺基础的选手就必须在情景设计和包装上取胜，以便别出心裁、巧夺天工。比如相声、小品的内容主旨能体现旅游和导游工作性质，朗诵原创的旅游工作诗词等，或者将不同的才艺元素进行巧妙的搭配、组合，通过设计追求意想不到的效果。

总体来说，才艺展示这一赛项给导游员的启示是我们应该在平时注重个人的才艺培养，结合自身特点，努力形成一项能在导游工作中活跃气氛、展示才华的个人特长。针对比赛，则需要讲求策略，扬长避短，注重设计和效果，不要因小失大，花费太多的精力准备。

以上五项法则主要是针对具体的比赛项目来说的，接下来简单就比赛的准备与临场表现谈一谈需要注意的问题。

法则六：系统准备和针对性训练必不可少。

目前各类导游大赛虽然层出不穷，但比赛方式和内容却相对固定，基本采用导游风采展示、导游讲解（以及各种变形后的推介讲解、对抗讲解等）、理论知识考核、才艺展示等赛项作为决赛环节。可以说，这四个赛项比较全面地反映了导游服务工作的技能与业务要求，能基本检验选手的综合能力，并且作为比赛项目来说具有较好的观赏性和可操作性。因此，选手在比赛前如何进行系统准备，并根据比赛规则和自身特性进行针对性的训练，将尤为重要。毕竟，比赛就是戴着赛制的镣铐去跳舞。

系统的准备和训练主要包括以下几个方面：

第一，时刻关注大赛通知，深入研究比赛规则。所谓知己知彼，百战不殆，了解赛制规则是取得比赛优胜的前提。比如导游讲解再优秀的选手，如果不了解比赛时间的要求，那么只要讲解超出几秒，就会被直接扣分。所谓放对梯子要比拼命地爬梯子重要得多。因此，磨刀不误砍柴工，选手必须深刻了解和把握好比赛的各项规则与要求，据此制定各项目的准备方法和训练步骤，才能有的放矢，事半功倍。

第二，高手指导，分项准备，各个突破。经常听导游员说自己是实战型选手不是比赛型选手，其实所谓的实战型和比赛型，主要还是要看是否根据比赛要求做了针对性准备，而这个准备可能很难仅凭个人的力量来实现，毕竟，术业有专攻，一个每天研究如何带好团的导游，确实不一定能知道如何比好赛。因此，选手在备战中，需要寻求相关专家的指导，争取各个突破。

一个完美的指导团队，大概需要这些方面的专家：导游词的创作与讲解专家、导游理论与业务规范指导专家、导游形象与礼仪专家、懂导游的才艺指导专家。当然，如果选手本身具备这些方面的能力，自己就能在各方面训练把关，这是最理想的备赛情况。但无论是靠专家还是自己就是专家，都需要有策略、有针对性地对各个赛项进行扎实训练，做到熟能生巧。

第三，定期模拟，不断突破，查漏补缺，随时调整。准备大赛，一般需要一定的时间，要经历一个否定之否定、螺旋上升的过程，这就需要在训练中定期进行模拟演练，并请各方面的专业人员进行观摩、打分、提出意见、建议，然后根据这些情况做出相应的调整。总体来说，这就是个内修技能、外修形象、专家指点、全面保障的备战过程，只有赛前准备到位，才能在赛时正常发挥。

法则七：稳定的临场发挥保驾护航。

比赛就像一场战争，战前训练是一回事，但战时的临场发挥和随机应变则又是一回事。只有战时发挥出色，战前的训练才有价值和意义，因此必须同样重视临场发挥。稳定的临场发挥首先来自扎实的基本功和系统的准备，同时还来自对其他参赛对象及比赛整体情况的全面了解，以及对现场要求的熟悉。因此，从选手出发前往比赛地点到比赛完全结束，仍然有一个重要的备战过程，而这个短暂甚至难免有些忙乱的时间段，很可能又是关键的临门一脚。因此，在做好充分的前期准备之后，还要重视比赛整个过程中的每一个细节。

第一，赛前筹备会必须重视，尤其是对评判组的工作要密切关注。如果能有条件了解评委组成，那么就能大致判断出评委的风格和喜好，对准备工作有更好的参考作用。

第二，要重视领队、教练报到后的预备会议及抽签情况，进一步了解比赛细则和具体安排，必要信息务必做好明确的记录。

第三，全国性比赛包括各地大型的导游比赛一般会在决赛前安排1天的集中培训和彩排时间，以熟悉比赛场地、规则、顺序、要求等，选手务必重视。有时候相关信息可能事先就可以通过赛务组了解到，越早了解越好。

第四，比赛有一个过程，在不同阶段，选手的心情可能会受各方面因素的影响，如何控制情绪，保证正常发挥，也是一个非常重要的问题。每个赛项一结束一般很快就会公布该赛项的成绩，这时候如何让选手在面对成绩排名时做到胜不骄败不馁，如何客观看待他人优势和我方劣势，确实是一个很有讲究的问题。这一方面考验选手的心理素质，另一方面也对教练团队提出了要求。

最后，整个比赛过程中沉稳、自信、大方的状态，将给最后的成绩提供有力保障。

法则八：长期的钻研积累才是根本。

曾经听不少导游这样感慨，以前总觉得导游比赛就是作秀，没什么意思，那些选手不过是凭着一个好形象加上一些花里胡哨的表演获胜的，这和真正的导游工作和导游服务技能没什么大关系。但是凡参加过比赛的导游就会体会到，虽然导游技能最扎实的选手不一定得到最后的冠军，但是要取得好成绩，却一定需要有扎实的业务技能。如果没有那点基本功，根本不能在这么多竞争对手和一项又一项的比赛中胜出。所以，参加比赛能发现自己身上存在着的许多不足和短板，尤其是业务精准度方面的问题，知道自己还需要好好研究导游服务技能和讲解技能，提高文化内涵的修炼，尤其是还要去进一步培养才艺特长。最关键的是，比赛会上瘾，导游员的技能也会随之提高。总希望积累以后，还能再来切磋交流，比赛一回，在竞赛中不断成长。

其实，比赛本身并不是目的，就像全国导游大赛通知中说的，举行比赛是为了展示导游形象风采，交流导游服务经验，激励导游提升素质，提高导游服务质量，树立旅游行业形象，发挥获奖选手的示范和带动作用。通过以赛促学，以赛带训，总结经验，树立标杆，能更有效、更快速地培养和建设一支具有较高服务水准、过硬业务技能、良好职业道德及适应旅游业发展需要、深受旅游者欢迎的品牌导游员队伍，从而促进我国旅游行业精神文明建设和职业道德建设，推动旅游业持续、健康、快速、高质量发展。

杭州有一位参加过多次导游大赛并曾获得过浙江省导游大赛冠军的导游员，曾这样总结他的业务提升之路：价值感是导游进步的原动力，交流是导游进步的平台，学习是导游进步的根本,兴趣是导游永远的加油站,导游大赛则是导游进步最好的熔炉。对此我深有同感,就以此作为本文的结尾,并与所有导游员共勉吧!

（本案例由浙江旅游职业学院徐慧慧编写）

案例点评

在"岗课赛证"融通理念指导下,近年来各种各样的导游大赛越来越多,越来越重要,选手如何能在竞争激烈的大赛中脱颖而出、取得优秀成绩,是一个非常重要的话题。目前很多学校导游专业并没有开设专门的导游大赛课程,也没有相应的参赛专业理论,参赛指导专职教师也缺乏,造成很多导游参赛无法取胜,留下遗憾。

本案例作者是国内知名的旅游教育专家,从事多年的导游教学和导游大赛评委工作,积累了丰富的经验,形成了完美的理论体系。本案例为导游参加大赛提供了方法论指导,其理论拿来就能使用,堪称教科书式的典范,具有很高的学术价值和借鉴意义。

导游服务案例选评
讲解视频

（点评人：李岑虎）

任务二　做好红色文化讲解服务

红色讲解员是我党红色精神的传播者,承担着传播红色文化的重任,首先应该具备过硬的政治素质、高度的政治觉悟、丰富的党史知识,还要有红色解说词撰写、红色景区微视频制作、红色旅游景点讲解、红色赛事参与等基本素养和服务技能,把理想、信念的种子播撒到每一位游客心中。

任务实施

一、红色阵地需要对党忠诚的红色导游

案例 4-6

2022 年 3 月 26 日《中国文化报》第 3 版刊发特别报道《红色讲解员：不断积蓄力量 讲好红色故事》。我们从中选择汪可欣、谢蓓、徐淑钰三人的故事,供大家学习。

项目四 / 提升导游综合服务技能

图4-3 《中国文化报》数字报

材料一：黑龙江省博物馆汪可欣

红色讲解员要有红色情怀

本报驻黑龙江记者　张建友

"作为一名红色旅游讲解员，要用心学、用心记、用心讲。"黑龙江省博物馆讲解员汪可欣说。她从事讲解工作已有9年之久，由她讲解的"红色之路——中东铁路上的中国梦""红色经典，百年丰碑，庆祝中国共产党成立100周年付俊来红色艺术作品展"等展览得到了游客和观众的点赞。"这么多年，我讲述了很多红色故事，我也被这些故事感动、激励着。"汪可欣说。

"红色旅游讲解员首先要真心热爱红色文化，把红色故事读透、学透、吃透，才能自觉地在政治上严格要求自己，在讲解时才能够富有热情和激情，才能够引导游客树立正确的人生观、价值观，从而更加爱党、爱国、爱人民。"汪可欣感慨。

"红色旅游讲解员是红色精神的传播者，除了要熟练掌握声音运用、仪表仪态及语音、语速、语感等专业讲解技能和礼仪规范外，更要站稳立场和把握主题、主线，对所讲解的党史和地方史要知其然，更要知其所以然。"汪可欣说。红色讲解是一项光荣使命，作为讲解员要勇于担当起宣传红色文化、传播革命精神的重任，用党的奋斗历程和宝贵经验启迪人，用党的历史所承载的革命精神鼓舞人，用革命先辈的崇高风范感染人，用优秀共产党员的先进事迹激励人，使游客通过参加红色旅游，真正感受到红色文化的魅力所在。

每次讲解都让汪可欣收获满满。汪可欣认为，讲好红色故事，弘扬红色文化，促进红色旅游高质量发展，不仅需要加大对红色旅游基础设施建设、投资力度，更需要深入挖掘那些鼓舞人、激励人、感染人的故事，把红色文化渗进血液、浸入心扉。"我会不忘初心、平凡坚守，做解说战线上永远的奋进者。"汪可欣说。

汪可欣的讲解给游客留下了深刻印象，来自上海市的游客刘先生在2021年6月听了汪可欣对"建党百年图片展"的讲解后连连赞叹："你讲得太精彩了，原来每幅图片的故事都那么让人心颤。"

作为国家3A级旅游景区的黑龙江省博物馆非常注重红色讲解员队伍的打造，通过"请进来""走出去"和名家讲座、参观学习、调研交流、师带徒等方式大力提升红色讲解员的讲解技能，通过多年来坚持不懈的努力，打造了一支技能过硬、政治过硬的红色讲解员队伍。

黑龙江省博物馆馆长覃劲表示，高质量的红色讲解会让游客记住红色历史、振奋精神、放远目光，黑龙江省博物馆将通过名师点评、展示评选、深度考察等方式，在打造红色讲解员品牌队伍上加大力度，让这支队伍通过走基层、进景区、驻展馆进行讲解，来传播黑龙江红色文化，进而为文旅强省建设提供助力。

材料二：中山舰博物馆谢蓓

因人施讲，让讲解更具吸引力

本报驻湖北记者　瞿祥涛　王永娟

"红色讲解员不仅需要积累丰富的党史知识，还要坚定正确的政治站位，带着使命感和责任感来讲解红色故事。"湖北省武汉市中山舰博物馆讲解员谢蓓说。

2021年7月15日，中国共产党历史展览馆正式对外开放，浓墨重彩地反映了党的不懈奋斗史、不怕牺牲史、理论探索史、为民造福史、自身建设史，展现中国共产党波澜壮阔的百年历程。谢蓓等人被遴选至北京，参与该馆的讲解工作。经统一安排，谢蓓3月初就赶往北京报到，用4个月时间来培训、打磨和准备。

"要想讲好展览，先要吃透展览。"谢蓓说。通过反复通读《中国共产党简史》等书籍，查阅大量史料和观看纪录片，她更加明白了中国共产党是志存高远的党、脚踏实地的党、开天辟地的党、善于总结的党。对党的历史有了更全面的了解，让谢蓓更快地进入工作角色，圆满完成了在中国共产党历史展览馆的讲解任务。她说："能够参与庆祝建党百年的工作，何其光荣！"

谢蓓认为，要想讲好红色故事，除了前期的大量准备，更要在工作中不断学习总结。"参观红色展览的观众，很多都有丰富的党史知识储备，我在给他们讲解的过程中也是一种学习，有些知识的细节和盲点可以从观众中获取。"谢蓓说。讲解员和观众是共情互通的，观众也是一座宝库。

在讲解过程中，谢蓓十分注重因人施讲："对于成人观众，我会侧重他们省份地区的党史脉络和主要人物、事迹，更能引起共鸣；对于学生观众，我会带着他们一起寻找历史踪迹、党史教材，让中国共产党历史展览馆成为他们的第二课堂；对于老年观众，我会着重带着他们一起重温老一辈革命家的故事，唤起他们对过去生活的深刻记忆，喜看今天中国共产党带领人们取得的伟大成就。"

此外，谢蓓认为红色讲解员还应特别注重专业技能的提升，包括声音和语言的运用、重大讲解礼仪规范、应急处理等，把声音、台词、形体、表演调整到最佳状态，"使自身也成为一道风景，让讲解更具吸引力"。

"作为一名讲解员，我要继续积蓄力量、一路前行，用我的专业知识和对讲解岗位的初心敬畏，传递出更多湖北好声音、中国好声音。"谢蓓说。

谢蓓的成长，除了自身的努力，也离不开武汉市中山舰博物馆的培养。该馆党委书记、馆长何志林介绍，该馆已经形成一套促进讲解员成长的完善机制，从最初的新人培训，到老讲解员的"传帮带"，再到支持讲解员参加全国各地的业务培训等，再到鼓励讲解员参与各类讲解比赛，以提升其业务能力和综合素质，更好地讲好红色故事。

材料三：中国甲午战争博物院徐淑钰

由"声"入"心"，传播红色精神

本报驻山东记者　苏　锐

作为山东省威海市刘公岛上中国甲午战争博物院的一名中英文双语讲解员，徐淑钰14年来始终坚守讲解一线，用脚步丈量刘公岛的每一寸土地，用声音和情感守望着红色精神的真谛，致力于讲好中国共产党的故事、讲好民族复兴的故事，向世界讲好中国故事。

"红色讲解员是红色精神的传播者，应该首先具备过硬的政治素质，必须具有高度的政治觉悟和理论素养，以及理解党的路线和方针政策的能力，做一个有心的历史解读人，才能承担起传播红色文化的责任。"徐淑钰说。即使是一名平凡的红色讲解员，也要胸怀国之大者，把理想、信念的种子播撒到每一位观众心中。

同时，徐淑钰也认为，较强的业务素质，是讲好红色故事的关键。

她表示，一名合格的讲解员，必须具备丰富的专业知识和现场处置问题的反应能力，以及较强的语言表达能力。平时，她十分注重知识的积累，深入挖掘红色故事背后的内涵和价值，让历史"活"起来。同时不断提升综合素养，把外国听众也带入红色故事和共产党人的精神家园，传播好中国声音。

徐淑钰说，红色讲解员必须热爱讲解工作，对红色历史文化资源要有责任感和深深的情感。"在一次次讲解培训中、一场场讲解员大赛中，我始终用真情讲述、传播红色精神。"她说。从目睹国帜三易、爱国三问的"燃志之师"张伯苓、"两弹一星"功勋科学家郭永怀到共和国勋章获得者张富清,再到碳纤维创始人陈光威等,为了成为他们的"代言人",她查阅了无数资料,前前后后挖掘、整理了无数份稿件,一遍一遍、一字一句反复斟酌。这是一个备受煎熬却又充满成就感的过程。"在反复打磨中,他们的事迹感染着我,我也因此走进他们的精神世界,能用充沛、丰盈的情感将革命先烈的思想境界和崇高精神传递给更多听众。"徐淑钰说。

中国甲午战争博物院相关负责人介绍,近年来,该博物院积极推进讲解人才培养机制,建立专业的培训机制,对标国内一流讲解团队,通过"请进来""走出去"等形式,先后赴北京等地取经学习,疫情期间开设线上讲解员培训班,持续提升讲解业务水平,并通过推行星级评定和现场教员制度,调动讲解员能动性。同时,中国甲午战争博物院大力推行自我培训机制,以培养多面手讲解员为目标,鼓励讲解员走访历史遗址、挖掘史料、建立课题研究团队、参与展览策划,建设专家型、学者型讲解队伍。此外,中国甲午战争博物院结合讲解任务训练机制,以赛促学,以赛代练,鼓励讲解员参加各类讲解大赛,全面提升其专业素养和综合能力,切实打造了一支思想正、能力强、专业好的讲解员团队。

案例点评

本案例中汪可欣、谢蓓、徐淑钰三位红色讲解员的共同点有以下几个方面:

一、具备过硬的政治素质、高度的政治觉悟、正确的政治站位,对党绝对的忠诚。

二、牢记使命,肩负责任,勇于担当。她们始终不忘记自己是红色精神的传播者、红色文化的弘扬者,带着使命感和责任感来讲解红色故事。

三、热爱自己的岗位,热爱红色讲解工作,对红色讲解有责任感,充满深深的情感。

四、不仅有丰富的党史知识,还有理解党的路线和方针政策的能力,用心解读红色历史,宣传本地红色资源,传播红色文化。

五、有丰富的专业知识、较强的业务素质。她们处处用心学、用心记、用心讲,都是不断学习、不断积累的模范。

六、注重讲解方法和技巧,因材施教,因人施讲。

党的红色文化传播阵地就需要这样政治觉悟高、对党忠诚的红色导游从事宣讲工作,才能唤醒大众的红色情结,强化爱国主义、集体主义、中国特色社会主义的宣讲,传承党的红色精神,赓续红色血脉。

(点评人:李岑虎)

二、红色导游员应具备的服务能力

案例 4-7

红色导游员应具备的服务能力

笔者根据这些年的红色导游员工作实践,总结出红色导游员应具备以下几个方面的服务能力:

一、互动讲解能力

红色旅游不同于其他类型的旅游,在红色导游服务中,若想真正实现红色革命文化的传播与传承,导游员首先要用真情去研读革命历史,感悟红色文化,传递红色力量。要避免生硬的宣讲,要依靠导游与游客间的互动,充分发挥互动讲解的能力。拒绝单纯的说教式讲解,结合自己的专业知识,让红色景区讲解在具备教育性的同时,趣味性能够得到提升。

图 4-4　江苏太湖雪桑蚕文化园讲解员梅秀秀　　摄影:沈皓宸

二、活动引导能力

红色旅游政治性和教育性都很强,也注重沉浸式体验,导游员应该针对各种活动和各种客源对象加以引导。以井冈山红色旅游为例,大多数旅游团都会请游客们换上红军服,以加深体验感。但在夏季游览中,井冈山天气炎热,不少游客会将红军服随意穿着,如解开风纪扣,敞开衣襟,更有甚者将红军服脱下绑在腰间。这时作为导游员,一定要引导游客正确穿戴红军服饰,使他们意识到穿着红军服是向先烈们致敬,应心怀敬畏。其他的红色体验活动亦然,导游一定要保持政治清醒,不能只是组织活动开展,还要时刻提醒游客这些体验与拓展活动背后蕴含着爱国情怀,应该积极引导和总结,使游客们体会到活动背后的深意。

三、知识整合能力

作为红色导游员，要善于利用各种条件和特定场合，对革命历史、红色文化等内容进行穿插讲解，让游客的游览内容更加丰富、更有意义。例如在前往井冈山黄洋界途中，面对黄洋界哨口一夫当关，万夫莫开的险势，要讲述黄洋界作为井冈山斗争的重要战场发生了"黄洋界保卫战""朱德扁担""反对经济封锁"等可歌可泣的感人故事。这些故事会引起共鸣，让游客深刻感受到美好生活的来之不易，潜移默化地传递井冈山精神的内涵和意义。另外还需要知识的延伸和整合，掌握更多的相关的知识。我国的红色革命文化是一脉相承的，游客在游览过程中很可能会举一反三，联想到其他的红色革命活动，向导游提出问题，导游员要能够和游客互动，延伸讲解，提升游客的满意度。

以井冈山红色景区为例，导游员不仅需要将1927年10月到1930年2月这两年零四个月的井冈山红色历史文化融会贯通，还需要学习、掌握红军到达井冈山前的一系列活动、如何成功登上井冈山以及离开井冈山后一段时间内发生的重大事件、井冈山此后的发展情况等，才能对红军开辟井冈山革命根据地形成完整的认知。讲解时也可以旁征博引，让游客更好地领会井冈山精神，推动井冈山精神的传承。

四、语言管控能力

作为红色旅游的导游，与其他导游员最大的不同就表现在必须政治素质过硬，有坚定的政治立场，具备语言管控能力。目前参加红色旅游的游客中，很大一部分是党政机关的同志，这些群体来到红色旅游景点，主要是来接受党性教育的。因此，红色旅游导游员要保持政治站位高度，讲解红色历史文化时，必须怀崇敬之心，深情讲解，真诚歌颂，保证真实性、准确性，确保红色旅游"不走调""不串色"，不仅让游客感受到景区的风景之美，更要让他们通过红色体验，做到有所思、有所悟、有所获。

充满红色记忆的土地，是庄严神圣的。红色导游员的言论必须严谨、准确、规范，具有政治性。如何将红色文化传承的严肃性、规范性和导游讲解的灵活性、讲解内容的可塑性结合起来，是新时期红色旅游导游员的新思考、新命题和新任务。

（本案例由江西省导游协会副会长马虹编写）

案例点评

为深入贯彻落实党的二十大报告提出的"弘扬以伟大建党精神为源头的中国共产党人精神谱系，用好红色资源，深入开展社会主义核心价值观宣传教育，深化爱国主义、集体主义、社会主义教育""讲好中国故事，传播好中国声音"等重大决策部署，全国各红色教育基地和景区，充分发挥爱国主义教育基地、红色旅游景区等的教育功能，进一步挖掘中国红色文化内涵和丰富的红色旅游资源，发挥好红色旅游景点教育功能，指导红色讲解员讲好红色故事，精心打造主题突出、导向正确、内涵丰富的红色旅游产品，持续提升红色旅游景区服务水平，推动中国红色旅游高质量发展，取得了光彩夺目的成就。在这些红色教育活动中涌现出一大批"政治思想好、知识储备好、讲解服务好、示范带头好、社会影响好"红色导游员、红色讲解员，他们热爱祖国，对党忠诚，努力当好红色基因的坚定传承者、红色故事的精彩讲述者、红色精神的生动诠释者、红色文化的忠实传播者、红色风尚的有力引领者。这些红色导游员、红色讲解员充分利用所在地红色资源，特别是挖掘、讲述好党的十八大以来全国取得的新成就、新面貌、新典型，推出了一批批感染人、教育人、激励人的新时代故事。他们不怕吃苦，开拓创新，立足岗位，勤奋工作，让红色故事"活"起来，让红色文旅"火"起来，打造了红色文化传承新标杆，获得了游客的赞誉。

本案例从互动讲解能力、活动引导能力、知识整合能力、语言管控能力四个方面提出了红色导游员应具备的服务能力，其实这四个方面也是其他导游员应具备的能力，值得我们每一个导游员深思和学习。

导游服务案例选评讲解视频

（点评人：李岑虎）

三、独白式讲解打动了游客的心

 案例 4-8

渣滓洞前的独白式讲解打动了游客的心

很多时候导游都会采用"我说你听"的方式，即独白式讲解来进行景点服务。

导游员小芳在重庆做地接导游，她在给客人讲解渣滓洞景区时是这样讲的：

渣滓洞在重庆市郊歌乐山下磁器口、五灵观一带，三面环山，一面临沟，地形隐蔽，距白公馆 2.5 公里。渣滓洞原为人工采煤的小煤窑，因煤少渣多而得名。1939 年，军统特务逼死矿主，霸占煤窑及矿工住房，将渣滓洞改造成秘密监狱，专门用来关押和迫害革命者，许多可歌可泣、英勇悲壮的革命英雄事迹便发生在此。

渣滓洞看守所分内外两院。内院有一放风坝，一楼一底的男牢 16 间，女牢 2 间。为了从精神上瓦解革命者的斗志，特务们特意在渣滓洞内院墙上写着"青春一去不复返，仔细想想，认明此时与此地，切莫执迷""迷津无边，回头是岸""宁静忍耐，毋怨毋忧"的标语。外院是特务办公室、刑讯室。外院墙上写有训示特务的标语"长官看不到、想不到、听不到、做不到的，我们要替长官看到、想到、听到、做到"。重庆解放前夕，国民党特务纵火焚烧了渣滓洞，仅 15 位被囚禁的革命者生还，其余皆不幸牺牲。

现在我们正前方这一间平房就是特务的刑讯室。在中美合作所渣滓洞和白公馆监狱中的刑法有很多，包括老虎凳、竹签子、烧铁烙、灌辣椒水、披麻戴孝……而披麻戴孝也是监狱中最残忍的一种刑法，这种刑法在动刑的时候反动派会把革命者后背撩开，用插满钉子的狼牙棒使劲地打革命者的后背，把后背打得皮开肉绽、血肉模糊。当革命者体力不支时，就在后背上贴上一层纱布，再浇上生理盐水，再把革命者送回牢房休养3到5天，再次提审。革命者宁死不屈，特务就拉住背上早已与血肉长在一起的纱布两头，活活地往下剥皮……

每每小芳讲到这里，客人都会情不自禁地皱起眉头或偷偷抹泪。

（本案例由国家高级导游宋垟竹、张晓旭编写）

 案例点评

本案例中的导游讲解注重细节，在这一段讲解内容中，能让客人留下深刻印象的就是这个披麻戴孝刑法的细节。本案例中好的细节突出主题，能引起游客的共鸣，打动游客的内心，增加了对敌人的仇恨，对革命者的敬仰。

（点评人：张天竹）

四、请退伍老兵现身说法分享革命故事

 案例4-9

导游，我想讲讲当时我参与这段历史的故事

某次，小刘带团参观红色旅游纪念馆，在介绍了纪念馆的历史后，团友中一位老兵非常激动，说想分享下当时他参与这段历史的故事。小刘考虑到纪念馆的管理要求和老人家年纪的原因，马上对这位老人家说："太好了，不过这边人较多，等下我找个合适位置，您慢慢分享给我们。"老人家听后点头说好，情绪也慢慢平复下来。

后来，小刘找了个合适的地方，邀请其他愿意聆听的团友，请老人分享当时他参与这段血与火的革命历史的故事。老人的现身说法，胜过千言万语，大家感触颇深，纷纷感谢导游，感谢老人。老人激动地说："从今以后，我要把这些革命故事讲下去，让后代们知道这段历史，热爱我们的国家，保卫我们的国家。"

（本案例由刘世恒编写）

 案例点评

请游客中的老革命、老首长、老英雄、老战士讲红色故事、话革命传统，分享自己的军旅感悟，也是导游讲解中常用的有效方法。他们讲解时，游客都会认真聆听，不时举手提问，事后评论更是掌声、点赞不断，教育效果丝毫不打折扣，许多

游客常常录像、录音回去回放重温。这些老革命、老首长、老英雄、老战士，是我们的传家宝，他们经过血与火的考验，具有爱党爱国的赤诚和高尚无私的品格，请他们现身说法为游客上课、讲解，更具说服力、感染力。本案例中的导游员小刘灵活运用了这种讲解法，值得学习和借鉴。

（点评人：李岑虎）

五、了解游客体验需求，增加参与互动环节

案例 4-10

红色旅游游客的体验需求分析

根据笔者多年从事红色旅游导游的经历发现，近年来，选择红色旅游的游客们绝大部分都有参与红色旅游体验的需求。

一、沉浸式娱乐体验需求

当游客们来到某一处红色旅游景区或红色旅游景点时，都会希望可以通过多种多样的形式，开展再现红色的历史场景、模拟演练、户外素质拓展、篝火晚会等多元化的红色活动来加强自己的体验感。在井冈山红色旅游景区里，就会有如上井冈山重走红军路、穿红军服、吃红军餐等系列沉浸式体验活动。除了亲身参与到其中的体验活动外，他们也会希望通过观看一场生动真实的舞台演出，来全面地了解当地的红色革命历史，感受这里的红色革命文化和精神。当沉浸式体验开启时，游客朋友们更容易产生情感共鸣，从而获得更好的游览体验，因此大部分红色旅游游客们都会有沉浸式娱乐体验的需求。

二、红色教育体验需求

图 4-5　带团中的马虹思索如何满足游客的红色体验需求　　供图：马虹

文化和旅游部近日提出，鼓励各地大力发展"红色＋培训""红色＋乡村""红色＋研学""红色＋科技"等旅游新业态，推出红色旅游与生态旅游、民俗旅游、研学旅游等深度融合的高质量产品和线路，巩固脱贫攻坚成果，促进老区人民增收致富，助力乡村振兴。大部分选择红色旅游景区作为目的地的游客们都是怀抱着希望受到爱国主义教育的心情，因此他们都有体验强烈爱国主义情怀的需求。游客们希望深度了解红色旅游景区的历史以及在这段历史中发生的诸多事件，希望感受到那段历史时期革命先辈们是怀着怎样的心情做出了怎样艰难的决定，希望接受革命传统教育，激发自己的爱国精神，从而燃起斗志，努力生活。

三、新红色旅游体验需求

随着时代的发展，游客朋友们的旅游体验需求也开始呈现多元化，景区和旅游机构为了满足这些需求也在不断地创新发展新的旅游体验模式。如今，红色旅游为适应时代需求也在不断进行自我超越，在体验红色精神的过程中不断回归初心本真。游客们的红色旅游体验新需求具体表现在红色旅游展现形式上，他们希望红色旅游可以逐渐摆脱"教科书"式的照本宣科、单纯讲述；在呈现场景上，他们希望红色旅游不再局限于遗址、遗迹、博物馆这"老三样"，可以生发出更多更新的场景来增强趣味性。在这方面井冈山红色旅游景区就做得不错，比如2023年中国红色旅游博览会在井冈山盛大举行，首次设立了"云上红博"，搭建了5G云上3D云展馆；井冈山红色旅游景区还做了新的尝试，比如以井冈山斗争故事为背景全新创作剧本进行演出，如《秋收起义》《井冈会师》等，将游客更好地引入"情景体验"；再比如把红色旅游线路融入"密室逃脱"党史知识问答、山区定向等形式中，创新引入红色主题"剧本杀"等如今极受年轻人喜爱追捧的娱乐形式，这样可以给游客朋友们带去耳目一新的沉浸式体验，让游客可以在旅游中学习，从寻访中受益。

（本案例由江西省导游协会副会长马虹编写）

案例点评

随着人民生活水平的提高和研学旅行的发展，游客需求越来越高，特别是参与体验的需求几乎成了常态，很多游客不再满足于"走一走，听一听，看一看"的传统旅游方式。很多旅行社、景区的旅游产品不断升级换代，把旅游产品换成能动手参与体验的旅游产品，增加了游客参与互动的体验项目，这在红色旅游活动中表现得更为突出。比如，穿上红军服，编织红军草鞋，为老百姓挑水、扫地，煮红军茶、模拟战斗情景剧等，再现当年那段血与火的峥嵘岁月。游客们接受心灵的洗礼，潜移默化地把对革命先辈的敬仰、对党的忠诚、对祖国的热爱沁入心脾深处，并代代传承。

本案例作者属于专家型、学者型的导游员，善于研究、善于总结、善于提炼，她从许许多多个性案例中寻找共性的讲解规律，然后再加工提炼，总结、分析出新时代红色旅游游客的体验新需求，给我们提供了方法论的思考，为红色旅游产品设计、红色讲解员讲解提供了参考依据。

（点评人：李岑虎）

六、因材施教，因人施讲，针对性讲解

案例 4-11

针对不同团型，选择不同讲解方式

提升导游员服务能力，应当提高讲解的针对性。红色旅游导游应针对不同团型，选择不同讲解方式。

一、针对青少年学生旅游者，要从红色革命情感切入

针对青少年，导游的讲解应该从红色革命情感切入。导游员的讲解需要有启发性，青少年基本上都在课堂上接受过专业性较强的知识教育，但书本上的知识无法使学生真正完全理解、感悟现实中先辈们的艰难困苦。所以在针对青少年的讲解中，要注意互动，要结合具体的事物、景观，再现当年那段血与火的峥嵘岁月。比如在井冈山，上黄洋界时，可以告诉学生这样陡峭的山坡，我们坐车都要走这么久，当初先辈们是要自己一步一步爬上来；现在面对眼前壮美的悬崖峭壁，我们只会感叹一句"哇，好美！"但是当年这些峭壁下会隐藏着千千万万的敌人，一不小心就会被击中、牺牲。

二、针对中青年旅游者，采用和他们思维相近的讲解方法

红色文化在年轻人群中的认知度和影响力快速提升，红色旅游人群呈现年轻化特征。红色旅游在保持底色的同时，也要与时俱进、玩法多样。这就需要导游员调整讲解方式，导游词也需要结合历史改变成为青春生动版的，需要和年轻人的思维相近。

三、针对中老年旅游者的讲解要饱含深情，做好互动

老一辈人对于我国的革命历史都有着十分浓烈的情感，甚至部分老年旅游者到井冈山旅游可能是故地重游。也许在大多数年轻人看来随意的一首歌、一幅画、一杆枪就能让老一辈人睹物生情。因此，导游员们在面对中老年旅游者朋友时，一定要时刻注意他们的情绪反馈，可以根据中老年旅游者朋友的情绪波动情况对自己的讲解内容进行实时调整，增强互动性，从而更好地传承井冈山红色文化。

每一个红色旅游景点都是常学常新的生动课堂。作为新时期的导游员，要有效利用红色旅游资源和科学的方法，让游客近距离地触摸历史、感知红色精神，从而获得良好的沉浸式旅游体验。

（本案例由江西省导游协会副会长马虹编写）

案例点评

游客层次不同,讲解方法自然也不同。因材施教,因人施讲,有针对性地讲解,是导游员必须具备的基本功,红色导游员更应如此,才能打动红色旅游游客。本案例中的做法可圈可点,值得深思,导游员朋友可结合游客情况和红色旅游资源实际借鉴采用。

(点评人:文化和旅游部人才中心研学旅行指导师考评员高霞)

任务三 提高政务接待服务技能

政务接待服务是导游服务中常见的项目,其要求比普通旅游团接待,行为更加规范、业务更加过硬、导游执行力更高。

 任务实施

一、牢记政务接待"五准备"

 案例4-12

牢记政务接待"五准备"
——杨洁政务接待服务规范与技巧培训之一

政务接待导游员要牢记政务接待"五准备"。

一、业务准备

1.向政府相关部门负责人了解政府活动的性质、接待标准、接待对象及接待重点,了解团队的特殊情况。

2.向政府相关部门负责人提前了解活动路线,包括行车路线、上下车具体位置、车行时间、考察目的地逗留时间及陪同讲解的侧重点。

二、物资准备

1.统一服装标准。佩戴徽证,束发,着统一正装或者套装。女生化淡妆,佩戴丝巾,着黑色小高跟鞋,配肉色丝袜。男生着西装、打领带、穿黑色皮鞋、配深色长袜。

2.配备嘉宾证、接待手册或考察目的地相关资料,方便领导在行车途中提前阅读和了解。

3.配备小型医疗包或物料包,包括干、湿纸巾及风油精、创可贴等突发事件急需用品。

4.配备私人用品，包括个人备用的发夹、皮圈、丝袜、口红等。个人用品少而精，尽量不要大包小包。

三、知识准备

1.梳理沿途讲解内容。根据政务客人的背景及接待需求准备沿途导游词，对考察目的地的政治、经济、文化、历史、城市建设等相关情况做到心中有数。

2.熟悉沿途城市风光及风景区的概况，了解当地的风土民情。

四、精神准备

1.保持高超的职业素养和职业水准。区别于普通的旅游团，政务接待的遣词造句要格外注意。

2.接团前一天休息好，以更好的精神面貌迎接领导与嘉宾。

3.时刻审视自己的着装，随时保持最佳精神状态。避免花妆、丝袜磨损等尴尬事件发生。

图 4-6 休闲中的杨洁　　供图：杨洁

五、试讲准备

高规格的政府接待有严格的行车路线和行车时间。为保证接待活动有序进行，正式接待前会有多次踩线和沿途试讲。一般会安排前方专车开道，有时也会有短时间段的交通管制。这就要求讲解员的沿途试讲要熟练并把控讲解的内容与节奏，避免抵达目的地后原计划设计的讲解内容没有来得及讲完，或者提前讲完出现冷场的情况。

（本案例由杨洁编写）

案例点评

本案例作者杨洁，系国家金牌导游、中国好导游、全国高级导游员、湖北省金牌导游员、武汉市第十七届职业技能导游大赛第一名、武汉市十佳明星导游员、武汉市五星级导游员享受政府津贴、全国导游资格证考试湖北面试考官。她深耕导游实践教育18年，长期从事政府重要接待事务及行业师资培训。曾接待过前国家领导人江泽民、中央政治局前常委汪洋等重要人士，积累了丰富的政务接待经验，为我们提供了宝贵的政务接待方法和技巧，供导游朋友参考、借鉴。

（点评人：文化和旅游部人才中心研学旅行指导师考评员高霞）

二、掌握政务接待服务要点

案例4-13

掌握政务接待服务要点
——杨洁政务接待服务规范与技巧培训之二

导游员政务接待服务要点如下：

一、提前抵达接团点再次落实细节

1. 提前抵达接团地点，整理着装，确保发型、妆容、穿着符合政务接待标准。

2. 再次与工作人员确认嘉宾相关信息及当日前往考察的目的地。

3. 确保接待期间所需物料已提前上车，包括小型医疗包、嘉宾证、接待手册或考察目的地的相关资料。

4. 提前熟悉接待手册中相关内容，以便能够随时回复领导与嘉宾提出的相关问题。

二、按照接待要求提前车旁站位，等候领导与嘉宾

1. 政务接待导游员按照提前指定车号，站立于车门旁。昂首、挺胸、收腹，面带微笑。女生双脚成钉子步，男生自然站立。双手交叉轻握放置于小腹前，男生也可双手自然下垂。

2. 领导与嘉宾上车前，在车门主动向他们问好。用礼貌手势指引领导与嘉宾上车就座。

3. 清点人数，确保每位领导与嘉宾上车并发放嘉宾证和接待手册。与工作人员确认后方可关车门，等候指令，统一发车。

4. 须特别注意的事项

（1）导游员一定要按照要求提前抵达接团地点。大部分高规格政务接待，在车队出发前都会对周边交通进行短时间的管制，政务接待导游员一定要按照要求提前抵达接团地点，避免因交通管制无法按时抵达接团地点，出现政务接待导游员无法上车的重大接待事故。

（2）大型政务接待一般有数量不等的车辆组成车队，高规格的政务接待，除了

"开道车",后面的车辆并不清楚当日行车路线。若"开道车"或"一号车"已经出发,无论自己车上人员是否到齐,都必须第一时间关闭车门紧跟车队及时出发,切不可因为等人耽误后续车辆发车,造成车队跟丢的接待事故。

三、沿途讲解服务

1. 欢迎词简短而隆重,讲解过程中注意措辞,少用"欢迎""参观""入住"等常规旅游词汇,可用"莅临""考察""下榻"等政务官方用词。

2. 随车讲解时,把握讲解节奏和讲解内容,在与领导和嘉宾的互动中根据他们的兴趣,随机应变及时调整讲解内容。

3. 注意细节。高规格政务接待基本上每台车上都会配备一位本地政府官员全程陪同。时间节点及服务细节一定要多请教、多核实,做到随机应变。在随车讲解过程中,如果本地官员有意愿尽地主之谊向外地领导及嘉宾做介绍,政务接待导游员则要主动递出话筒,并随时做好"补漏"及"接棒"工作。若领导与嘉宾之间就某件事情讨论热烈时,政务接待导游员需安静等候,切忌随意打断,或者自顾自继续讲解。

四、随车服务要求

1. 随时关注领导与嘉宾的需求,为其提供个性化服务与帮助。

2. 上、下车时,对于时间节点和特殊情况多做温馨提醒。

3. 领导和嘉宾在下车考察或座谈时,根据工作安排,可全程陪同或随车等候,切不可随意离团或聚众聊天。

五、用餐服务规范

1. 政务接待中,一般不需要政务接待导游员在用餐过程中多次巡餐,但需要提前询问领导与嘉宾的餐饮禁忌,确保每位领导与嘉宾知道自己的桌号,并做好就餐前的引领工作。

2. 政务接待导游员迅速用餐后,及时回到接待车辆上,等候领导与嘉宾,切不可随意走动或聚众聊天。

六、入住及离店服务

1. 政务接待酒店一般规格较高,可能出现酒店会有多栋楼宇,政务接待导游员必须提前了解到达酒店路线及领导与嘉宾入住的楼栋。

2. 若有必要,对于重要的领导或嘉宾,政务接待导游员需要全程引领,并协助行李入房或退房。

3. 领导与嘉宾对于住宿方面提出的个性化要求,政务接待导游员应积极协调,如若个人能力无法解决,则需要第一时间向政务接待部门负责人主动汇报。

(本案例由杨洁编写)

案例点评

本案例从提前抵达接团点落实细节、车旁站位等候领导和嘉宾、沿途讲解服务、随车服务要求、用餐服务规范、入住及离店服务六个方面阐述了政务接待的具体细节，为我们提供了政务接待的方法和技巧，堪为教科书之方法。

（点评人：文化和旅游部人才中心研学旅行指导师考评员高霞）

三、灵活机动，转变话题

 案例 4-14

导游耐心讲解，游客相互聊天

潭商大会贵宾接待中，车上新老朋友交流着，接待人员耐心地介绍着家乡的变化，似乎没人听她的介绍，都在相互聊着天。

作为贵宾服务员的小刘既需要完成组委会的讲解宣导要求又要尊重每位贵宾，气氛有点尴尬。这时小刘提高声音说："各位一定是看到了家乡日新月异的变化，热切地想要参与其中。请各位说出您想知道、想了解的内容，我会尽我所知给您重点介绍。现在，请各位沿着我手指的方向看……"既化解了尴尬可以顺利进行既定的讲解工作，又让每位贵宾知道了他们急于想了解的家乡发展情况。

（本案例由刘世恒编写）

案例点评

在导游带团讲解中，常常遇到这样的情况：一边是导游滔滔不绝地讲解，一边是游客不理不睬、自我相互聊天。结果是：游客不喜，导游不乐；导客关系紧张，旅游活动组织散乱。可谓事倍功半，导游只好长吁短叹。

本案例中导游小刘大胆组织相关活动，调动游客的游兴，采用转移视线法、转变话题法，凸显了其高超的驾驭带团组织能力，赢得同行赞叹。

（点评人：文化和旅游部人才中心研学旅行指导师考评员高霞）

四、最怕的政务接待堵车

 案例 4-15

政务接待意外堵车的启示

杭州地接导游小周带的 2022 世界互联网大会 – 互联网之光博览会参观考察团，成员都是山西省互联网企业负责人和几位政府官员。乌镇会议结束后，计划从乌镇乘坐旅游大巴车去杭州萧山国际机场乘机返晋。

小周所在的旅行社作为此次会议交通运输工作的重点承接单位之一，全面负责参会人员从萧山国际机场、杭州火车东站至乌镇会场的往返接送工作。

为保证接待任务的圆满完成，旅行社组织了相关工作人员的专题培训，对任务期间的工作分工、证件发放使用注意事项、参会人员接送流程、车辆行驶线路与下客点、车辆调度章程、应急预案等事宜做了详细的说明，并对所有承担接送任务的车辆进行了全面的安全检查。执行任务期间，全体驾驶员身着正装工作服，手戴白手套，在车门前热情地迎接客人上车，每日做好出车前车辆检查工作与到达驻地后车辆清洁工作。峰会期间，安技中心与车辆维修中心员工还组成了"应急维修保障小组"，全天24小时待命，确保能第一时间对发生故障的车辆进行维修。

但是，杭州是旅游城市，2022年11月天气晴好，街上车来车往，呈现出旅游旺季的繁忙。杭州城市大脑平台显示此时的拥堵指数为8.3，属于严重拥堵级别。尽管小周给游客打过了"堵车预防针"，在8点前就集合上了旅游大巴车，但是还是遇到了迅猛的周一早高峰，上学和上班的车流汇集到秋石高架路，源源不断从闸道上加入的车子，把城市快速路堵得在导航地图上变成了猪肝一样的颜色。小周手里握着的团队名单A4纸，被他手上出的汗弄湿。航班将于上午10：30起飞，此刻时间来到了9：00，离机场的正常行车时间还有40分钟，但是这波堵车让小周和他的客人心乱如麻。

小周问："师傅，你能想办法早点从高架上下来吗？我知道往下沙方向新开的一条路——钱塘快速路，刚刚开通了一半，我们运气好点，可以从九堡大桥过钱塘江，这样能节省不少时间。"大巴车王师傅点点头，同意了小周设计的线路，从高架上下来，绕行新路。因为导航软件上的数据没有更新，新路上没有数据。另外，很多市民也对新路不熟悉，新路上车流量相对较小。于是，经过绕行新路，小周的团队在50分钟之后抵达了杭州萧山国际机场，最终，游客们顺利在比原计划稍晚一些时间换取了登机牌。在安检隔离区前，游客们纷纷赞扬小周的应变处置能力。小周兢兢业业的工作态度与专业优质的服务水准，得到了客人和组委会的一致好评。

（本案例由周立冰提供）

案例点评

案例中这次意外堵车给导游同行们的启示如下：

1.地接导游需要熟悉城市和市际的道路情况，包括留意交通相关的新闻，了解道路更新的情况，确保有planB。出行前提前设计好行车线路。认路不只是大巴车司机的事情，作为导游应该与司机做好配合工作。

2.赶飞机、火车、轮船等交通工具前，要做好提前的预判，随时应对汽车抛锚、道路拥堵、交通事故等突发情况。

另外，由于前方发生交通意外造成滞留，结果导致到达时间延误应采取以下的补救措施，尽量使客人在该地逗留期间过得愉快：

1. 向旅行社领导及有关部门报告，与饭店、车队联系，及时调整接团事宜。

2. 立即调整活动日程，压缩每一景点的游览时间，尽量将计划内的活动项目完成。

3. 如果无法按计划完成全部游览项目，应和游客进行具体的协商，选择本地最具特色和代表性的景点，使游客对本地景观能基本游览完。

4. 可采取适当提高用餐标准、赠送本地有特色纪念品等方法，给旅游者适当的物质补偿，使旅游者减少遗憾和不快。

（点评人：周立冰）

五、牢记政府考察团接待服务流程

案例 4-16

青岛啤酒博物馆政府考察团接待服务流程

2022年9月15日，奉命接待了江苏省盐城市政府考察团。接待服务流程记录如下，以备参考。

一、参观前确认和记录参观信息

（一）由博物馆客服联系对方对接人员，确认相关信息。

（二）确认时间。与对方确认参观到达时间为9：30，离开时间为11：30。

（三）确认来宾人数。来宾人数8位。

（四）确认陪同领导。陪同领导为本省本市某领导，需要博物馆馆长出面礼遇。

（五）确认相关信息。扫博物馆一码通入园。

（六）确认车辆信息。1辆考斯特，车号为鲁U****，车辆在入口停车，客人下车后停放至博物馆出口处停车场，无警车。

（七）确认是否需要座谈，确认参观顺序。按照要求准备会议座席，确认先参观后座谈或者先座谈后参观。

（八）信息确认结束后由客服记录并及时在工作群中分享，告知接待经理及接待中关键节点的负责人。

二、接待前工作准备

（一）卫生清扫

信息下达后，保洁、维修提前一小时进行巡检工作，将馆内卫生彻底清扫完毕。检查馆内外环境卫生包括但不限于：烟头、水渍、客人遗失物品，并及时清理垃圾桶；检查洗手间卫生，确保无异味无水渍，及时补充纸巾、喷香机补充液、洗手液。

根据天气情况准备吹地机、防滑垫。维修确保电子屏幕、全息投影、灯光、空调、电梯、安全指示标识、自动门、奥古特喷水阀门正常使用。

（二）人员安排

接待经理根据当天运营情况及参观信息进行统筹工作，安排人员工作。安排人员内容如下：

1. 负责接待政务团的讲解员。讲解员为耳机消毒，提前点清设备数量；了解来宾信息，根据来宾及陪同领导调整讲解侧重点。

2. 限流讲解员。根据当天接待流量及政务接待团到达时间，提前准备限流物资以及限流话术。根据实际情况把握人流，分时分段放入人流量。

3. 会议接待员。确认是否需要打印桌卡、名单；确认是否需要投影设备、音响设备；确认是否有字幕需求。提前3小时做好准备，将室内温度控制在24℃；确保卫生清扫完毕，卫生间纸巾、卫生纸安装到位；提前准备开水、茶杯、麦茶、桌卡、接待领导名片、宣传资料、笔、纸摆放完毕。检查各项设备是否正常运行并备好相机。

4. 检票人员。检查检票设备是否正常运转。

5. 前站人员。准备相机，指引车辆，疏散人群，开启馆内设备。

6. 公益讲解。限流讲解，避免散客与政务接待产生冲突。

7. 指挥中心。手持对讲机，指挥中心将参观进度通知到相关节点负责人。

三、参观流程

1. 讲解员分发耳机时认真核对耳机数量，向来宾逐个发放耳机，并向至少2位来宾演示佩戴方式。初次见面，讲解员主动热情问好，让客人体会到工作人员的热情，称呼客人时要采用敬语。依照《博物馆讲解词》进行讲解，讲解时要面向客人，注意讲解礼仪规范。在带团过程中关注客人，及时了解客人需求。观察到客人感兴趣的展板可以多做停留讲解；当客人提出问题时，要耐心解答。带团途中，遇到不平整路面时也要对客人加以安全提醒。讲解过程中虚心听取客人的不同意见和表达；对客人的批评和建议，应该礼貌地致谢，并视其必要性及时或在事后如实向本部门领导反映。

2. 前站人员A指引车辆停放。先参观时首先在《百年颂》雕塑正中央位置示意司机师傅围绕《百年颂》绕一圈之后再示意司机停车，客人下车。提前站位进行拍照，清点人数告知客服。

3. 前站人员B给司机师傅停车路线名片，方便接送；接到客服防疫通知，查验健康码，测量体温，给未佩戴口罩的人员发放口罩。协助讲解员分发耳机，并在A馆开门迎宾。

4. 参观A馆时讲解员走在来宾前方带领参观，不遮挡展板。

5. A馆结束。

前站人员A：提前在《百年颂》雕塑处等候拍照，详见拍照细则。

前站人员B：A馆出口开门并提示注意脚下台阶。

前站人员C：提前在西门子电机处等候开电机，绿色按钮运行，红色按钮停止。大约10秒停止。

6. 检票人员提前打开中间两扇门（内开），引导来宾，清点人数后通知前台。

7. 参观B馆。

前站人员A提前站位，西门子处拍照，新包装拍照等。留意室外小花园的小门和自动门。提前检查老发酵喷水量，提示讲解员站位。

到达老过滤时要提前确认车辆位置，报告进度，大约多久参观完，让司机师傅提前在出口等候。

8. 讲解员陪同主要来宾进入醉酒小屋体验，提醒来宾心脏病、高血压及身体不适不宜体验。陪同体验中简要讲述原理，提示来宾注意安全。

9. 商场工作人员要热情迎宾，介绍文创产品。

10. 大酒吧人员，来宾抵达大酒吧前，工作人员在大酒吧楼梯口做好迎宾、送宾服务。

11. 讲解员收回耳机，并清点数量。

12. 前站人员A确认车辆已就位，帮助回收耳机。

13. 参观结束后，讲解员、前站人员A欢送客人。前站人员A告知客服客人参观结束，乘车去往会议室开会。

14. 博物馆客服，及时通知各岗位参观已结束，在公司行政接待沟通群内进行发布；整理拍摄照片。

15. 会议室工作人员接到通知，会议开始前提前打开会议室旋转门为常开状态，会议室门口迎宾及引座。

两人分别在门口两侧迎宾。客人到来向客人鞠躬问好。

引导及引座，根据桌卡将客人引至相应座位，为客人拉椅让座，协助客人就座。

客人就座后进行茶水服务，服务顺序先客后主，从主宾开始，先左边后右边，保证茶水充足，水温适中。提前5分钟倒入马克杯中，用托盘依次为客人上水。

会议进行中，根据实际情况，10~15分钟续一次水，用托盘依次为客人上水；拍照记录当天会议，并在接待工作群中进行分享。

会议结束后，送客，将会议室转门急停键按下，保持大门打开状态，提醒客人带好个人物品，将客人送至门口。

站在会议室门口两侧送客，微笑，挥手向客人告别。

清扫、整理会议室，将所有物品收拾完毕并放回原处，根据日常维护标准进行打扫。

填写会议记录表。

整理当天使用PPT、视频等资料：将当天PPT、视频等资料整理在相应文件夹中。

会议名单留档：将当天会议名单整理在相应文件夹中。

（本案例由青岛啤酒博物馆曾超、姜绪军编写）

案例点评

由于各考察单位和景区等情况的不同，政务考察团接待服务流程也不尽相同，但是其中具有普遍意义的共性的流程还是能够借鉴和参考的。譬如，要求政务接待员牢记接待服务流程并熟练掌握，这是共性的最基本的，也是政务接待员必须不折不扣地执行的。本案例详细地介绍了青岛啤酒博物馆政府考察团的接待服务流程，供大家参考。

（点评人：文化和旅游部人才中心研学旅行指导师考评员高霞）

金牌之光

温情细致的服务，感动着老革命干部
——国家金牌导游黄锐坚的故事

黄锐坚，江西省上饶市环球旅行社有限公司高级导游员、上饶市十佳导游员、江西省百佳导游员、国家金牌导游、全国导游资格考试现场考试（江西）考评员、文化和旅游部人才中心研学旅行指导师考评员。

图 4-7　旅游带团中的黄锐坚　　供图：黄锐坚

每年春暖花开时，每天都会有数以万计的游客涌入婺源。婺源的油菜花季也是旅行社员工最伤神的时候。客人经常会因为交通、住宿、餐饮等问题心生抱怨，很

多游客甚至会因为体验度很差，得出"婺源，再也不想来"的结论。

可是导游黄锐坚的每一次带团，总是兢兢业业，一丝不苟，想游客之所想，急游客之所急。他说："客人千里迢迢来婺源一趟不容易。婺源的接待条件有限，很多硬件设施也确实跟不上，但是我会尽量想办法用服务去弥补。"

湖北客人高速堵车，黄锐坚和餐厅老板老韩从下午守候到深夜，凌晨为客人奉上一桌热气腾腾的晚餐；浙江客人人员变动，酒店满房，黄锐坚和司机老朱主动把房间腾给客人，两人在大巴车上睡了一宿；湖南客人腿脚不便，梯田赏花时，黄锐坚和司机老吴特意把客人送到山顶观景台，带着客人慢慢下行赏花……

为了顺利完成接待任务，出发前，他会详细核对计划单，排查事故隐患；带团时，他会根据客人的需求和实际状况，合理优化和调整行程；面对突发状况时，他会根据即时消息和自身经验做出准确判断，并给出最专业的建议。

那一年，黄锐坚接待了一个特殊团队，是前来婺源疗养的二十几名革命老干部，行程是婺源三日游。

黄锐坚说："见到他们时，我很感动。这些老革命，是国家的功臣，他们为共和国作出了巨大贡献，我绝不让他们带着一丝遗憾离开婺源。"为了更好地服务，他拉着领队了解客人们的生活习惯和兴趣爱好。带团间隙，经常和全陪、司机开小会讨论如何完美地做好下一项服务工作。

唱歌时，他知道客人想追忆年华，专门向公司打报告做申请，带着客人圆梦彩虹桥；查房时，知道客人爱喝茶，叮嘱客房多送两袋婺源绿茶；用餐时，知道客人有忌口，特意吩咐餐厅多上健康又营养的本地特色菜；优化行程时，不仅考虑天气、交通、用餐点、景点特色等常规因素，还考虑客人的身体状况、饭点甚至是午休时间。为了能够准时午休，黄锐坚特意从行程中挤出时间，请司机送老干部回酒店休息。这对于经常堵车的婺源几乎是不可能的事情，但是黄锐坚真的做到了。

送团时，客人感动地落泪，问："何时能再相见？"黄锐坚沉默不语，他也很舍不得这些革命前辈啊。临走时黄锐坚给每一位老干部送上一套上饶旅游风光明信片，签上自己的名字以作纪念。

导游，不仅仅是导游，有时，更是媒介，是一个城市的代言人。服务水平的好坏会直接影响到客人的体验度。他认为："服务是一门艺术，只有深层次地挖掘客人的需求，温情服务，才能打动人心！旅游是慢生活的体验，比起讲解，客人更需要心灵上的慰藉！"

项目实训

1. 组织5名以上导游讨论参加导游大赛获胜的方法、技巧，每人写2000字左右的文章。

2. 假如泰山景区成为导游大赛的讲解景点，请编写一篇1500字的讲解词。

3. 结合自己的带团实际,写一篇关于政务接待的流程和服务要点的文章,2000字左右。

4. 阅读材料,回答问题。

李大钊纪念馆简介

李大钊纪念馆坐落在河北省乐亭县城,经中共中央批准兴建,于1997年8月16日落成开馆,胡锦涛同志出席开馆仪式。纪念馆占地130亩,建筑面积8656平方米。主要参观景区有:李大钊生平业绩陈列展览、李大钊廉洁风范展览、李大钊纪念碑林等。纪念馆馆名由江泽民同志亲笔题写。整个建筑由黑、白、灰三种色系组成,古朴、庄重、典雅。八根功绩柱,象征着李大钊的丰功伟绩;八块浮雕,展示李大钊主要革命实践活动;三十八级台阶,寓意李大钊走过的三十八年风雨历程。李大钊生平业绩陈列展览分三个展厅,以翔实的资料配以现代化展示手段和多种艺术形式,全面、系统地展现李大钊波澜壮阔的一生以及对中国革命作出的巨大贡献;李大钊廉洁风范展览突出展现李大钊同志的廉洁风范及其传承和现实意义;李大钊纪念碑林汇集了李大钊部分珍贵手书、党和国家领导人为李大钊的题词及国内部分著名书法家、艺术家缅怀和颂扬李大钊的书法作品和部分有关李大钊碑刻的复制内容,集爱国主义教育、人文景观与艺术欣赏于一体。

李大钊纪念馆还建有旅游服务中心、游客中心、电教报告厅、人工湖、凉亭、纪念广场等。纪念馆建筑风格融民族特色与现代建筑格调为一体,与园林绿化相结合,朴素、简明、庄重、大方,体现了李大钊同志的精神风范。李大钊纪念馆被确定为全国首批百家爱国主义教育示范基地之一、全国百个红色旅游经典景区之一、全国三十条红色旅游精品线路之一、全国廉政教育基地、国家国防教育示范基地、国家4A级旅游景区。李大钊纪念馆年均接待全国各地观众及海外游客150余万人次,现已成为进行革命传统教育、爱国主义教育、党史学习教育的重要基地和旅游胜地。

李大钊纪念馆地址:河北省乐亭县新城区觅园街1号

电话:0315-4622549 传真:0315-4622056 邮编:063600

(资料来源:李大钊纪念馆网站)

结合以上材料,讨论说明红色景区讲解需要哪些技能?红色讲解员要有哪些政治素养?

应变处理篇

● 项目五　掌握旅游事件处理技能

项目五

掌握旅游事件处理技能

● 项目导读

旅游常见事故和突发性事件的预防与处理一直是导游的最基本的技能。本项目从游客个别要求的处理、常见事故预防与处理、突发性事件预防与处理等三个任务，举案例阐述。本项目在全书乃至整个导游服务中具有十分重要的地位。

● 思维导图

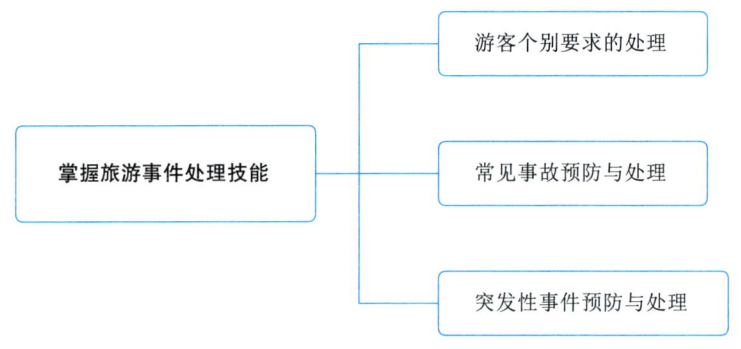

任务一 游客个别要求的处理

旅游中围绕着吃、住、行、游、购、娱，导游要提供很多常规性服务，但是每一个游客性格和生活习惯不同，会提出自己的服务需求。这需要导游具有强烈的服务意识，在合理而可能的情况下尽可能满足他们的需求，让他们有宾至如归的感觉。

任务实施

一、委婉回绝游客无理要求

 案例 5-1

导游语言沟通技巧——回绝的语言技巧

　　小朱是一名地道的成都妹儿，2018年大学毕业后成了一名导游。因为人长得还算标致，又十分善于与人沟通、交流，带团气氛活跃，与客人关系也十分融洽，而且特别擅长带携程定制小包团，经常得到游客的表扬和五星好评。

　　一次旅行社点名要她带一位携程定制的 VIP 客人，行程一共是 5 天。让小朱意想不到的是，这次的 VIP 客人却与往常好相处的客人不太一样，几乎每天都让她遇到了烦心的事儿。第一天上午7点多，小朱和李师傅接到这位游客后开始乘车前往景区，在车上讲解时，她发现这位游客的"异样"了。他说道："你讲这些太枯燥了，我不喜欢听，你讲点别的吧。"小朱问："您想听什么？"游客说："我想听点有意思的。"小朱问："那您喜欢美食吗？我给您讲讲成都的美食吧。""我不想听，我想问问你今年多大了，有没有男朋友啊？你觉得我怎么样？我来成都5天，我做你5天的男朋友吧。"小朱听出话中有话，于是马上说道："我有男朋友啊，还是我大学同学。"说完把手机里一位男生的照片给客人看（其实小朱并没有男朋友，只是随便找了一张男同学的照片给客人看），客人看了一眼小朱的手机说道："你男朋友不怎么样啊，也没我帅不是吗？""我男朋友是没有您长得帅，但是不是自古就有一句名言'情人眼里出西施'，这话您不会不懂吧。"客人只得不再纠缠小朱了。

（本案例由宋垟竹、张晓旭编写）

 案例点评

　　导游群体大多数是女性，特别是年轻漂亮的女导游，面对客人提出一些无礼的要求，或者客人有不雅举动时，导游需要明确表示拒绝，不要有任何的犹豫或者表现出暧昧的态度，不让他们有任何可乘之机、非分之想。

　　根据《导游人员管理办法》第二十六条规定，导游在执业过程中，其人格尊严受到尊重，人身安全不受侵犯，合法权益受到保障。导游有权拒绝旅行社和旅游者侮辱其人格尊严和违反其职业道德的行为要求。在明确拒绝后，仍然受到骚扰的，导游可以要求下团甚至报警。

　　本案例告诉我们，导游虽然是服务人员，但其具有完整的人

导游服务案例选评讲解视频

身安全权和尊严。在回绝客人时，尽管自己有理有据，但是也需要注意言辞的表达，尽量做到全身而退但又不激化问题。

（点评人：黄志康）

二、不要同游客直接争执

案例 5-2

游客对讲解内容提出质疑的处理

2020 年 6 月 20 日，全陪小李从北京出发带团来到了山西五台山。小李带团前了解到，这批游客是特意来到五台山，因为他们对佛教文化和佛光寺的唐代建筑非常感兴趣，所以前来一睹风采。

团队用过中餐之后，由景区专职讲解员向团队提供讲解服务。团队行至南山寺时，她兴致勃勃地讲了南山寺的历史概况及一些建筑群，这时团队里有一位中年男子向她提出了质疑："来南山寺之前我特意做了一些攻略，和你所讲到的内容有一些出入。"此时，团队的其他游客也都对讲解员投来了关注的目光，小部分游客对她的文化功底提出了质疑。她始终坚持自己的讲解内容是没有问题的，因为她所讲的内容都经过了专家学者的反复论证。

全陪小李意识到游客的反应已逐渐升级，所以他第一时间采取了措施。

首先，小李安抚了大家的情绪，并与那位提出质疑的男士进行了交谈，得知这位男士了解到的一些内容是通过网络所获取的，小李解释网络上有些内容并没有进行权威性的论证。他听完之后虽没有了之前态度上的对立，但显然小李的解释并没有让他完全认可。于是，小李对讲解员建议，请她联系景区相关的老师作出答复。讲解员随即联系到了她的老师，她的老师以与这位男士进行视频通话的方式做出了更加有理有据的回复。参观活动结束之后，这位男士主动对质疑讲解员内容的行为表示抱歉，而其他游客也对这位讲解员的讲解服务更加信任。

（本案例由段玉婷编写）

案例点评

在带一些特殊的旅游团时，游客往往是一些爱好者或者行家，这就要求导游更要注意讲解内容的正确性和巧妙回答游客的提问。

讲解过程中游客可能提出各种各样的问题，如果问题与游览有关，而且导游也知道如何回答，可以在回答问题的同时进行深入讲解，往往会有好的效果，能增强游客对自己的信任；如果问题与游览无关，且涉及敏感话题，就要学会巧妙地回避。当遇到自己不清楚的问题时切忌胡乱回答，以免被当面指出，贻笑大方，从而失去游客对自己的信任；如果自己知道确切答案，但游客有另一种说法时，要注意不要当众争执，不要直接指出对方的错误，学会回避矛盾，找出共同点，给对方找"台阶"下。

案例中讲解员的回答虽然正确，但是过于直白。全陪小李在意识到问题可能进一步升级后，立即做出反应，及时化解了矛盾。这样的做法值得导游学习，因为很多投诉都是由一些小问题不及时化解和沟通而产生的。在执业过程中，导游需要一颗更敏感的心和更柔和的解决技巧。

（点评人：黄志康）

三、要满足游客中途退团的要求

案例 5-3

单位要召开紧急会议，客人在行程途中要退团

在 2021 年 7 月 26 日导游小管接到了从大同前往北京的三日游团队，上午的旅程一切顺利，在车上小管给大家介绍了北京的历史沿革后，组织车上游客唱歌活跃气氛，此时大巴车已在高速上行驶了一半路程。

一位游客突然对小管说单位要召开紧急会议，需要现在回去参加，如果不能按时返回将会影响自己的工作。小管知道情况紧急，但是现在在高速上不能停车，如果驶离高速的话现在是行车高峰期，可能堵车耽误其他游客整个行程。于是小管让该游客做两手准备，第一，在下一个服务站停车，其他游客去卫生间，导游和这位游客去和其他车主商议，能不能帮其驶离高速，购买车票返回公司。第二，在旅游团一会儿经过的最近站点下车，游客买票返程。在与游客协商同意后，小管给旅行社打电话请示，领导发来一份退团协议书，整理成纸质版让其仔细阅读后签字，并拍照发给旅行社留存。最终游客选择在途中一个站点下了车，前往车站。临走时，小管让游客安全到达目的地之后向他报个平安。因衔接及时，游客按时回到了工作单位。

（本案例由管沛凡编写）

案例 5-4

梦回北大荒，会见老战友

导游小张接待一个"梦回北大荒"的主题旅游团。团友们都是当年在黑龙江参加下乡的老知青，对这片黑土地有着深深的感情，这里也还有很多当年的父老乡亲。

在游览中，一对老夫妻对小张说："今天下午我们就不跟团游览了，我几十年的

老战友来与我见面。我要去她家里看看。"小张按照惯例向旅行社做了汇报，与游客签署好了自愿离团同意书，按照规定做了门票的退费与不退费的说明和处理，告知了晚上入住酒店的名称、地点和大概的返回时间，并帮助这对老夫妻与战友联系见面的时间和地点。

当旅游巴士抵达一个景区门口时，这对老夫妻激动地向车窗外使劲挥手，他们的老战友带着子女，在景区门口热情迎接。他们热泪盈眶，深情拥抱，其他游客看了也无不动容。

晚上，小张接到这对老夫妻安全回到酒店的消息就立刻来到前台帮忙办理入住，这对老夫妻激动地说："这趟旅游就是为了见这位老战友，余生不知还能不能再见面，这次见面跨越千里、辗转几十年，算是值了。"

（本案例由张天竹提供）

案例点评

以上两个案例都是游客个人原因离团，导游的处理得当，且符合导游服务规范。导游在带团过程中，游客因患病、家中出事、工作急需及其他特殊原因等需要提前离开旅游团、中止旅游活动，经接待社与组团社协商后可予以满足。无论旅游者因何种原因中途退团，导游人员都应协助旅游者做好如下工作：

1. 对入境旅游者，需持旅行社证明为其办理分离签证（使用团体签证的入境旅游团）和其他离团手续。
2. 协助其订妥机（车）票。
3. 安排车辆送其去机场（车站）。所有离团费用均由旅游者自理。
4. 至于剩余的旅游费用，按旅游协议书中的约定部分退还，或不予退还。

（点评人：管沛凡）

四、一定得让游客紧挨着电梯住

案例 5-5

我要挨着电梯住

有经验的导游都知道，在提前与酒店核房时，都会和酒店商量尽量安排不在电梯附近的房间，因为电梯会有些噪声，干扰到游客休息。

所以地陪导游小张这回接待来自英国的贵宾团队，也是这样安排的。早在客人到达之前，小张就与酒店协商好，将客人的房间安排在同一楼层，朝阳并远离电梯。小张对自己的安排非常满意。

客人到达哈尔滨入住酒店时，没想到客人戴维先生却提出了不同的要求："请为我安排挨着电梯的房间。"原来他的太太患有腿疾，行走不方便。这家酒店的走廊非常长而且转折迂回，现在戴维先生拿到的房卡显示，他们夫妻要入住的房间离电梯很远，走起路来比较辛苦。小张立刻跟戴维先生说："我去协调酒店安排，看还有没有其他的房间。"结果因为是旅游高峰期，客房早已被预订一空，根本没有房间可以调换。由于自己此前的安排，导致现在团队全团住房都远离电梯，也无法内部调换。面对戴维先生失望的表情，小张非常不忍心。于是，她赶快联系旅行社，了解到自家旅行社还有另外两个团队入住在这家酒店，便与其他导游进行协商，协调换房。功夫不负有心人，终于有其他游客同意与其换房，客人表示感谢，也对小张的积极应对表示赞赏。小张立刻联系旅行社，将这一特殊要求告知后几站的接待社。

（本案例由张天竹提供）

案例点评

旅游团是由不同的游客组成的，导游在面对任何一个旅游团都不能单凭经验处理问题，以免造成"好心办坏事"。

本案例中小张的安排是好心的，但是忽略了个体的差异和对问题的全面预判。导游服务规范中提出，导游要做好带团前的准备工作，准备工作包括对客人情况的分析。如果事先更细致地了解情况，这样的问题就可以避免并安排妥当，这点是导游在带团中需要做足的功课，俗话说：好的准备就是成功了一半。但是小张面对困难的处理方式是值得肯定的，她始终站在客人角度思考问题，通过不懈努力来解决问题，这一点非常难能可贵。

导游服务案例选评讲解视频

（点评人：黄志康）

五、对患特殊疾病游客要特别照顾

 案例 5-6

请帮我找个小屋

地陪小丽刚一接到旅游团，就有一位游客走到她跟前，低声说："导游你好，有件事情想麻烦你，能不能每次到餐厅吃饭之前帮我找一个小屋？"当小丽问是什么样的小屋时，客人笑着说："只有我自己一个人的小屋，我就用 10 分钟。"小丽笑着说："您说的是单独的一个房间吧，我想办法给您找一个包房，但是方不方便告诉我您要做什么呢？"此时游客才一本正经地说道："因为我有糖尿病，需要餐前打针注射胰岛素，又不好意思在大家面前做这件事，所以最好能够帮我找一个小屋。还有就是我经常会忘记餐前打针，希望你能够提醒我，非常感谢。"小丽爽快地答应了，但是

153

也向这位先生强调了一下,毕竟现在是旅游旺季,不见得每一个餐厅都能有空闲的包房,但一定会尽力地想办法为他创造一个相对安全、卫生的私密空间。

此后的行程一共7天,小丽认真地落实安排。当然在行程中也出现了没有包房的情况,小丽都细心地请司机师傅拉好窗帘,让这位先生在旅游巴士上注射,7天中也从没有忘记提醒他注射。即将分别时,他非常感动,对小丽的细心、耐心、认真服务赞不绝口,返程前这位先生还特意到商场购买了一盒精美的巧克力送给小丽。送人玫瑰,手留余香,小丽觉得平时普普通通的巧克力,此刻却是最甜蜜的。

(本案例由张天竹提供)

 案例点评

导游服务要做到细心、真心、耐心。导游服务要做好,就要事事从对方角度出发,并且做到恰到好处。

案例中小丽在得知客人的特殊情况后,尽心尽力地做好餐前包间和注射提醒工作,这样的服务是打动人心的。

导游服务案例选评讲解视频

服务分为被动服务和主动服务,被动服务是"我说,你做到了",而主动服务是"我没说但却有潜在需要,而你做到了"。主动服务往往能更凸显出一位导游的服务价值,从而起到意想不到的作用。人心都是肉长的,导游的付出,游客记在心里,甚至回馈导游,每每这样,导游心里也是美滋滋的。这样的客我关系,才是应该有的样子。

(点评人:黄志康)

六、为竹筏漂流提供个性化服务

 案例 5-7

竹筏漂流我想要个塑料袋

明媚的夏日里,天空晴朗。小张带着一行游客来到了黑龙江省大庆市杜尔伯特蒙古族自治县游览。美丽的自然湿地风光、独特的蒙古民族风情,加上小张亲切热情的服务,使团队气氛非常融洽,一路上欢声笑语。

接下来的项目是湿地竹筏漂流。游客们将乘坐竹筏在高高的苇荡中穿行,这个项目历来都是行程当中的经典项目,备受好评。伴随着小张的讲解,大家来到了竹筏漂流的等候区。

此时游客郝先生对小张说:"小张,有没有塑料袋,给我一个吧。"小张说没有带塑料袋,旅游车上备有环保袋,如果不急用,可不可以等一会儿上车取。郝先生跟

项目五 / 掌握旅游事件处理技能

小张说:"你看这个竹筏上的座位都湿漉漉的,如果能有一个塑料袋,就刚好能套住这个座位,不就可以不用弄湿裤子了吗?我是觉得把裤子弄湿了,一直坐着,漂流几十分钟,很不舒服。"小张这时才观察到,确实竹筏上的座位都湿漉漉的。此时她心里非常愧疚,自己怎么没有注意到这个细节,还整天强调要努力做好个性化服务,却连这个都没有发现。于是她二话没说,立刻跑到商店买了40个塑料袋。小张将塑料袋一一分发到游客手中,并一再强调漂流结束离开竹筏时,一定要把塑料袋取下,注意环保。

此时别的团队的游客看到后,也开始向自己的导游要塑料袋。小张团队的游客不知道此前郝先生提出要塑料袋的要求,以为是小张服务细致、耐心,准备齐全,所以大家都骄傲地说:"这些塑料袋呀,都是我们导游自己准备的,她很细心,是国家金牌导游。"小张听了这些表扬的话心里暗自想道,以后真的要从细节入手,做好个性化服务。

乐于分享的小张便将这件事讲给同行们听,导游们便养成了竹筏漂流带塑料袋的习惯。

(本案例由张天竹提供)

 案例点评

旅游是一项时刻在变化的活动,这就要求导游要有极强的服务意识和应变能力。案例中的小张是一位真心实意为游客服务的导游,但还是会百密一疏。面对突发的服务要求,她毫不犹豫地去买塑料袋,满足了游客提出的需求,赢得了游客的赞誉,可以说是一个被动服务和主动服务结合的好做法。

从中可以看出,提出需要塑料袋的游客在拿到塑料袋后觉得是理所当然,而其他游客也不是没有这样的需求,只是意外拿到了导游给他们准备的塑料袋,觉得自己的潜在需求被满足,心里顿时感觉这位导游不一样,这样的主动服务更能打动人心,赢得赞誉。

案例中值得其他导游学习的地方就是小张自掏腰包买东西给游客,这在圈子里不常见,也是她高情商的表现。建议旅行社给导游备用金,备用金不是指行程里的固定支出,而是突发支出,这样既鼓励导游多为游客做个性化服务,也让导游感受到旅行社和导游是一家亲。

导游服务案例选评讲解视频

(点评人:黄志康)

155

导游服务案例选评

任务二　常见事故预防与处理

在旅途中，由于游客处于一种放松状态，对一些事情会失去平常的警觉性，如物品丢失、迷失方向、麻痹大意引发的火灾等。导游对这些容易发生的事故需要时刻警觉，多提醒游客，在发生事故后要从容应对，减少损失。

 任务实施

一、即将离开本地，不允许游客单独外出活动

 案例 5-8

即将离开本地，女游客去繁华商圈买红肠

地陪导游小张带领游客在冰城哈尔滨进行行程中最后一天的游览，游客上午到太阳岛游玩了雪博会，在哈尔滨火车站附近的东方饺子王餐厅用完午餐，就乘火车去大连。

用餐的时间是中午的 12：00，火车正常发车的时间是 15：00。

13：00 左右大家就用完了午餐。一些游客坐在包房里喝茶聊天。很多女性游客知道这里距离销售全国知名的秋林红肠的秋林公司只有步行 30 分钟左右的路程，周边又都是服装商场，就按捺不住想要逛街的热切心情，提出要去周边转转，三五成群地要去买红肠。地陪小张坚决不同意。因为从这里到秋林公司，要走地下通道或地下商场，来回一个小时的路程，且路况非常复杂，本地人有时也会迷路，一旦走失问题会比较严重。然而全陪导游却考虑到游客的心情，建议他们在周边的小店逛一逛，而且一定要在最迟 14：00 的时候准时回到餐厅。团队里的女性朋友们高高兴兴地出了门，男士们则继续喝茶聊天耐心等待。

14：00 转眼就到，然而还有 2 位游客没有回来。通过手机联系，发定位拍照片，2 位游客依然没有明确自己在哪里，也不知道如何回来。小张便建议走失的游客从地下商场随便找一个出口，到地面上叫一辆的士把他们送到哈尔滨火车站。

此时已经接近 14：30 了。旅游团队立刻前往火车站，小张送游客到入站口，自己又返回停车场下客区等候两名游客。然而此时游客所处的商圈是哈尔滨最为繁华的商圈之一，恰逢周末，正值交通高峰期，想要叫的士，难于登天。待到两名游客来到站前，早已错过了检票进站的时间。小张只好帮忙改签，却发现下一列火车没有空余的硬卧卧铺票，随后又为此事做了协调才处理完毕。全陪导游非常自责，后

悔自己不该在团队离站前允许游客自由活动,更何况是路况复杂又是周末的商圈,然而悔之晚矣。

(本案例由张天竹提供)

案例点评

旅游团即将离开本地时,导游必须要预留充足时间到车站或者机场。导游业务规定送国际航班提前 3 小时,国内航班提前 2 小时,火车或者轮船提前 1 小时。

案例中地陪导游小张选择了靠近火车站的餐厅吃饭,但是吃饭时间安排略早,13:00 客人吃完饭后要继续等待 1 个多小时进站,难免想要去打发时间,此时拒绝客人自由活动是正确的,但难免有些"不近人情"。如果反过来安排,先自由活动,约定 13:00 到餐厅吃饭,也许还会给自己寻找丢失的客人更宽裕的时间。全陪与客人朝夕相处,明知道可能会出现客人走丢的情况,碍于情面仍然同意客人自由活动,反而给自己的工作增加了不必要的麻烦。

案例给我们的启示是,导游工作看似简单,但却是细节决定成败的一项专业性技术工作。要做好这项工作,不仅要按规定办事,还要灵活安排,需要导游们不断积累和总结经验。

(点评人:黄志康)

二、以周到的服务、委婉的语言化解了航班延误事故

案例 5-9

本是航班延误滞留,导游却说增加了香港自由行

小肖是重庆的一名出境领队,经常带领各种团队行走在世界各地。一次他带一个澳大利亚和新西兰的连线团,这个团需要途经香港,并在香港转机飞往新西兰首都奥克兰。他们乘坐的航班是行程的第一天下午 16:00 由重庆机场飞往香港,18:00 到达香港国际机场后,需要转乘 20:00 由香港机场飞往奥克兰的国际航班。这次行程是在机场内转机,并且行李是直挂奥克兰,并不需要在香港机场提前行李入境后再重新办理登机手续。

出发当天他提前了 3 个小时到达机场,并集合好了客人,开完说明会拿着客人的护照到柜台办理登机手续。这时柜台航空公司回复说由于航空管制,暂时不能办理登机。一个小时以后通知可以办理登机手续,小肖熟练地组织客人办理好了出境的相关手续,顺利通过出境海关和安检,带领客人登机。

由于此前的航空管制,造成了机场航班的滞留,登机后又等待了差不多一小时飞机才起飞。飞机起飞时已经是傍晚的 18:00 了。这时小肖开始推算时间,飞机到

达后有可能乘不到去往奥克兰的航班了。他知道每天从香港飞往奥克兰的航班只有一个，如果错过就只能明天晚上再飞。

正如小肖所料，飞机抵达香港国际机场后，飞往奥克兰的航班已经起飞。这时团里的客人也陆续知道了这个情况，大家都焦急起来，问道："那就只有明天再飞吗？"小肖说："是的，每天香港机场只有这一个航班飞往奥客兰。""那今天晚上我们怎么办？就待在机场吗？"游客们都不淡定了。这时小肖立马安抚客人说道："大家不要着急，这边我会马上联系航空公司，然后我也会联系旅游公司，跟旅游公司说明这个情况，大家少安毋躁。"

小肖立即跟航空公司取得了联系，航空公司为小肖的团队解决了当天滞留香港的食宿问题。这时又有客人提出来了"那耽误一天，我们的行程能延后一天吗？我们的景点能游览完吗？"小肖说："非常抱歉，国际联程航班是不能更改的，但是我们在新西兰的行程很轻松，有足够的时间让大家游览景点。航空公司为我们安排了香港市中心的五星酒店，等一下大巴车送我们过去。明天一天的餐食也都为我们安排好了，请大家不用担心。"接着小肖话锋一转，"虽然我们在新西兰的行程少了一天，但是大家可以换个角度想一下，也正是因为这个意外的惊喜让大家增加了一个香港自由行。如果我们自己单独来一次香港那不是还得再花一次旅行的费用吗？"

听到小肖这么说，大家都纷纷表示这确实是收获了一个意外的惊喜，欣然接受了这一安排。

（本案例由宋垾竹、张晓旭提供）

案例点评

由于不可抗力的原因，飞机晚点起飞导致航班衔接不上，航空公司为旅游团安排了滞留地的食宿，但是却耽误了游客后续的行程，让游客觉得无奈。

领队小肖的回答合理而又巧妙，先将事实告诉游客，同时也处理好了在香港滞留的食宿问题且不需游客承担费用；同时告知游客不会太影响后面的行程，这打消了游客最大的顾虑。接着将"坏事"说成"好事"，让游客觉得一切都是最好的安排，似乎自己还赚到了，这就是导游业务里提到的"诱导式劝服"。

案例给我们的启示是，恰当地使用语言艺术能有效化解一些误会和矛盾，掌握导游语言艺术是每一位导游最重要的基本功之一。

（点评人：黄志康）

三、要反复告知、提醒游客不要丢失物品

案例 5-10

游客将景区耳麦讲解器丢失

2019年6月12日，导游小管带领游客去往云冈石窟景区参观游览，游客有52人，小管将游客分成了9个小组，每个小组安排一名组长，以便于管理。云冈石窟是国家5A级旅游景区，明令禁止在景区内使用扩音器，小管就在景区租赁了耳麦讲解器。在拿到52个耳麦后，小管缴纳了质量保证金，交付设备完好无损后退还。小管将设备发放给游客，教大家佩戴完毕后向大家告知归还时要如数、无损，便开始了景区的游览讲解工作。

在讲解结束后，小管把游客聚在一起收耳麦，其中一个小组共有8个人但只交上来7个耳麦。小管顿感不妙，帮游客梳理整个游览路线后，觉得可能把耳麦落在卫生间里。小管马上带着游客跑到丢失地发现耳麦已经不见。询问卫生间管理人员，也没有看到。放置的地方正好是卫生间的监控盲区。经小管积极与景区工作人员协商后，先由游客垫付设备遗失费用，如果有人捡到送回，景区退还客人费用。

晚上回到酒店后，小管接到景区电话，得知设备被其他团队游客送回了服务中心，随后通过旅行社将设备遗失费用退还给了客人。

（本案例由管沛凡编写）

案例 5-11

返程途中，游客发现东西落在了上一站

2020年5月30日，天气炎热，导游小王带领一日游团队来到云丘山游览，行程是参观完塔尔坡和冰洞就需要返程。由于正值夏季，游客们都穿得十分单薄。当游览到冰洞时，冰洞里温度是零下10℃，与室外温度相差甚远，不过云丘山景区在门口贴心地准备了防寒服。在冰洞外面的广场小王给大家讲解了冰洞的历史及注意事项，在进入冰洞时，大家一定要穿工作人员准备的防寒服，防止冻伤。在穿防寒服的时候一定记得不要把自己的随身物品放在防寒服口袋里，以免遗失。随即，大家有序地跟随着小王进入冰洞。

冰洞参观完之后就是塔尔坡古村落，塔尔坡古村落的旅程十分顺利，小王也在预定的时间内带着客人返回到旅游车上。就在车行驶到高速之后，游客小李突然很慌张，告诉小王说自己的手机落在了冰洞防寒服的口袋里，手机上有重要文件，必须返回景区去找回。小王赶紧安抚游客，告知游客只要手机确定在防寒服口袋里，

他会立刻联系到景区的负责人，让其帮忙寻找。随即，小王给景区负责人拨打了电话，让景区的工作人员尽快帮忙寻找，并告诉工作人员整个团队的人数及离开冰洞的具体时间，如果找到请工作人员及时回电。过了大概10分钟，景区的工作人员来电，手机在防寒服的口袋里找到了。小王立即将消息告诉了小李，随后与小李协商可以请云丘山的工作人员将手机邮寄到小李家中。小李很是激动并向景区工作人员及小王致以感谢，并把家里的地址告诉了景区的工作人员，回家之后的第二天，小李就收到了云丘山景区给他邮寄的手机。

（本案例由李层红编写）

案例点评

以上两个案例都是有关游客遗失物品的。在旅游活动中遗失物品，有些是由于游客个人马虎大意造成的，也有些是由于相关人员的工作失误造成的。它们不仅给游客带来经济损失，影响游客的情绪，还会给游客的旅游活动带来诸多不便，严重时甚至耽误游客离开该城市，甚至耽误离境。

导游和领队要注意做好在关键时刻的提醒工作，特别是游客每次下旅游车（飞机、火车、轮船）前、购物时、离店前。一旦发生游客遗失物品事故，导游要做到态度积极、头脑冷静、行动迅速、设法补救。如果有线索，应迅速与有关部门联系查找，把损失降到最低限度；如果查找不到，应迅速向组团社或接待社报告，向有关部门报案，并协助游客根据有关规定办理必要的手续。

最后提醒导游员朋友们，《导游服务规范》（GB/T 15971-2023）第七条关于丢失证件或物品服务的内容，请大家认真学习，严格按照要求提供规范化服务。旅游者丢失证件或物品时，导游应稳定旅游者情绪，详细了解丢失情况，协助寻找，同时报告旅行社，并按以下要求处理：旅游者在境内丢失证件或物品时，由旅行社开具丢失证明，导游应协助旅游者向公安机关报失。丢失证件的，开具身份证明；丢失物品的，开具物品遗失证明，以备向保险公司申请办理理赔事宜。旅游者在境外丢失证件或物品时，领队应：丢失证件的，协助旅游者向当地警方报失，在取得丢失证明后向中国驻当地使领馆或政府派出机构等有关证件办理部门申请新证件，办理相关离境手续；丢失物品的，由当地旅行社开具丢失证明，协助旅游者向当地警方报失，开具物品遗失证明，以备离境时海关查验或向保险公司申请办理理赔事宜。

（点评人：卫美佑　李子尚）

四、做好火灾事故的预防和处理

案例 5-12

游客因随身携带易燃物引发失火事故

导游在带领游客前往某地旅游时，在车上介绍完景区概况后，又对游客介绍了该景区为无烟景区，明令禁止携带明火进入，尤其是不要随身携带打火机等，并告知游客如果携带将予以处罚。

其中某人因烟瘾实在比较大，偷偷把打火机带入了景区。游览途中该游客烟瘾发作，趁着导游没注意，偷偷跑到一边去抽烟。吸烟后未能把烟头熄灭，点燃了枯叶，从而引发了景区火灾。发生火灾时，导游立即拨打火警电话119，在工作人员指引下组织全团游客撤离。游客全部到达安全地点后，导游及时向组团社反映了情况，并安抚游客情绪，配合景区对该游客作出相应处理。

（本案例由徐琴编写）

案例点评

如果发生了火灾，导游应首先报警；其次，迅速通知领队及全团游客；再次，配合工作人员，听从统一指挥，迅速通过安全出口疏散游客；最后，判断火情，引导游客自救。在协助处理善后事宜游客得救后，导游应立即组织抢救受伤者；若有重伤者应该迅速送往医院，有人死亡，按有关规定处理；采取各种措施安抚游客的情绪，解决因火灾造成的生活方面的困难，设法使旅游活动继续进行；协助领导处理好善后事宜；写出翔实的书面报告。

案例中游客不听劝阻引发山火，按损失大小承担赔偿责任，严重的甚至要负刑事责任。安全无小事，导游在带旅游团中，始终得绷紧安全这根弦。

导游服务案例选评讲解视频

（点评人：黄志康）

任务三　突发性事件预防与处理

突发事件多为公共交通延误、取消及突发灾害、不可抗力影响行程等。面对突发事件，导游需要冷静，既按规定又不失灵活地处理，保护游客人身、财产安全，将损失降到最低程度。

导游服务案例选评

  任务实施

一、航班多次变化，导游冷静应对

 案例 5-13

飞机都快起飞了，游客还没到机场

某年夏季的某一天，由北京某旅行社组织的美国东西部＋夏威夷 18 日的旅游团即将出发。这个旅游团的游客分别来自成都、昆明、贵阳、北京、西安、大连等地，按照原计划将乘坐北京飞往夏威夷的 CA837 航班，航班起飞时间是凌晨 1：50。各地游客应提前抵达北京，并于 22：00 在北京首都机场集合，由领队小梁召开出行前说明会，办理登机及出境手续，开始此次旅游。

然而天公不作美，当天北京上空持续雷暴，导致首都机场大量航班延误或取消，有些航班备降其他机场。成都一行游客的航班备降济南机场，昆明一行游客的航班备降大连机场，而贵阳、西安、大连游客的航班直接取消，被迫改签其他航班飞往首都机场。

到了傍晚，北京上空天气终于好转，航班逐渐恢复进出港。备降航班的游客重新登机，并于晚上 22：00 左右陆续抵达首都机场，西安和大连的游客也于 23：00 左右抵达。但贵阳的游客因为没有匹配到合适的国内航班，无法在 CA837 航班登机前抵达北京。领队小梁向旅行社报备了这个情况后，工作人员立即开始准备备选方案。

虽然大多数游客已经到达首都机场，但因为天气原因等待了数小时，个别游客的心情还是受到影响，情绪非常低落。特别是贵阳的游客在知道当天无法及时赶到北京飞往夏威夷时，情绪更加激动。一趟本该愉快的美国之旅却因为第一天的天气原因给游客心里带来了阴霾。办理好边防和海关手续，抵达候机区后，在领队小梁的劝说和安抚下，大家情绪慢慢好转。

而此时贵阳的游客依然无法确定行程，因为飞往夏威夷的航班每周只有两班，下一班需等到 3 日后才能起飞，毫无疑问这将严重影响游客的此次行程。最后在旅行社的努力下，终于和客人商议搭乘当天的航班飞往日本东京，再转机飞往夏威夷。同时领队小梁也全程关心他们，安抚他们的情绪，在手机上耐心地教他们如何过美国移民局等。抵达夏威夷后，当地旅行社安排专车接机，并在自由活动时间，地接导游和领队小梁陪同客人游览了行程里包含的景点。所有客人对旅行社和地接导游、领队小梁的导游服务工作都非常满意。

（本案例由卫美佑编写）

案例点评

在旅游过程中，导游工作上的差错和不负责任，如安排日程不当或过紧，使游客没能按时抵达机场；没有认真核实票据，将时间或地点搞错；或者因为游客走失、游客没有按安排的时间准时集合及其他意外事件（如交通事故、天气变化、自然灾害等）易造成误机事故。误机如何预防和处理，我们不妨从以下方面思考。

一、做好误机事故的预防

误机带来的后果严重，杜绝此类事故的发生关键在预防，地陪应做到以下几点：

1. 认真核实机票的班次、日期、时间及在哪个机场乘机等。
2. 如果票据未落实，接团期间应随时与接待社有关人员保持联系。没有行李车的旅游团在拿到票据核实无误后，地陪应立即将其交到全陪或游客手中。
3. 离开当天不要安排旅游团到地域复杂、偏远的景点参观游览，不要安排自由活动。
4. 留有充足的时间去机场，要考虑到交通堵塞或突发事件等因素。
5. 保证按规定的时间到达机场。乘国内航班：提前 2 小时到达机场；乘国际航班：提前 3 小时到达机场。

二、误机事故的处理措施

1. 将成事故的应急措施

旅游团正在去往机场，将成误机事故时，导游应采取如下应急措施：与机场取得联系，请求等候，讲明旅游团的名称、人数、现在何处、大约何时能够抵达机场。如获得同意，导游要立即组织游客尽快赶赴机场，同时向旅行社汇报情况，请求帮助协调。同时还需要向各个有关部门、有关人员（如海关、交通车队、行李员、旅游车司机等）讲清游客误机情况和补救办法，并说明请求协助的事项。

2. 已成事故的处理办法

（1）地陪应立即向旅行社领导及有关部门报告并请求协助。

（2）地陪和旅行社尽快与机场联系，争取让游客乘最近班次的交通工具离开本站，或采取包机或改乘其他交通工具前往下一站。

（3）稳定旅游者的情绪，安排好在当地滞留期间的食宿、游览等事宜。

（4）及时通知下一站，对日程做相应的调整。

（5）向旅游者赔礼道歉。

（6）写出事故报告，查清事故的原因和责任，责任者应承担经济损失并受相应的处分。

本案例中领队小梁的做法恰当、规范，可圈可点，值得我们学习。

（点评人：赵立芳）

二、建立微信群远程指导游客办理乘机手续

案例 5-14

回国的航班赶不上了

2016年,领队小妍带着12位游客前往美国东西部和黄石国家公园,一路上都非常顺利,客人被不一样的文化和风景深深吸引,对导游和领队的服务也是赞不绝口。14天的行程即将结束,最后一站是赌城拉斯维加斯,大家却归心似箭,开始安排和计划回国后的工作和生活。原计划是乘坐美国联合航空公司的航班从拉斯维加斯飞往旧金山,再从旧金山转机飞往北京。转机时间只有1个小时,但好在行李是直挂北京,洛杉矶下飞机后只需要更换登机口就能坐上回国的航班了。

第二天一大早办好乘机手续,客人和导游告别后进行安检,登机后飞机却迟迟没有起飞。领队小妍经过询问后得知是飞机机械故障,在等待地面工作人员的排查。游客在长时间的等待后情绪开始焦躁,也有人担心赶不上飞北京的航班。这时领队小妍告诉他们:"出门旅游安全第一,想想自己的家人,他们是不是也希望你们出门在外平平安安呢?航空公司首先要保证大家的安全,如果赶不上飞北京的航班,航空公司也会协助大家办理改签。请大家少安毋躁,听从机组人员的安排,好吗?"在领队小妍的安抚下,客人渐渐安静了下来,两个小时后飞机终于起飞了。

落地旧金山后,飞往北京的航班已经起飞了,领队小妍把游客集中起来,收齐了客人的登机牌及护照,跟国内计调报备了这件事,便前往美联航的值班柜台办理改签手续。

通过和航空公司工作人员沟通后得到的信息,解决方案有以下两个:第一,全部13人滞留旧金山两天,由航空公司安排住宿酒店,后天乘坐同样的航班飞北京。第二,8人3小时后飞往夏威夷,由夏威夷转机飞往北京;另外5人在旧金山住一晚,由航空公司提供住宿,第二天一早飞往洛杉矶,由洛杉矶转机飞往北京。领队小妍如实地向客人告知了这两个方案,并告诉客人如果大家选择方案二,为了保证所有客人顺利登机,自己会第二天带着4位客人从洛杉矶走。客人经过商量后决定让着急回国的人先走,剩下两对老夫妻跟着领队小妍第二天飞洛杉矶转机。但那8人比较焦虑的问题是到了夏威夷没有领队,他们语言不通找不到登机口怎么办?如果航班再出问题他们如何解决?为了安抚游客情绪,领队小妍把每位客人的联系方式都加上,建立了微信聊天群,告诉他们有任何问题及时联系,打电话或者微信视频连线,领队小妍通过微信远程指导,然后委托8位游客里最年轻并且有多次出国经验的一位客人作为临时团长。在柜台办理乘机手续和行李转运的同时,拿到了航空公司出具的航班改签原因及证明,并按照航空公司的规定,为每位游客争取了30美元的机场餐

券，让客人去餐厅吃饭。把8位客人送到登机口后，再带着两对老夫妻去行李服务部取到自己的行李，坐机场大巴前往酒店休息。

到了酒店领队小妍一直关注着那8位客人的航班信息，转机过程中视频连线直到他们全部登上了前往北京的飞机才放下心来。

（本案例由卫美佑编写）

案例点评

以上两个案例中，两位领队沉着冷静地应对了航班延误和取消的遭遇。航班的不断变化，让领队与旅行社相关人员商榷最佳解决方案，与现场航空公司工作人员沟通，同时还要安抚游客情绪，一切努力都是为了争取时间，让游客赶上飞机，使行程顺利进行。同时，也评估了最坏的后果，并做了相应的准备，采取了一切自己可以做到的补救措施，让糟心的事情得以圆满解决。

由航班经营者原因造成的损失，领队既要及时与经营者明确责任，又要争取他们积极采取补救措施，促使事态向好的方向发展。同时在处理的过程中，还要安抚好客人情绪，最大限度地减少来自游客的阻力，争取游客的理解和配合。

从案例中可以看出，领队的工作比导游要求更高，这也是国家文化和旅游部对领队资质做出改革的原因之一，规定领队要具有大专以上学历，具有相应的语言能力，而且前提是必须取得导游证。这与之前领队证和导游证可以分开办理有很大区别，目的就是提高领队的素质，妥善处理行程中更多的不确定性。

最后，本案例中领队建立微信群远程指导游客办理乘机手续，给我们做了很好的示范，具有借鉴意义，符合《导游服务规范》（GB/T 15971—2023）关于导游信息技术应用能力的要求。导游应熟练掌握移动通信终端与导游服务相关应用软件的使用方法，包括社交、通信、移动办公等软件；能够协助旅游者通过移动互联网进行产品预订、定位导航、信息咨询、服务评价等活动。

（点评人：黄志康　赵立芳）

三、交通事故人命关天，首先救人

案例5-15

客人刚到泰国就被摩托车撞了

2024年，领队小叶带着三十多人前往泰国普吉岛，落地是下午5点左右，按照行程泰国地接导游接机后直接去吃晚餐，然后入住酒店。前往餐厅的路上，泰国导游幽默风趣的讲解使得游客们对这次旅游充满了无数的期待。由于大家都是第一次来泰国，泰国的行车方向是靠左行驶，跟中国靠右行驶的习惯不同，一般左转也不需要等绿灯，很多国内游客一时半会不能习惯，因此地接导游再三强调了交通安全，要求客人过马路一定要左右看车，确保安全才能通过。

到达餐厅后，泰国导游和领队小叶给客人安排好餐食，便坐在旁边的餐桌上边吃晚餐边核对此次团队的行程、酒店等信息。突然一位客人冲到餐桌旁，着急地对领队小叶说："领队，咱们团上一位大姐去便利店买东西，结果被摩托车撞飞了。"领队小叶和泰国导游跑到出事地点，只见这位大姐倒在地上，脸色煞白，身上多处擦伤，还有流血，意识虽然清醒，但浑身不能动弹。领队小叶根据学习到的急救知识初步判断应该是骨头或者内脏受伤，便让她躺着不要动并疏散了其他游客。地接导游立刻打了报警电话和急救电话，领队小叶一边控制好肇事者一边给国内旅行社报备，同时让地接导游叫来了助理。大姐是一个人出来玩的，身边没有亲人和朋友，所以导游和领队小叶都要跟着救护车送伤者去医院。在等待警察和救护车的时间里，领队小叶迅速组织好其他游客，让他们在餐厅里集合，并告诉他们一会儿由助理带大家去酒店办理入住。

到了医院经过一系列的检查，确定大姐是左锁骨骨折和多处软组织挫伤，需要马上手术。医生要求家属在手术同意书上签字时，领队小叶让大姐提供家人联系方式，需要在她家人的同意并委托下，导游或领队才能替家属签字。不料大姐拉着领队小叶的手哭着说："我丈夫去世7年了，家里就我和我女儿，你们不要联系我女儿，她现在怀着身孕，我可以自己签字。"说完大姐拿起笔在手术同意书上签上了自己的名字。这时助理打来电话说其他客人已经全部入住酒店，并通知好了明天出发的时间。

大姐进手术室后，导游和领队小叶一直守在医院，直到手术成功。但她还得住几天医院进行观察，一时半会出不了院。在等待手术的时间里，导游和领队小叶给警察录了笔录，同时领队小叶和国内旅行社进行了沟通，出院后按照保险公司的要求整理资料，方便游客回国后进行理赔。导游在和本地旅行社进行沟通后，给大姐请了一位会中文的护工。

后来的几天时间，白天导游和领队小叶带着其他游客正常走行程，晚上收工后一起到医院看望大姐，在国内外旅行社的关心下和导游、领队小叶的照料下，大姐一天比一天好，终于在团队要回国的那天下午出院了，并在晚上跟着团队回到了成都。

到了成都，领队小叶和国内旅行社的工作人员一起将大姐送到医院进行了再一次检查，并将泰国医院出具的伤情证明和费用清单交给公司，由专人对接保险公司进行旅游意外险的理赔。

（本案例由卫美佑编写）

案例点评

2023年3月生效的《出境旅游领队服务规范》（LB/T 084-2022）关于境外旅游安全突发事件处理要求规定，出现交通事故时，领队应：立即组织抢救；保护现场，立即报案，并协助当地交警部门进行现场处置；迅速上报旅行社；做好全团旅游者的安抚工作。

游客在境外旅游期间，领队要经常提醒全团成员注意自身及财物安全，做好有关防备工作，预防事故的发生。旅游者在旅游期间遭受人身损害、财产损失，旅行社应尽到必要的救助义务，并及时报告旅行社和旅游行政管理部门；在境外发生的，还应当及时报告中华人民共和国驻该国使领馆、相关驻外机构、当地警方。

本案例中游客去泰国旅游，领队小叶和泰国地接导游再三强调了交通安全，但是客人还是被摩托车撞飞了。交通事故人命关天，首先救人。地接导游立刻打了报警电话和急救电话，领队小叶一边控制好肇事者一边给国内旅行社报备，地接导游和领队小叶跟着救护车送伤者去医院。同时领队小叶迅速组织好其他游客，去酒店办理入住，安排好了第二天的旅游行程。地接导游和领队小叶给警察做了笔录，同时领队小叶和国内旅行社进行了沟通，出院后按照保险公司的要求整理资料，又给大姐请了一位会中文的护工。后来的几天时间，领队小叶到医院看望大姐。到了成都，领队小叶和国内旅行社的工作人员一起将大姐送到医院进行了再一次检查，并将泰国医院出具的伤情证明和费用清单交给公司，由专人对接保险公司进行旅游意外险的理赔。这一系列工作做得详细、周到、具体、温暖，赢得了游客的赞誉和旅行社的信任，堪称领队楷模。唯一遗憾的是没有把游客受伤的情况报告中华人民共和国驻泰国使领馆和相关驻外机构。

（点评人：李岑虎）

四、游客受伤，领队精心照料

案例 5-16

客人在国外海滩自由活动时脚被硌伤，领队精心照料

3月，领队小王带团前往印度尼西亚参观游览。第三天下午的行程是在海滩自由活动，晚餐安排在海滩旁边的餐厅。当地导游介绍完海滩自由活动注意事项及晚餐集合地点后，小王再次提醒大家在海滩自由活动时要注意自己的人身安全，保管好随身财物。之后，全团开始自由活动。

当日夕阳西下，景色很美。没过多久，团里一个家庭游客给小王打电话说他们受伤了。小王第一时间赶到受伤地点。这是一个夫妻家庭，原来是妻子到海边岩石

上拍照，由于她穿的拖鞋，拍照过程中不小心滑倒，其中一个脚趾被坚硬的岩石划伤，伤口很深，一直血流不断。女游客情绪激动，不停地哭泣。而她的先生也晕血，脸色有点苍白，想要背妻子离开岩石也无能为力。

领队小王也是女生，无力移动受伤游客，于是第一时间联系当地地接导游过来帮忙。小王先行安抚受伤游客保持情绪冷静，并让她的先生用随身携带的纸巾及创可贴进行简单伤口处理，按压伤口延缓出血速度。地接导游赶来，了解情况后，建议立刻送往医院进行伤口缝合。小王与地接导游商量后，决定让地接导游留下继续安排其他客人的晚餐等事宜，由地接导游派一位语言相通的随行工作人员带领他们打车前往最近的医院。小王在团队工作群中将情况向其他团员进行了通告，并再次提醒其他团员注意安全及晚餐集合时间、地点，连同地接导游的联络方式一并告知后，陪同受伤客人在随行工作人员带领下前往最近的医院进行治疗。

到医院后，小王带领受伤游客家属办理各项手续和缴费，并提醒其保管好发票回国后进行保险理赔。医生为受伤游客打了破伤风针及进行了伤口缝合。小王在医院陪同期间，一直与地接导游保持联系并时刻关注团队微信群，了解其他游客情况。得知其他游客已用完晚餐准备回酒店休息，小王告知地接导游到酒店后帮忙把受伤客人的行李及房卡寄存前台。等游客伤情稳定后，小王带领受伤游客打车返回住宿酒店。在后续行程中，小王时刻留意受伤游客情况，给予关心和照顾，最终团队行程结束顺利回国。

（本案例由卞维会提供）

案例点评

《导游服务规范》（GB/T 15971-2023）关于旅游者伤病的服务规范提出了明确的规定，旅游者意外受伤或患病时，导游应及时了解情况，不应擅自给患者用药。如有需要，应陪同患者前往医院就诊，并按规定履行报告义务，同时协助旅游者向保险公司办理理赔事宜。

导游或领队遇到游客突发意外，首先要做的事情就是救人，人命关天，拯救生命是毋庸置疑的。但在处理时必须要注意分寸，既要救人同时又要保证其他游客的权利。这时导游和领队必须要照顾全局，同时也要配合默契，使团队行程顺利进行。

旅游中，旅行社都会提醒游客购买旅游意外险，虽然是游客自愿购买，为降低风险，旅行社都会给全部游客购买旅游意外险。在意外发生后，导游需要在24小时内报保险，并告知游客先行垫付医药费用，保管好所有单据以便报销和索赔。面对重大事故，游客一时无法垫付大额医疗费，可以请求保险公司先行垫付。

案例给我们的启示是，导游就算做好了充分提示，履行了自己的义务，但在意外发生情况下，仍然要对游客进行及时救助，这不仅是工作要求，更是职业道德。切莫在发生意外情况下推诿和逃避，这不仅失职，还可能受到行政处罚。

（点评人：黄志康）

五、提醒游客携带水果种子也会被限制入境

 案例 5-17

携带圣女果种子的游客被限制入境

小文是一名新入行的出境领队,在一次澳大利亚、新西兰的带团中,结束澳大利亚游 5 天的行程后,飞往新西兰。

在出海关时,团友的手提包被要求打开检查,小文赶快走过去询问缘由。安检人员说检测到有不允许携带物品,需要进一步仔细检查。结果在团友手提包的角落里发现一个保鲜袋,里面有一小个腐烂发霉的东西。安检人员说这是疑似携带未经许可的"种子"入境。经询问团友了解到是该游客在澳大利亚买了些圣女果吃,结果有一颗遗落在包里,确实不是有意的,领队小文也未做提醒。当地海关工作人员要限制这位团友入境。经地接导游和领队小文反复沟通,说明情况,客人在签署了承诺书后才得以继续旅行。

(本案例由刘世恒编写)

 案例点评

一个国家的海关有非常大的权力,有时甚至对限制或者不允许入境的原因都可以不予以说明,尤其是在一些海关检查非常严格的国家,一个导游工作上的疏忽,可能就会影响整个团队旅行的质量。

案例中领队小文缺乏经验,未作提醒。如要深究,游客也需负责任。建议新导游更要做好出团前的准备工作。现在信息获取渠道很丰富,可以询问有经验的导游,也可以上网查看相关资料,切莫存在侥幸心理,抱着出去学习的态度来带团,因为这是工作,不是学习。目前,部分新入行导游普遍存在着上述心态,因此需要摆正自己的位置,认真对待每一次工作,才能在成长之路上不栽"大跟斗"。

(点评人:黄志康)

六、导游要制止司机疲劳驾驶违法行为

案例 5-18

驾驶员严重疲劳驾驶,大巴车撞上山体

6 月,小刘作为山西地接导游,带领一个河南自带车团队在山西参观游览。其行程安排特别紧张,每天都是早出晚归。

导游服务案例选评

行程过半，小刘发现司机开车总是打哈欠，精神特别不好，开始担心安全问题。于是沿途购买红牛饮料给司机喝，每次开车前反复提醒客人系好安全带，并在行车途中紧盯司机，提醒司机注意安全，还将此情况报备给了公司。

第四天一早出发，行程需要经过一段山路才能到达目的地。司机在行车途中由于疲劳驾驶精力不集中，导游在提醒司机注意对向来车时为时已晚。大巴车未能及时避让，结果导致撞上山体。所幸司机刹车及时及全车人当时都系有安全带，否则后果不堪设想。受到猛烈撞击后的所有人都惊慌失措。小刘虽然也是惊魂未定，但是责任感使他迅速平复心情，观察情况，发现司机受伤，车上游客除个别游客头部受伤外，其余大多都只是受到了惊吓。

于是迅速厘清思路，先问清司机受伤情况，提醒其保持意识清醒。第一时间拨打120急救电话，告知清楚自己所处的位置及团队受伤状况。立刻组织全团游客从车上撤离至山体另一侧的护栏外的空地上，并不断安抚客人情绪，等待救援到来。然后给地接社打电话告知情况，做好后续工作预案及处理。120救护车赶到后，小刘配合医护人员分批次按受伤轻重情况把司机及全团成员集中拉至最近的一个县城医院进行检查治疗。导游小刘顾不上检查自己身体，挨个安抚受到惊吓的游客，向游客解释道，发生这种状况也是始料未及，请大家放心，双方旅行社将尽最大的努力来保证大家的安全及弥补各位损失。

游客虽有不满但也纷纷对小刘的沉着应对表示赞赏。挨个检查过程中涉及用餐问题，小刘向当地人了解到一家面馆的面特别好吃，于是提前为大家预订好了午、晚餐外卖。最后经逐一检查医生建议一位游客需留院观察，其余游客并无大碍。在陪同大家等待检查的过程中，小刘一边与旅行社保持沟通商量解决方案，一面侧面了解游客接下来的打算。经了解大部分游客还是想继续后续行程，小刘协助负责人将后续行程进行了调整，征得全体游客同意（除一人留院观察外），地接旅行社重新安排车、房等事宜。耽误的行程及后续赔偿问题由客人回到当地后回组团社协商解决。小刘带领其他游客继续平安地走完了后续行程。

（本案例由卞维会提供）

案例点评

《导游服务规范》（GB/T 15971—2023）载明：乘坐交通工具时，导游应：提醒旅游者乘坐礼仪规范和安全注意事项；听从乘务人员的安排，协助照顾旅游者的旅途生活，及时提醒旅游者如厕；告知旅游者旅游客车的标志、车号、停车地点和开车时间，引导旅游者有序乘坐，提醒旅游者系好安全带；旅游者有需要时，提供必要的帮助或协助；交通工具不能正常运行时，与交通部门、旅行社等保持有效沟通并稳定旅游者情绪；因公共交通工具原因滞留当地过夜时，协助相关部门安排或请示旅行社妥善安排旅游者的食宿；旅游者在公共交通工具上发生突发情况时，配合乘务人员及时处理。

《导游服务规范》（GB/T 15971–2023）第七条，要求导游处理突发事件和常见问题应遵循以下原则：

1. 以人为本，救援第一。以保障旅游者生命安全和身体健康为根本目的，尽一切可能为旅游者提供或协助提供救援、救助服务。

2. 及时报告，加强沟通。立即向旅行社报告突发事件或问题发生情况，请求指示，并保持信息畅通，以便随时沟通与联系。情况紧急或发生重大、特别重大旅游突发事件时，依法直接向有关部门报告。

3. 依法依约，合理可能。依照法律法规或合同约定处理突发事件和常见问题，并满足旅游者合理且可能实现的需求。

在本案例中，导致这场事故发生的主要原因在于旅游行程安排得过于紧密，加之跨省驾驶所固有的复杂性和潜在风险，组团社与车队却未能恪守相关规定，未配备双司机，这一行为已构成显著违规，还有导游和旅行社对司机开车精神状态没有足够的重视，才导致了无法挽回的严重后果。

在本案例中，针对司机疲劳驾驶致使交通工具不能正常运行的突发性事件，导游严格按照《导游服务规范》（GB/T 15971–2023），迅速向旅行社报告了司机疲劳驾驶的情况，并请求进一步指示。同时，导游也积极采取措施，稳定司机和旅游者的情绪。然而，遗憾的是，旅行社未能及时采取措施更换司机，最终导致在第四天发生了严重的交通事故。

因此，我们强调，在实际工作过程中，导游一旦发现任何潜在的安全隐患，应毫不犹豫地行使其职责，要求旅行社立即调整行程或增派司机，制止司机疲劳驾驶等违规行为的发生。这是导游的权利、义务和职责，也是确保旅游交通服务安全与规范的关键。

事故发生后，导游小刘展现出了良好的职业素养和高度的责任感。他迅速调整心态，不顾个人伤痛，迅速回到工作状态。他首先查看了司机和游客的伤情，拨打了急救电话，并组织游客撤离到安全地带。同时，他还积极安抚游客情绪，等待救援的到来。随后，他及时向地接社报告了事故情况，并商定了后续工作预案及处理方案。他配合医护人员开展及时救助，继续安抚游客情绪，并告知游客后续的赔偿问题。他坚持完成了后续的行程服务，充分展现了新时代导游恪守职业道德、爱岗敬业、坚持以游客为本、服务至诚的职业道德和高尚的契约精神。他的行为不仅维护了旅游者和旅行社的合法权益，也展示了中国优秀导游面对旅游突发事件的防范和应急处置能力，为其他导游员树立了榜样。

（点评人：李岑虎）

七、遇到山体滑坡和泥石流，沉着冷静引导自救

案例 5-19

游览途中遇到山体滑坡和泥石流

  2021年国庆期间，华北地区连降暴雨，引起大面积的洪涝灾害，山体滑坡、泥石流成为了团队前行的拦路虎。地陪导游小李在雨停的一天上午，带团前往壶口瀑布景区参观，当大巴车临近吉县高速口时，前方出现道路拥堵情况。小李先安排客人在车上稍作休息，随后去前方了解情况。经询问得知高速口前往景区途中路段发生泥石流，道路阻断，不能通行，但是跨过省界，从陕西宜川可进入景区。小李经与驾驶员商讨后，拨通旅行社电话汇报情况，征得同意后告诉师傅，师傅也接到车队电话，同意变更前进线路，绕行陕西省进入景区参观。小李拿起话筒，将这一情况告知全车游客，征得大家一致同意后，签署《行程变更意见书》，驱车前往陕西省，大约行驶60公里，全程需要1小时时间。

  行进过程中，小李为大家普及了泥石流发生后的注意事项：首先保持冷静，放弃一切重物向山坡坚固的高地或连片的石坡撤离，跑得越快越好，爬得越高越好。切勿与泥石流同向奔跑，要向与泥石流流向垂直的方向逃生。到了安全地带，大家尽量集中在一起等待救援。千万不要存在侥幸心理，认为自己能跑过泥石流，在自然灾害面前，生命显得异常的渺小。

  行车途中非常顺利，随后来到了壶口瀑布景区，参观过程中又下起了蒙蒙细雨，伴随着一团乌云，雨越下越大。小李立即招呼全团客人紧急集合返回车上，就在这时，有一位客人大喊：山上有石头滚下来了！只听轰隆一声，远处山坡连同植被一同塌陷了下来，就在距离停车场不到一公里处。小李来不及扭头，立即组织、引导客人迅速往与停车场相反的方向跑，直到接近游客服务中心后，小李才放慢了脚步。开始清点人数，还好一个也不少。最后看到了司机，小李悬着的心才放下来。立即联系景区工作人员，将团队游客安顿至休息室，打开空调烘干，避免游客因淋雨着凉生病。同时报告旅行社现场的情况，等待下一步工作安排。紧接着小李一一查看游客是否有受伤情况，安抚大家等待景区疏导救援。经过5个小时的抢修，道路通畅了，好在大巴车没有受损，大家乘车安全回到驻地酒店。全车游客夸赞小李遇事沉着冷静，应变能力强。

（本案例由李磊编写）

案例点评

  《导游服务规范》（GB/T 15971-2023）第七条第二款处理规范规定，当旅游者

遭遇自然灾害时，导游应沉着应对，并按以下要求处理：及时报警并向旅行社报告，同时向旅游者预警，引导旅游者采取相应的安全防范措施，立刻带领旅游者撤离灾区；旅游者遭受人身损害的，根据现场的条件，引导旅游者开展自救和互救，防范二次伤害，等待救援；稳定旅游者情绪，及时将事件发生的时间、地点、原因、经过等情况报告旅行社和相关部门，取得指导和帮助。

案例中导游小李的沉着应变能力值得称赞。面对连日下雨，在遇到泥石流阻断道路后，按要求商议更改旅游路线。他预判了可能发生的山体滑坡，给游客提前做了思想建设和安全知识教育。发生泥石流后，他第一时间带领游客逃离和自救。这一系列的应变，不是一位普通导游可以做到的，可见他的敬业精神和深厚的日常积累。

案例有两点启示：第一，更改路线需征求大部分游客的同意，在旅行社指导下与游客签署同意书。这一点很重要，导游切莫因想省事而绕开规定，如果出现问题，自己的职业生涯可能毁于一旦。第二，遇事要充分预判，把事情想在前面，就不会临阵手忙脚乱，不知所措。

（点评人：黄志康）

八、游览途中遇暴雨，转移至安全地带等待救援

案例 5-20

游览途中遇暴雨，转移至安全地带等待救援

7月中旬，导游小马接到了去某景区的跨省二日游团队。当晚通知客人前，在手机上查看了该地的天气情况，中雨转大雨，因为此景区有室内游玩项目，所以并没有因为下雨而取消发团，小马正常提醒游客带好所需物品和雨具。

第二日，接好全部游客出发前往该地，天空下起小雨。在这长达6小时的旅途中，经过了许多地方，过不久雨越下越大。游客开始躁动起来，纷纷抱怨，问道："雨这么大还能正常参观吗？"小马又在手机上搜索当地天气以及景区通知，显示正常，并提醒司机师傅车开慢些注意安全。为了缓和气氛，导游小马准备了几个互动游戏，成功转移游客注意力，并顺利到达该地。

这时雨还是没停反而越下越大。按照行程安排先入住酒店放东西，小马提醒大家由于天气原因一定要注意安全。再次出发前往景区的途中，发现该路段雨水水位非常高，已经没过了路上行人的膝盖，水甚至进入车厢内。游客纷纷惊慌起来，大喊：导游这咋办呀，退钱，我要回家不玩了，早知道不出来了。你一言我一语乱了起来。小马先安抚游客情绪，并立即联系旅行社计调说明情况。同游客、旅行社协商并征得同意后，决定这两天先留在酒店。随后小马又和司机师傅商量，司机师傅

凭多年的经验判断，这次突发强降雨与往年不同，我们必须弃车并转移至安全地带等待救援。如果车在积水中行驶时熄火，万一车门开不开，会威胁车内乘客生命安全。小马保持冷静，立刻做出反应。通知游客，结伴同行，转移到地势较高处安全位置等待救援，并提醒游客不要走散。在报警后，小马将受困的地方、人数、所处险情报告清楚，请他们迅速组织人员前来救援。

得到救援后，大家回到酒店。小马安抚好游客情绪，并提醒游客不吃被洪水浸泡过的食物，尽量喝瓶装水或烧开后的水。因担心暴雨引发山洪，山体滑坡，大家决定安全后再返程。

次日，暴雨结束，道路可以通行，小马带领游客安全返回到本市。

（本案例由马梦兰编写）

 案例点评

洪水是形成洪灾的直接原因，洪灾是世界上最严重的自然灾害之一，一般多发生于夏季。我国的洪水灾害十分频繁，因此导游在带领游客到山地、河湖游览时，若遇暴雨或前一天下了暴雨，要特别注意洪灾的发生。

为避免在游览中受到洪水的侵袭，导游应在出发前收听气象台的天气预报，尤其是汛期的天气预报，当听到气象台发出的红色预警或橙色预警时，应对计划的山区、河湖或低洼地区的游览采取相应的措施，同游客协商并征得其同意，适当调整旅游项目。

为应对在野外游览时突然遭遇到洪水的侵袭，导游平时应学习一些应对洪水的自救和救援知识。

（点评人：李磊）

九、遇到不可抗力，应及时商定改变行程

 案例 5-21

旅游团队因为大雪被滞留了

随着2022年北京冬季奥林匹克运动会的举行，冰雪旅游项目也如火如荼地发展。每年冬季，都是黑龙江雪乡的旅游旺季。哈尔滨某地接旅行社的导游小魏，在1月5日作为接待社的地接导游，接待了来自福建的旅游团队一行30人。1月9日，当走完了所有的行程后，团队入住了哈尔滨市区的酒店，计划于1月10日中午乘飞机离开。

但是，就在团队游客进到酒店休息不久，团队的微信群里一位游客转发了黑龙江省气象台发出的大雪橙色预警信息。随后另一个游客也转发了第二天团队乘坐的

原计划航班取消的消息。于是，微信群变得热闹起来，不断有人表示惊讶、害怕、焦虑、愤怒，隔着屏幕都感受到部分游客们不安的情绪。

刚刚下团回到家洗漱完的导游小魏，看到旅游团队微信群里的这些消息，马上跟旅行社负责该团队的计调李经理通了电话。李经理是从业多年的老计调，他给小魏支了两招：

1. 重新落实旅游团的用房、用餐、用车情况，及时安排离开本地时的机票。
2. 调整活动日程，酌情增加游览项目，适当延长在主要景点的游览时间，努力使活动内容充实。

在重新设计旅游计划时，小魏征求客人领队和全陪的意见，并共同向旅游团做好解释和说明工作。在征得全体游客同意的情况下，增加东北虎林园景点，并且在出行前与全体游客签订补充旅游合同。

（本案例由周立冰提供）

案例点评

《导游服务规范》（GB/T 15971—2023）第七条第二款关于旅游合同的变更或解除处理规范规定，在旅游过程中，因不可抗力或旅游经营者已尽合理注意义务仍不能避免的事件，影响旅游行程而需要变更合同时，导游应向旅游者做好解释工作，及时将旅游者的意见反馈给旅行社，并按旅行社的安排执行。

在本案例中，由于突发的大雪橙色预警，原定的航班不得不被迫取消，这种不可抗力因素直接导致了行程的变动。在此紧急情况下，导游应当遵循一套严谨的处理流程：首先，向旅行社进行详尽的汇报，并与旅行社管理层紧密协作，共同商讨并制定出科学合理的备选方案。随后，导游需以极大的耐心和细致，与游客进行深入的沟通，全面解释行程变更的具体情况，确保每位游客都能充分理解并接受这一变动。

在征得全体游客的一致同意后，决定增加东北虎林园作为新的游览项目，以弥补因原行程取消而带来的遗憾。同时，为明确双方的权利与义务，导游需在出发前组织全体游客签订补充旅游合同，详细列明新增项目的具体安排、费用分担等关键事项。这一处理方式不仅展现了导游极高的专业素养和出色的应变能力，还赢得了游客们的广泛赞誉和支持。

此外，根据《中华人民共和国旅游法》第六十七条之规定，因不可抗力或者旅行社、履行辅助人已尽合理注意义务仍不能避免的事件，影响旅游行程的，按照下列情形处理：

（一）合同不能继续履行的，旅行社和旅游者均可以解除合同。合同不能完全履行的，旅行社经向旅游者作出说明，可以在合理范围内变更合同；旅游者不同意变更的，可以解除合同。

（二）合同解除的，组团社应当在扣除已向地接社或者履行辅助人支付且不可退还的费用后，将余款退还旅游者；合同变更的，因此增加的费用由旅游者承担，减少的费用退还旅游者。

（三）危及旅游者人身、财产安全的，旅行社应当采取相应的安全措施，因此支出的费用，由旅行社与旅游者分担。

（四）造成旅游者滞留的，旅行社应当采取相应的安置措施，因此增加的食宿费用，由旅游者承担；增加的返程费用，由旅行社与旅游者分担。

处理因不可抗力产生的行程和服务变更，我们务必清晰地向游客传达这些法律条款的内容，以预防后续可能出现的误解、纠纷或投诉。

（点评人：李岑虎）

 金牌之光

不辞长做旅游人
——广西中国旅行社有限公司 陈瀚峰

身为一名导游员，我已经工作有 16 个年头了。经过这么多年，我越发爱上导游员和旅游这个行业了，它给我带来了许多快乐与收获。

刚开始接触旅游行业就是一份喜欢，喜欢诗和远方，喜欢和天南地北的游客成为朋友。其实做好导游员的工作并不轻松，常年出门在外，与家人聚少离多。我们无法进行规律的作息，也无法保证一日三餐。然而，所幸的是我们碰到的许多游客是温暖的，是善解人意的。每一次游客们的肯定与鼓励都是我前进的动力，也是我在这个平凡岗位上耕耘多年的原因。我会继续坚守在我的岗位上，服务好每一位游客，做好我的本职工作。

记得 2006 年我开始从事导游工作时，由于缺乏工作经验，有许多不足之处。但是我时刻严于律己，勤勉向上，始终保持谨慎谦虚的态度，向老员工们学习，提高个人的职业水平，积累工作经验。同时保持热情的工作态度，积极有效地与每一位同事合作共处，并以饱满的热情服务好每一位游客。我会提前做好个人工作计划，竭尽全力保证每一位游客获得完美的旅游体验。在收到游客们的表扬时，我会充满信心，奋力前行。在收到批评时，我会鞭策自己，端正态度，努力弥补自己的过失。

项目五 / 掌握旅游事件处理技能

图 5-1　讲解中的陈瀚峰　　供图：陈瀚峰

  正因为在工作中我恪尽职守，勤勤恳恳，深得游客们的喜欢。在成为导游员后的第二年，我便获得了南宁市旅游局颁发的"导游之星"称号。在接下来的工作中，获得了"广西青年岗位能手""广西优秀导游员""国家金牌导游培养项目"等荣誉。这些荣誉是对我作为导游的嘉奖，是对我工作的肯定。然而，荣誉终会成为历史，我永远不会在荣誉中驻足停留，我只会保持旅游人的初心，奋发向上。

  导游员不仅要有熟练的带团方法，还要有广博的文化素养。在工作中，我与游客们是相互影响、相互成长的。记得几年前在接待的旅游团中有一对年轻夫妇，交谈中得知他们特别热心公益事业，两个人都有支教的经历，也会积极参加公益组织的活动。当他们向我诉说做公益给他们带来的变化时，我被深深地触动了。我便开始向他们学习，投身到社会公益活动中，做一些力所能及的事。2013年起，我开始在广西民族博物馆担任志愿者，负责展馆的布展及游客的讲解、咨询和服务。广西作为多民族的聚集地，有着绚丽多彩的民族文化。我很荣幸能够在博物馆里向参观者们讲解广西多民族的传统文化和民族特色。博物馆的志愿工作，对我来说是非常好的实践机会，不仅服务他人，还能学到很多书本里没有的文化和民族知识。经过我的不断努力，讲解案例还入选2017年广西文博系统"广西区博物馆志愿者十佳讲解案例"。回顾我的志愿工作经历，虽然有些辛苦，但乐在其中。作为旅游人我有责任和义务，将民族传统文化传承和延续下去。志愿者的工作因为分享而变得更加美好，因为传递知识而充满力量。

  回忆初入职场时，我向经验丰富的导游们请教过不少问题，他们都耐心回答我的疑问，教我如何成为一名优秀的导游员。转眼16年过去了，我也成为了有丰富经验的"老导游"了。看到那些请教我问题的年轻的导游们，我就想起当年那个青涩的自己。为了践行旅游人的精神传承，我开始在广西多所高职高专院校担任外聘专业课教师，将自己多年积累的工作经验和理论知识传授给学生们，为他们答疑解惑，加强学生们的导游技能，提高他们的旅游服务能力。在课堂中我会用生动的事例呈现导游的职责和义务，我也会以深入浅出的方式让他们更加全面地了解导游这份职业。在实践中，我会让学生们模拟带团，在他们的尝试中讲解带团技巧和注意事项等。

身为教育工作者，我时刻谨记要具有工匠精神。我把自己的知识无私地奉献出来，对于即将成为导游员的学生们不厌其烦地耐心教导，将自己的所学毫无保留地传授给学生们，为提升导游员队伍实力作贡献。

作为旅游从业者中的一员，我不后悔选择这份虽辛苦但自豪的工作，给大家带来美好的旅途体验，就是我的奋斗目标。不忘初心与坚守，我会以更饱满的热情、更加昂扬的斗志奋力践行导游的使命！

红色导游

我是党员导游
——全国优秀导游员王安安的故事

王安安没有惊天动地的事迹，却用点点滴滴的平凡汇聚成无疆的大爱，用真诚、微笑和优质的服务赢得游客和同行的赞誉；王安安是一名党员导游，时时以"全心全意为人民服务"的行动践行党的群众路线，展示共产党员良好的风范；王安安是一名羌族女导游，长期在四川甘孜、阿坝高原带团，工作辛苦，无怨无悔。

2010年她获得"成都市金牌导游"的称号，2012年荣获原国家旅游局"全国优秀导游员"奖章。中央电视台、四川电视台、《光明日报》《成都商报》《华西都市报》等多家媒体曾经对她进行过采访报道，她也成为年轻导游学习的榜样。

王安安的家乡在北川，曾经是汶川大地震的极重灾区。灾后重建开始后，王安安利用导游的优势，大力宣传伟大的抗震救灾精神，支持灾区旅游业恢复重建。她曾主动申请带领来自全国各地的媒体采访团考察灾区，向记者们宣传"四川依然美丽"；还以自己真实的经历为中国红十字会、海峡两岸媒体考察团等讲述灾后重建的伟大奇迹，并受邀在中央电视台国际频道《海峡两岸》节目中为全世界的观众介绍北川羌族文化的恢复重建。作为一名党员导游，她说自己有义务为灾后重建尽力；作为一名少数民族导游，更有责任将民族的文化发扬光大。她因此被四川省红十字会授予"弘扬人道主义精神奖"。

图5-2 党员导游王安安用"感动"去感动客人演讲　　供图：王安安

有人说现在的导、客关系有些变味，游客对导游总是充满怀疑和提防，但王安安却表示，不管客人来的时候怀揣着什么想法，只要导游真诚相待，用"感动"去感动客人，导游和客人就会成为朋友。2012年，王安安带团游览安徽黄山，由于景区下雨路滑，一位阿姨不慎摔伤，造成右腿骨折。王安安不仅护送客人下山救治，还主动承担起护理重任，每天端茶送饭，陪伴左右，阿姨感动不已地说："安安，你和我非亲非故，可你照顾我真比我亲生女儿还要细心啊！"

其实王安安经历这样的事例很多，她似乎已经习惯了把客人当亲人和朋友，她带的团队每次总能得到游客很高的评价。但她并不满足，她说：客人说好固然重要，但更重要的是通过平凡的导游工作传递人间真爱，弘扬社会正能量。

王安安是一位勤奋好学的导游，从业10年从未间断过学习，她的导游词总是自己创作并不断完善，力求精益求精。导游的级别也从初级到中级再到高级导游，成功实现了两连跳。

对于荣誉王安安并不太在意，她说："我是党员导游，干的都是分内的工作，我只想用我的绵薄之力告诉人们，导游行业是阳光的，导游人员是积极向上的，导游和游客之间是完全可以友好相处的！"恪守党员责任，传递导游真爱，这就是王安安最真切的情怀。

 项目实训

1. 结合自身带团工作实际，列举10个游客个别要求的处理案例。
2. 结合自身带团工作实际，列举10个常见事故预防与处理案例。
3. 结合自身带团工作实际，列举10个突发性事件预防与处理案例。
4. 阅读材料，讨论问题。

景区工作人员失误，导致游客人身伤害

2023年8月，游客李女士与亲友在九江市某景区漂流，因河道拥堵，前方皮艇疏通不及时，工作人员失误将其乘坐的皮艇弄翻，导致1个大人和2个小孩受伤。景区立即组织救援，并送伤者前往附近卫生院检查救治。

试问：水上漂流事故如何预防？事故发生后如何处理？假如你是全陪导游，你应该怎么做？

新业务服务篇

- 项目六　拓展导游新业务服务技能

项目六

拓展导游新业务服务技能

● **项目导读**

本项目由四个任务构成,即掌握研学旅行服务技能、掌握劳动教育服务技能、参与旅游招标投标服务、巧用自媒体宣传推广,其中研学旅行服务技能、劳动教育服务技能和自媒体宣传推广属于新型业务,也是新职业、新行业,这三种职业与导游服务密不可分,需要导游员朋友重新从头学习。旅游招标投标服务属于传统的旅游服务项目,但是导游员在平时的工作中接触较少,一般都由计调人员去办理。疫情的影响,使旅行社工作人员不得不兼职代理,导游员更要多才多用,少不了参与招投标服务,因此有必要把招投标服务作为新职业来阐述,以赋能导游服务。本项目在全书中是新内容,也是重点内容,是导游必备之技能。

● **思维导图**

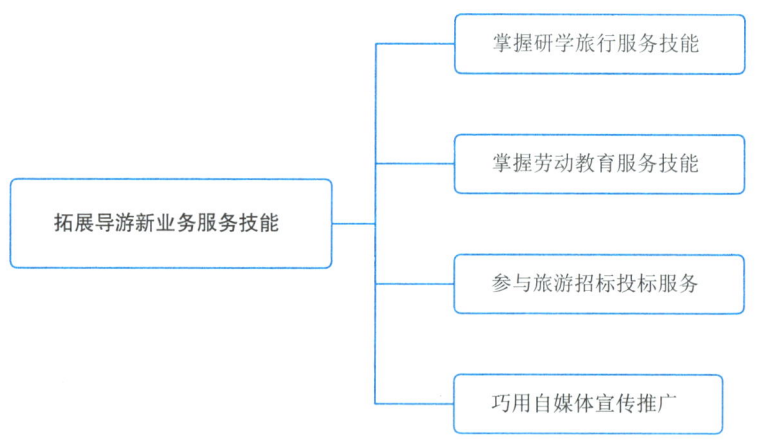

任务一 掌握研学旅行服务技能

2016年11月30日,教育部等十一部门印发的《关于推进中小学生研学旅行的意见》指出,中小学生研学旅行是由教育部门和学校有计划地组织安排,通过集体旅行、集中食宿方式开展的研究性学习和旅行体验相结合的校外教育活动，是学校教育和校外教育衔接的创新形式，是教育教学的重要内容，是综合实践育人的有效途径。

2024年5月24日，人力资源和社会保障部发布公告，将"研学旅行指导师（4-13-04-04）"职业名称变更为"研学旅游指导师"。同时将职业定义变更为"策划、制定、实施研学旅游方案，组织、指导开展研学体验活动的人员"。由于目前正处于过渡时期，有些观点在不同的部门尚有争议，是研学旅行指导师还是研学旅游指导师，国家层面没有统一硬性要求，且两个概念没有本质性的区别，本书我们暂时还是把研学旅游指导师称为研学旅行指导师。研学旅行指导师主要工作任务有6个方面：收集研学受众需求和研学资源等信息；开发研学活动项目；编制研学活动方案和实施计划；解读研学活动方案，检查参与者准备情况；组织、协调、指导研学活动项目的开展，保障安全；收集、记录、分析、反馈相关信息。

从研学旅行指导师的定义和任务并结合导游业务来看，我们可以这样认为，导游经过研学旅行专业培训即可从事研学旅行服务工作。对导游来说研学旅行工作主要有研学对象情况调查分析、开发活动项目和制订研学活动计划、开展研学旅行活动、研学旅行安全管理，也就是导游通常说的研学旅行学情分析、研学旅行备课、研学旅行上课、研学旅行安全管理。对导游来说研学旅行学情分析和安全管理也能参考游客情况分析、旅游安全管理。研学旅行导游工作的重点是研学旅行备课和研学旅行上课。

 任务实施

一、导游要学会备研学旅行课

 案例 6-1

导游想带研学旅行团就必须先学会备课
——李岑虎在文化和旅游部人才中心研学旅行指导师培训班上的讲话

在研学旅行过程中，如果导游想要承担研学旅行的教学任务，上研学旅行课，就得像研学旅行指导师或教师一样在开展研学旅行活动之前首先学会备课。因为备课是上课的前提，为了上好课，必须做好准备，即备好课。备课要做到以下几个方面：

一、熟悉研学旅行过程

按照时间和进度的不同划分，研学旅行过程分为研学旅行前、研学旅行中、研学旅行后三个基本阶段。根据每个阶段的任务不同划分，研学旅行过程包括研学旅行前的备课、研学旅行中的上课、研学旅行后的服务等环节。

二、掌握备课基本内容

研学旅行教学的备课至少要做到以下九个方面，即"九备"。

1. 备学生

导游要了解、熟悉学生的来源、学生所在年级、学生现有的知识技能储备状况和对研学旅行目的地综合知识的掌握程度，以及学生身体状况、家庭状况、习惯特点等方面的内容，做到因人而异、因材施教。

2. 备教材

研学旅行教学使用的教材既包括研学旅行基地、营地课程教材，也包括中小学现行课程教材。研学旅行课程教材是研学旅行基地、营地根据学校提出的研学旅行主题，结合自身的研学旅行课程资源和文化特色而编制的研学旅行课程参考教材。

3. 备问题

研学旅行前要把研学旅行过程中涉及的问题或预料到的问题整理出来，并确定解决问题的办法，把问题提前一周交给学生，让学生们带着问题去讨论、去学习。

4. 备主题

确定研学旅行课程主题是开展研学旅行的第一步，它直接影响研学旅行能否顺利开展以及开展后的课程实施效果。主题要选择研学旅行目的地的地域特色文化。

5. 备研学旅行目的地

研学旅行目的地包括研学旅行基地、研学旅行营地、研学旅行综合体等研学旅行资源单位。只有对每个目的地的历史沿革、地理环境、文化脉络、经济发展等知识进行收集整理并有机串联、掌握，在针对不同的学段的学生施教时才能做到得心应手、游刃有余。

6. 备背景

包括研学旅行目的地的历史背景、文化背景、政治背景、旅游资源背景、研学旅行基地和营地背景、食住行情况背景等。

7. 备研学点

研学点就是导游通常理解的小景点、教学点、实践点、教学内容等，在整个课程实施中起画龙点睛的作用。

8. 备安全

研学旅行安全的备课包括六个方面：研学旅行安全管理工作方案；研学旅行应急预案操作制度；研学旅行产品安全评估制度；研学旅行安全教育培训制度；未成年人监护办法；包括疫情、地震、火灾、食品卫生、治安事件、设施设备故障等在内的各项突发事件应急预案、定期组织演练方案。

9. 备方式和方法

研学旅行主要的研学方法有：小组合作法、项目式教学法、讲授法、训练与实践法、数字化教学法、参观游览法等。

研学旅行主要研学方式有：考察探究、社会服务、设计制作、职业体验、劳动教育、党团队教育活动、博物馆参观等。

三、掌握方案编写过程

导游备课完毕后要及时编写研学旅行课程方案。研学旅行课程方案编写的过程包括个人编写方案、集体讨论方案、现场完善方案三个阶段。这里要提醒的是，无论哪一种方案都要吸纳学校、旅行社或者研学旅行服务机构的意见，签订相应的研学旅行服务合同。

案例点评

无论是从教育部等十一部门制定的《关于推进中小学生研学旅行的意见》，还是从人社部对"研学旅行指导师"的认定来看，研学旅行都是一种体验活动，也是教育活动，还是教学活动。既然是教学活动，就要遵循教育教学规律，按照教育教学要求开展研学旅行。

导游在开展研学旅行活动之前首先要学会备课。案例中全国知名的研学旅行教育专家李岑虎老师提出的研学旅行备课方法，完全符合教育教学规律和研学旅行规律，特别是他提出的"研学旅行前、中、后三过程""研学旅行备课九备法""课程方案编写三过程"都是经过反复论证、实践证明十分正确的论断，请每一位导游务必掌握。

无论是老师、指导师，还是我们导游，抑或是其他从事研学旅行教育教学的人，哪怕是短暂的培训、讲话，上课前都必须备好课，写好教案。只有备好课，才能上好课。那些不提前备课，拿着材料直接上场念稿子、现场发挥的人是没有教学生命力的，无论他有多高的头衔和多灿烂的光环，都不会受到研学旅行对象的热爱和尊敬。

（点评人：文化和旅游部人才中心研学旅行指导师考评员高霞）

二、提高研学旅行带团备课技能

案例 6-2

导游要学会备研学旅行课才能有资格上研学旅行课
——讲解员赵芳日记摘抄

时间：2023 年 10 月 26 日　星期四　晴

我是一名地接讲解员，5 年来我做讲解服务好好的，还拿了全市讲解员大赛一等奖，各界对我赞不绝口。前天，旅行社领导突然让我带研学旅行团，还说给我 3 天的备课时间，然后直接上团，只能上好课，不能出现投诉事件。我对研学旅行一窍不通啊，真是着急啊，又得重新学习。没办法，谁让我是导游来，端谁的饭碗，就属谁管。或许是领导对我的信任，让我再增加一种新本领、新技能。

3天来我度日如年,累得如狗。现在回顾各种煎熬和尴尬,真的越来越佩服我自己。

我去附近的学校,找我的朋友,问问什么是备课?怎样备课?备课都备什么内容?

我的朋友是学校的副校长,他向我推荐了他们学校的高级教师高老师。高老师是学校的年级主任,学识渊博,德高望重,是他们学校的业务带头人,也是研学实践教育专家。我拜高老师为师,向高老师请教备课的方法。

第一天上午,高老师让我看老师们备课、讨论课。下午,让我听了两堂教学能手的讲课,然后老师们开展教学研讨,都互相点评。我一直静静地听,悟出很多老师们的教学方法。

第二天,高老师让我备一节研学旅行实践课——"线装书的制作"。下午,让我给学生讲这个课。

图6-1　学生制作线装书　　摄影:李岑虎

上午我精心备好课,下午战战兢兢去讲课。中间由于不十分了解学生,准备不充分,各种小故障频发,还出现了喊错名字的尴尬。最后千辛万苦,总算讲完了。十月的山东,一节课让我湿透了衣服。学校老师们的指点和帮助,令我感慨万千,受益匪浅。

如果导游想要承担研学旅行的教学任务,就得像教师一样在开展活动之前首先学会备课。备课是上课的前提,为了上好课,必须做好准备,即备好课。

我按照学校老师的要求,第三天备了一上午课,下午把方案给领导说,旅行社领导不停地点头夸赞。我很开心,我是不是新掌握了一个技能啊?

明天我就要正式给研学旅行的学生上课了,我怕吗?晚风习习的夜啊,你告诉我答案。

2023年10月26日晚

项目六 / 拓展导游新业务服务技能

 **案例点评**

本案例中的讲解员小赵是一位非常能干、非常敬业,也非常爱学习、爱研究的好讲解员。她在地接讲解行业做得风生水起,得心应手,颇有成就。但是接到研学旅行带团任务,她不推诿,不放弃,把新职业、新技能当成了赋能讲解员的一种新本领,到学校去积极、真诚地向老师们请教,听课、试讲,最后求得真经,得到旅行社领导的好评。其实我们每一个研学旅行导游员都应该像小赵一样,到学校听一听老师们的课,补一补老师们的教学方法,了解了解学生,做到"九备九会",就能备好研学旅行课。今天的研学旅行课都备好了,还怕明天的上课吗?

导游服务案例选评讲解视频

(点评人:李岑虎)

三、每周召开一次集体备课例会

 案例6-3

山东弘道国旅每周召开一次研学旅行集体备课例会

山东弘道国旅地处亚圣孟子故里的邹城市,邹城市位于山东省西南部,是中国历史上著名的思想家、教育家孔子和孟子的诞生地,素有"孔孟桑梓之邦,文化发祥之地"之称誉,现为国家级历史文化名城,中国优秀旅游城市,全国综合实力百强(县)市。研学旅行课程资源丰富多彩。该旅行社经常利用周边的研学旅行资源,每周召开一次研学旅行集体备课例会活动。具体做法是:

一、旅行社领导亲临现场,具体策划

旅行社总经理程飞长期从事孟子故里旅游和传统文化研学旅行工作,对于开展儒家文化研学旅行活动积累了十分丰富的经验。旅行社研学旅行部经理孔晓敏是全市研学旅行课程设计大赛一等奖获得者。每次备课会,旅行社领导班子亲自到现场和导游们一起参加研学旅行备课活动,组织有力,效果良好。

二、旅行社重视师资队伍建设

旅行社重视师资队伍建设,现有导游7名,研学旅行指导师6名,兼职教师团队30名,另外聘请有教师资格证的退休老师加入,给旅行社研学旅行提供了师资保障。同时,繁忙时将旅行社职工转型为教育教学或者研学旅行服务人员,作为研学旅行师资团队的补充,促进了研学旅行的发展。

三、导游研学旅行备课热情高涨

导游愿意从事研学旅行业务,积极性高,主动性强。在研学旅行激励制度下,导游明确自己的任课任务和分工,导游集体备课蔚然成风。在每周一次的集体备课例会当天，大家认真学习新精神，积极讨论提交的课程方案，经过大家的反复修订、审议、试讲，最后通过研学课程方案。

四、备课要体现孟子儒家文化

邹城是孟子故里、千年古县，自古文脉兴盛，有6000多年的文明史。孟子思想、母教文化、邹鲁文化、伏羲文化交相辉映、积淀融合，素有"邹鲁圣地"之美誉。几千年的文化积淀，深深浸润着邹鲁大地，形成了独特厚重、博大精深的邹鲁儒家文化。山东弘道国旅就设置在教育部公布的全国第一批中小学研学实践教育基地——两孟景区东邻。山东弘道国旅充分利用这些独特资源，科学设计课程，形成了一套规范、完整的儒家文化研学旅行特色课程体系。

五、导游教学实操模拟演练

编写完研学旅行教案以后，导游及时邀请学生进入旅行社试教试讲，开展实操带团模拟演练，查找课程设计方案和教学方法存在的问题，及时修订、补充。不试讲的课程不能进入研学旅行手册，不试讲的导游不能带研学旅行团队。

（本案例由山东弘道国旅程广飞编写）

案例点评

本案例作者程广飞老师，曾经是曲阜师范大学本科毕业生，先后考取了初级导游证、高级中学教师资格证、研学旅行高级导师证，从事导游服务、研学旅行服务整整10年，是导游服务、研学旅行服务一线的实战专家。他采用中小学校老师们常用的集体备课方法进入研学旅行备课领域，譬如，班子领导亲临现场策划、一把手亲自参与备课、外聘退休老师带团、集体审议方案、备课要体现当地文化资源、邀请学生进入参与试教、开展模拟实战演练等，都是学校老师常用的备课方法，他们公司每周召开一次研学旅行集体备课例会的办法，具有很高的借鉴、推广意义。尤其是"不试讲的课程不能进入研学旅行手册，不试讲的导游不能带研学旅行团队"的做法，给当下一些急功近利的旅游人敲响了警钟。

（点评人：文化和旅游部人才中心研学旅行指导师考评员高霞）

四、编写研学旅行主题活动线路

案例6-4

体验海洋文化，做中国好少年

——湛江军港研学旅行主题活动线路

【课程名称】体验海洋文化，做中国好少年——湛江军港研学旅行主题活动线路

【学校班级】小学，300名学生

【备课人】高霞

【学校代表】尚校长 【带队老师】梁副校长、张主任以及6个班的班主任

【项目组长】湛江国际旅行社刘总经理

【研学旅行目的地】湛江军港

【项目负责人】见专题课程介绍

【研学课时】3天

【研学背景】

中国人民解放军海军南海舰队的前身是中国人民解放军中南军区海军,成立于1949年12月,为中国人民解放军海军三大舰队之一,是中国海军力量的重要组成部分。南海舰队是目前中国海军三大舰队之中防御海域最大、实力最强的舰队,云集了目前中国海军最先进的战舰。通过参观南海舰队军史馆,考察湛江十里军港,了解中国海军发展史,追溯南海舰队的前世今生。向中国海军致敬,感受各种战舰的英武风采,参观先进的武器装备、干净整洁的舰容、英姿飒爽的水兵,让我们感受到了我国海军力量的日益强大,利于培养学生爱国主义情操。

【研学目标】

通过亲历、参与湛江军港的研学活动,了解国家海洋强国战略的意义,感受海洋国防对于国家发展的重要性。身临其中感受军港壮观,让孩子了解舰艇相关知识,感受海军的风采,增强国防观念和组织纪律性,养成良好的学风和生活作风。掌握基本军事知识和技能,激发热爱祖国情怀,增强国家自信、民族自信、文化自信。

让学生在本次研学过程中认识大海,帮助学生构建海洋知识框架。在实践中学会学习,激发学生探索海洋世界的兴趣,以及积极寻找解决问题的方法。

培养学生的科学素养、创新思维意识、人文精神;提高学生自主学习兴趣与学习能力,包括收集信息、自主决策和自主探究的能力、动手能力、与人合作能力和解决问题的能力。

通过系列红色研学旅行教育活动,让学生传承我党红色基因,赓续我党红色血脉,坚定跟共产党走的决心,做新时代的优秀青少年。

【课程链接】

研学对象为小学三年级学生。提前让学生查找出小学三年级与湛江、军港、海洋有关的课文。

人教版小学语文三年级上册第18课《富饶的西沙群岛》

人教版小学语文三年级上册第19课《海滨小城》

人教版小学语文三年级下册第23课《海底世界》

人教版小学语文三年级下册《在金色的海滩上》(选学课文)

【研学方式】

考察探究式、场馆参观式、设计制作式、劳动教育式、团队活动式。

【研学方法】

小组合作法、讲授法、项目式教学法、多媒体教学法等。

【研学内容】

参观军港和军史馆、体验军营生活、沙滩寻宝、海边拓展、赶海捡贝壳、环岛研学。

【研学重点】

在研学旅行活动中，激发热爱祖国情怀，增强国家自信、民族自信、文化自信。让学生传承我党红色基因，赓续我党红色血脉，坚定跟共产党走的决心。

【研学难点】

在研学旅行活动中，激发热爱祖国情怀，增强国家自信、民族自信、文化自信。让学生传承我党红色基因，赓续我党红色血脉，坚定跟共产党走的决心。

【师资配置】

每班研学旅行指导师1名、带队老师2名、导游1名、安保人员1名、医护人员1名、家长志愿者2名。

【研学过程】

研学旅行前

1. 提前一周基地研学旅行指导师等工作人员进入学校，与学校协商组建研学旅行小组。

2. 发放湛江军港有关能公开的图片、研学教材、研学旅行手册、宣传材料等。

3. 请在你学过的教材中查找与军港、海军、湛江有关的资料。

4. 学校举办研学旅行开课仪式

主持人：1师1生主持，校长致辞；学校带队老师发言；研学旅行指导师代表发言；导游代表发言；学生代表发言；校长检阅仪式；校长授旗；出发。

5. 制订安全方案（见《海洋文化研学旅行手册》）

（1）制订研学旅行安全管理工作方案

（2）制订研学旅行应急预案及操作手册

（3）制订未成年人监护方法

研学旅行中

6. 大巴车上研学准备。

（1）大巴车上告知学生研学旅行的学习目标和研学方案。

（2）引导学生组建研学旅行学习小组，6人一组，选拔小组长；组内进行责任分工，并创意学习小组的名称、口号。

（3）引导各学习小组展开研学旅行知识预习研讨会。

专题课程一：探究南海舰队十里军港

研学过程：

1. 研学旅行指导师提前布置观光时的研学旅行任务。

2. 领队、导游带领学生坐游船，观看南海舰队十里军港外景，配合指导师教学。湛江是粤西门户海上花园城市，抵达湛江后乘坐粤西最大豪华"红嘴鸥"号游船，畅游南海舰队十里军港，海面碧蓝如玉、波澜不兴，渔帆点点、巨轮争航，海鸟掠浪飞翔。近距离眺望赴亚丁湾执行护航任务的军舰，感受南海舰队的强大军力及各类军舰的飒爽英姿。向中国海军致敬，培养学生爱国主义情操。

3. 考察十里军港的意义，著名的研学点，亚丁湾执行护航任务的意义，赴亚丁湾执行护航任务的军舰外形拍照或者绘画。了解南海舰队的发展历史，记住中国各类主要军舰的名称及其特点，查看研习中国南部疆域地图，学习中国海洋知识，辨析中国海产品等。

4. 指导师对各组研学成果进行点评和启发。

专题课程二：走进南海舰队军史馆

研学过程：

1. 组织教学，集合整队，宣布纪律，排队进入军史馆。

2. 参观南海舰队军史馆，聆听讲解员讲解。南海舰队军史馆2006年12月筹建，2012年6月建成开馆。南海舰队军史馆展览面积5400平方米，展线2500米。展览共分上、下两层，一层展示舰队光辉历史；二层展示舰队辉煌成就。馆内共展出图片2500余张，有南海舰队肇始奠基的组图，有执行重大任务时的历史纪录，有历次海战的光辉再现，有舰队从小到大、从弱到强的筚路蓝缕，内容丰富，史料齐全。展出实物1000余件。2015年获全国博物馆十大精品陈列展览精品奖，2018年被教育部评选为全国中小学生研学实践教育基地。

学生一边听讲解一边做笔记，拍照记录。牢记军史馆主要展品文物名称和特点；了解南海舰队主要战役；听听英雄模范光辉事迹；看看国家领导人关怀情况；学习海洋主权知识。

3. 讲解结束后，以小组为单位，学生独立开展调研活动，并挑选出本小组最喜欢的某一展馆，进行该展馆的知识记录、整理，随后选出代表向全团分享自己小组所整理的内容。

4. 最后评价总结，激励提升。

专题课程三：中国少年先锋队队员入队仪式

研学地点：金沙湾海滩

仪式流程：

1. 主持人宣布：中国少年先锋队队员入队仪式正式开始，全体立正。

2. 出旗（鼓号齐奏，全体队员敬礼）。

3. 唱队歌。

4. 宣布批准新队员名单。

5. 授予队员标志（授予者双手托红领巾授予新队员，新队员双手接过，放在颈上，授予者给新队员打上领结，接着互相敬礼）。

6. 宣誓（由仪式主持人领誓。背誓词时举右手）。

7. 共青团领导或学校领导讲话。

8. 呼号。

9. 退旗（鼓号齐奏，全体队员敬礼）。

专题课程四：绳结方法大比武

研学过程：

1. 渔民讲解绳索的作用，了解绳索在渔船中的运用。比如，系缚工具、绑连靠岸船只、救助遇难渔船拖带等。

2. 渔民讲解并演示绳结的结法，引导学生学习绳结的结法。

3. 指导师引导各小组对绳结知识展开研讨。

4. 各小组分工练习绳结的结法，授课渔民和指导师分头指导。练习后进行"绳结方法大比武"。

5. 研学旅行指导师对"绳结方法大比武"全程进行点评和启发。

专题课程五：我来制作小小木船模型

研学过程：

1. 聆听造船专家讲解船的结构和船在海上丝绸之路中的作用。

2. 造船专家演示小木船模型的制作。

3. 指导师引导各学习小组展开木船模型知识讨论。小组长组织组内进行讨论，进行知识汇整，并选出代表在全团进行分享汇报。

4. 学生动手制作小木船模型。通过制造模型，感受制作的乐趣。

5. 学生代表分享制作小木船模型的感想和体会。

6. 指导师对各组汇报成果进行点评和启发。

7. 学生作品展示、评价，每组评选出2名最好的作品，然后参与全班小木船模型作品比赛，适当予以鼓励。

专题课程六：海洋趣味小手工

研学要求：利用净滩行动所得的材料，废物利用。

研学过程：

1. 首先进行海滩净滩行动，收集海滩所得材料，准备开展废物利用。

2. 指导师讲解、展示部分生物模型。

3. 引导各小组对海洋生物模型进行讨论、学习。

4. 随后进行责任分工，引导学生利用所得材料，发挥自己的想象，自主制作海洋生物模型。大大小小颜色不一的贝壳在孩子们的搭配下变成了风铃，轻轻晃动发出悦耳的音符。孩子们还用乌贼壳做帆船底，把自己喜欢的图案色彩画在白纸上做出一只帆船模型。

5. 引导各小组展开心得体验分享。研学旅行指导师进行点评和启发。

6. 学生作品展示、评价，每组评选出2名最好的作品，然后参与全班海洋生物模型作品比赛，适当予以鼓励。

专题课程七：海岛求生我能行

研学过程：

1. 指导师引导学生探究单兵灶制作及野外食物的加工方法。

2. 研学旅行指导师引导各学习小组在海岛、沙滩上集训。海岛求生以体验活动为主，通过带领学生在海岛、沙滩上集训，训练体能并增加其对海洋知识的了解和对大自然的敬畏，学习必要的生存技能。利用岛上的一切资源，搭建一个庇护所，以供人员休息。海岛上虽然有少许淡水水源，但是无法直接饮用，需要过滤及净水，那么我们就要学会过滤水源取得可饮用的干净水。饿了可以通过想办法抓鱼、捞海螺、挖野菜等方式充饥。发挥团队的聪明才智，挑战生存极限。

3. 研学旅行指导师对各组表现进行点评和启发。

研学旅行后

一、研学总结、交流

1. 在大巴车上引导各小组进行研学旅行回顾。研讨本次研学旅行活动的收获、存在的问题、改进的方法。

2. 引导各小组进行研学旅行心得体验分享会。

二、研学后的事务整理

1. 整理和展示学生作品。

2. 做好写实记录。

3. 建立档案袋。

4. 开展科学评价，评价贯穿全程。采用自我评价法、同学互评法、指导师评价法、家长评价法、基地评价法等多元化评价方式，具体略。

【安全措施】

详见《研学旅行安全管理工作方案》《研学旅行应急预案及操作手册》《未成年人监护方法》。

【活动经费】

指导师会同学校财务部门商定，或者学校财务部门会同旅行社等服务方商定。

【研学反思】

老师、学生均要反思，具体略。

（本案例由高霞老师编写）

 案例点评

研学旅行主题线路方案涉及的要素主要包括课程名称、学校班级、人数、备课人、学校代表、带队老师、项目组长、研学旅行目的地、项目具体负责人、课时、教学内容、教学方式、教学方法、教学评价、教学反思、师资配置情况、活动经费、安全管理制度及防控措施等。

研学旅行具体项目负责人包括指导师、导游、安全员、项目专家等。

研学旅行师资包括参与研学旅行活动的学校代表、带队老师、指导师、安全员、导游、项目专家和其他工作人员。在实践中，有的把救生人员、医务人员、安保人员、家长志愿者也列入其中，安排相应的任务，赋予岗位职责。

研学旅行方式主要有考察探究、社会服务、设计制作、职业体验、党团队教育活动、博物馆参观、劳动教育等。研学旅行方法主要有小组合作法、项目式教学法、讲授法、问题探究法、训练与实践法、头脑风暴法、参观访问法、数字化教学法等。

活动经费就是举办研学旅行活动所需要各种开销的费用。包括住宿费、餐费、门票（半价、免票）、交通费、授课费（研学旅行指导师费、授课项目专家费）、服务费（研学机构服务费、场地租赁费、旅行社服务费、导游服务费）、保险费、服装费、材料装备费、教材费等。

安全管理制度及防控措施包括研学旅行安全管理工作方案；研学旅行应急预案操作制度；研学旅行产品安全评估制度；研学旅行安全教育培训制度；未成年人监护方法；包括地震、火灾、食品卫生、治安事件、设施设备突发故障等在内的各项突发事件应急预案等。

本案例研学旅行课程方案，项目齐全，要素清晰，利于实施。整个研学旅行线路活动紧紧围绕"湛江军港 海洋文化 中国好少年"的主题，设置了7个研学旅行专题课程，个个都是优良课程。连同往返大巴车上的活动，都不是简单的观看、听讲，而是突出了学生动手、体验的环节，增强了研学旅行的思想性、教育性、实践性和实操性，每一处都有很多值得借鉴的地方，值得参考。最值得赞扬的是本案例中的课程链接部分，作者不厌其烦，写得详细齐全。小学三年级的学生参加军港研学，指导师提前让学生查找出小学三年级与湛江、军港、海洋有关的《富饶的西沙群岛》《海滨小城》《海底世界》《在金色的海滩上》四篇课文，极大地调动了学生的积极性和参与性，既巩固了教材书本知识，又身临其境，亲自参与考察、探究、体验，利于学生核心素养的培养。特别是研学旅行教学目标的编写，全程突出红色教育思想，强化立德树人宗旨，可供参考和借鉴。

另外，在研学旅行方法上，笔者始终强调以下环节：小组长组织组内进行责任分工；学习小组展开知识讨论，进行知识汇报总结；引导学生自主制作、开展活动；指导师引导学生探究学习方法；组织各个学习小组做记录；选出代表向全团分享自己小组所整理的内容；指导师对各组考察、探究成果进行点评和启发；指导师对各组汇报成果进行点评和启发；写心得体会，分享心得体会。这些都打破了传统的填鸭式教学方法、满堂灌式教学方式，强调指导师的任务是引导、启发，而不是机械地传授讲解，这正是研学旅行课程的精髓和魅力。正是这些真情投入、心血浇灌的研学旅行指导师引领着中国研学旅行乘风破浪，砥砺前行，理应受到敬仰和尊重。

（本案例由李岑虎点评）

五、设计研学旅行专题课程方案

 案例 6-5

三月三北部湾，跳竹竿舞，做竹筒饭

【课程名称】三月三北部湾，跳竹竿舞，做竹筒饭

【学校班级】初二（3）班　　　　【学生数量】45人

【带队老师】刘校长、田主任　　　【联系电话】

【设 计 人】李子尚　　　　　　　【联系电话】

【指 导 师】　　　　　　　　　　【联系电话】

【导　　游】　　　　　　　　　　【联系电话】

【专题课时】2课时

【研学地点】研学实践教育基地

【课程目标】

1. 价值体认：通过参加竹竿舞团队活动与实践体验，亲历竹竿砍伐制作，加深对竹竿舞文化的价值体验。能主动分享自己的跳舞体验和感受，与老师、同伴交流思想认识，形成国家认同，热爱中国共产党，热爱家乡，热爱少数民族兄弟姐妹，增强民族自豪感。

2. 责任担当：观察北部湾大学研学实践教育基地周围的生活环境，增强为同学服

务的意识、服务他人的行动能力。初步形成探究壮族竹竿舞文化的意识，学生愿意参与团队活动，担任砍伐制作师、竹竿舞敲打师、安全员、救护员，初步形成对他人、对社会负责任的态度和社会公德意识。

3.问题解决：能关注北部湾自然、社会、生活中的现象，深入思考并提出有价值的竹竿舞文化系列问题，将问题转化为有价值的竹竿文化研究课题，学会运用科学方法开展研究。能主动运用所学物理、生物、音乐知识理解与解决竹竿舞课堂问题，形成基本符合规范的竹竿文化研究报告或其他形式的研究成果。

4.创意物化：运用学到的竹竿乐器制作技能解决生活中的问题，将一定的想法或创意付诸实践，通过设计、制作或装配等，制作和不断改进较为复杂的竹笛、竹筷子等竹板制品或劳作用品，发展实践创新意识和审美意识，提高创意实现能力。

【研学链接】

人教版七年级语文下册《竹影》；教育部编版六年级语文上册《伯牙鼓琴》；人教版道德与法治四年级下册《我们当地的风俗》。

【研学内容】竹竿的裁切制作；竹竿舞的跳法（有多样跳法）、竹筒饭制作。

【研学重点】

1.竹竿的裁切制作；2.竹竿舞的跳法（有多样跳法）。

【研学难点】

通过竹竿舞体验和竹竿砍伐制作，提高动手能力，形成对国家的认同，热爱中国共产党，热爱家乡，热爱少数民族兄弟姐妹。增强为他人服务的意识、服务他人的行动能力。形成对他人、对社会负责任的态度和社会公德意识。

【研学教具】

长300厘米、粗3~5厘米的竹子16根；手锯2把；砂纸10张；竹刀3把；音响1套。

【研学方式】

考察探究、设计制作、职业体验、劳动教育。

【研学方法】

小组合作法、情境体验法、角色扮演法、讲授法等。

【研学过程】

研学旅行前

第一环：研学准备，设置问题

1.提前一周前往学校，与校方沟通组建研学旅行小组，根据人数组建数个学习小组，并选出组长。要求在出发前，各小组组长组织组员为自己的学习小组命名，并创意小组学习口号。

2.指导师与参加研学旅行的学生见面，告知学生研学旅行行程安排，并布置预习作业，要求在学习过的教材及生活中了解有关"壮族、竹竿舞"的知识。提出研学旅行知识储备，内容包含：壮族民俗及服饰文化知识；壮族竹竿舞的来源与文化内涵；竹竿的制作方法；以及竹竿舞的表演方法等。

研学旅行课前任务

1. 竹竿舞是怎么跳的？有哪些少数民族跳？

2. 了解壮族及其他少数民族的服饰历史。

3. 了解从壮族延伸至全国 56 个民族的服饰特色。

4. 了解少数民族地区分布及形成原因（从地理知识去了解）。

5. 了解壮族竹竿舞的来源与历史文化内涵。

6. 了解跳竹竿舞的少数民族地区分布及民族文化特色。

研学旅行中

第二环：研学导入，提出问题

1. 引导班委组织召开"壮族文化研讨会"。

2. 引导班委发言布置任务，由各组组长引领本组组员进行知识分享，交流自己在参加研学旅行前的预习内容，并进行知识汇总。

3. 讨论完毕后，引导班委组织各小组选出本组代表进行发言，向全团分享本组的预习内容。

4. 所有小组全部发言完毕后，引导各小组相互对其他小组发言进行点评、纠错，随后由研学旅行指导师传授"壮族"的来源及发展历史的正确知识。

第三环：研学新课，解决问题

一、考察北部湾大学研学实践教育基地，了解北部湾少数民族文化；然后到竹林学习竹竿的制作，看壮族专家砍竹竿表演示范。

壮族竹竿制作项目专家示范教学。

1. 壮族专家演示竹竿的选择、砍伐过程，学生学习、体验竹竿的制作。

2. 随后指导师引导学生提出问题：

①竹竿的选择方法有哪些？

②砍伐竹竿所需要的工具都有哪些？

③砍伐的技巧和方法如何？

④砍伐的注意事项有什么？

3. 引导各小组进行内部讨论，交流自己在观看竹竿制作项目时所留意的问题的答案，并进行知识汇总。讨论完毕后，组织各小组选出本组代表进行发言，向全团分享本组的答案。随后组织各小组对全部方案进行修改，定制出最适合本团队的活动方法。

4.布置任务"制作本小组的竹竿舞道具",要求各小组组长组织组员进行任务分工,各小组组长带领组员进行道具制作。

二、竹竿舞道具的制作流程

第一步:依据之前环节的规划,引导小组长带领组员对舞蹈场地进行勘察测量,预设出适宜场地及本组人数的竹竿长度及数量。

第二步:小组长在组内进行任务分工,进行竹竿制作。前往规定的竹林,砍伐合适的竹子,随后将竹子进行切割,对竹竿手握部分进行打磨等。

第三步:组内选出代表,向全团分享自己小组的制作过程。

制作完毕后,组织各组进行展示,并选出质量优秀的道具。随后请制作出质量优秀的道具的小组去协助其他小组完善道具。

道具全部验收完毕后,组织各小组更换民族服装,练习竹竿舞,随后各组进行表演。

三、学习竹竿舞的基本步伐

第一步:首先请壮族舞蹈专家跳竹竿舞,展示壮族竹竿舞文化。播放音乐:《跳起来》。让学生欣赏壮族青年男女跳竹竿的过程。美妙的旋律、鲜明的节奏,引发学生不由自主地用身体的动作感应舞蹈和音乐的节拍,从而尽情享受舞蹈和音乐带给人们的快乐。

第二步:引导小组长进行组内人员分工,并规划出竹竿操纵人员与跳舞人员的切换。

第三步:舞蹈项目专家教授学生跳竹竿舞的基本步伐。学生练习竹竿舞的竹竿操作与跳法。一对一、面对面,蹲在地上,双手紧握竹竿顶端贴在地面上反复做开、合(两拍)练习。要求与《跳起来》的音乐吻合。没拿竹竿的学生原地坐下,模仿动作练习,指导师有意识地从开、合的竹竿中间跳过去,第一次出现跳竹竿的完整动作。

第四步:在竹竿操作与跳法熟练后,引导小组长带领组员进行跳法升级尝试及练习。

第五步:引导班委组织"竹竿舞王争霸赛",由各小组陆续登场表演。并组建评委团,可请学校代表、基地代表、领域专家等,对小组舞蹈表演的熟练度及跳法升级的难度等方面进行综合评分。

第六步:最后播放一些记录研学点滴的照片、小短片,同时整个集体跳一次竹竿舞,指导师带着学生参与,增进师生情谊,给研学旅行画上一个圆满的句号。

第四环:研学总结,拓展问题

1.竹制品的拓展制作,亲手做一次竹筒饭

第一步:前往竹子工坊,参观各类竹制品如筷子、杯子、笔筒、书签等的制作过程。

第二步：指导师引导学生以小组为单位开始制作竹筒饭。先由指导师讲授、示范，然后学生动手制作体验。

第三步：请各小组选出代表向全团展示自己小组所制作的竹筒饭，分享竹筒饭制作要点及竹筒饭制作过程。

2. 研学总结

引导学生分享自己今天的研学旅行心得，讲述自己在不同研学环节做了什么，学到了什么；在活动中、工作中哪里做得好，哪里还有些欠缺；自己的伙伴有哪些值得自己学习的地方，有哪些是需要自己帮助的地方。随后由研学旅行指导师对学生所掌握的知识点进行梳理，对学生个人感悟进行鼓励、提升。这节课，同学们不仅学唱了《跳柴歌》，而且还学会了竹竿舞的基本舞步，增进了同学之间的团结合作精神。请学生发言，畅谈理想，讲讲自己长大后要做什么，要如何为家乡、为国家作贡献。

研学旅行后

第五环：研学评价，反思问题

1. 竹竿舞研学评价

学生通过访谈、填写评价表、提交报告等方式，进行总结评估。聘请相关人员为整个竹竿舞演练、竹筒饭的制作等进行测评。

方式：学生自评、学生互评、专家评价、导师评价、学校评价五部分。

2. 研学反思

①参加活动的学生较多，年龄不大，且如今的学生劳动量少，户外动手机会也不多，在实施活动过程中存在一些安全风险，例如：乘车时容易出现拥挤的现象、在操作刀锯切割竹子时有打滑现象，制作竹筒饭时烧伤和烫伤等。

②因研学地点在大学校园内，受疫情防控要求影响，能进大学校园开展活动的时间不确定。

③研学的课题内容可再拓宽一些，让学生更充分地了解竹子在日常生活中的作用；多动手劳动，提高团队合作精神。

④这次竹竿舞体验研学活动，练习跳的过程占用时间较多，有的学得快，有的学得慢，偏向了学习练习跳竹竿舞，竹子的相关知识或竹子蕴含的精神容易被忽略。

（本案例由文化和旅游部人才中心研学旅行指导师考评员高霞编写）

案例点评

本研学旅行专题课程方案涉及课程名称、学校班级、学生数量、带队老师、设计人、研学旅行指导师、导游、联系电话、专题课时、研学地点、课程目标、研学链接、研学内容、研学重点、研学难点、研学教具、研学方法、研学方式、研学过程、研学评价、研学反思等21个项目，而且增加了联系电话，利于研学旅行联络、咨询、服务活动。可谓要素齐全，要点充实，符合中小学教师教案要求，又具有研学旅行课程教案特点。

研学课程目标从价值体认、责任担当、问题解决、创意物化四个维度编写，恰当合理，利于立德树人教育；研学方法有小组合作法、情境体验法、角色扮演法、讲授法等，灵活多样，具有较强的参与性和实用性；研学方式有考察探究、设计制作、职业体验、劳动教育等，多种方式统筹使用，多法并举，机动灵活，而不孤立是某一个方式、方法，不墨守成规，课堂气氛之活跃可见一斑；研学内容包括竹竿舞道具的制作、竹竿舞的跳法、竹竿舞文化探究、竹筒饭制作，层层递进，逻辑合理，设置科学；研学教学过程采用"三步五环"基本教学法，研学前、研学中、研学后三步清晰明了，利于开展教学；"研学准备，设置问题""研学导入，提出问题""研学新课，解决问题""研学总结，拓展问题""研学评价，反思问题"五个环节，环环相扣，有条不紊。

研学评价方法多样，通过学生访谈、填写评价表、提交报告等方式，进行总结评估。采用学生自评、学生互评、专家评价、导师评价、学校评价五部分进行综合评价。这些方法打破了以往指导师给学生简单打分的方式，客观、公平，利于学生、家长、学校全面掌握学生研学旅行表现和取得的成绩。

案例中研学旅行教学过程主要突出以下方法，值得参考和借鉴。

1. 研学过程分为研学前提前一周前往学校、与校方沟通组建研学旅行小组，并布置预习作业、进行有关知识储备。

2. 研学导入，引导班委组织知识研讨会；引导班委发言布置任务；各组组长引领本组组员进行知识分享。所有小组全部发言完毕后，小组之间相互点评、纠错，随后由指导师传授正确的知识。

3. 研学新课，采用实地考察法，考察壮族村寨，学习竹竿的制作，看壮族人砍竹竿表演，学习竹竿舞道具的制作流程，学习竹竿舞的基本步伐，培养学生的劳动精神和良好品德。

4. 除了学习竹竿舞、制作竹竿道具以外，还进一步拓展问题，拓展制作竹筒饭及筷子、笔筒、书签等竹制品，升华了本次研学旅行活动课程，收到预期的教育效果。

5. 最后"拓展问题"环节，制作竹筒饭，学生唱《跳柴歌》、跳竹竿舞，增进了同学之间的团结合作精神。请学生发言，畅谈理想，谈谈自己长大后要如何为家乡、为国家作贡献。引导学生由竹竿舞的文化认知延伸到为国家作贡献，把本次研学旅行活动推向高潮。因此说，本案例具有较高的学术价值和实践参考价值，完全是一个教科书式的品牌课程。

受这一优质教案的感染，借此机会，笔者强烈呼吁，那些不熟悉中小学教育教学规律的研学旅行指导师，一定要研究中小学教育教学规律，去中小学校，虚心学习老师们的备课方法，去课堂听听老师们的讲课技巧，按教育教学规律开展研学旅行活动，设计出符合教育教学规律的研学旅行教案，表现出研学旅行指导师为人师表、立德树人的职业尊严。

（本案例由李岑虎点评）

六、学会讲解研学旅行课程

案例 6-6

旅游版的研学旅行课气得校长拂袖而去

某旅行社热情地邀请到山东临沂 12 名中学校长前来观摩本单位最优秀的"金牌导游"栾导讲解研学旅行课程。

上午，校长们跟随栾导来到曲阜孔庙碑林，栾导给小学四年级学生讲解儒家文化研学旅行课程。他扛着导游旗，拿着话筒，一个人慷慨激昂，滔滔不绝。在碑林里，既不讲拓片，也不讲临摹，更不讲中国的书法艺术，却大讲特讲孔子事迹、孔子精神，号召大家学习孔子，学习儒家文化，口干舌燥，讲了半个小时。炎热的 5 月，小学生们无精打采、汗流浃背、交头接耳、东张西望。栾导总是问："是不是？""对不对？""行不行？"学生机械地点头应付，回答有气无力。再去杏坛研学点时，栾导引经据典，旁征博引，口吐莲花，讲述孔子"弟子三千，贤者七十二"的故事，最后指出："目前我国学校升学率大大高于孔子当年的升学率，请校长们继往开来，想方设法提高升学率，做新时代的圣人。"校长们说："你用的是旅游讲解法，讲的是旅游，不是研学旅行，而且你们的研学旅行偏离国家研学旅行宗旨和立德树人的要求。"然后陆续拂袖而去，再也没带学生来这家旅行社。

案例点评

本案例中旅行社经理好不容易邀请的贵宾，被这位不会讲研学旅行课的导游讲跑了。案例中的栾导，口无遮拦，天马行空，既不懂研学旅行教学规律，也不懂研学旅行教学方法，更没有立德树人意识，我行我素，以自己的经验代替研学旅行目标，以旅游观光代替研学旅行，打着研学旅行的旗号做旅游，以导游的外行充当研学旅行指导师的内行，给研学旅行带来极大的负面影响，误导着研学旅行的健康发展。纵观整个研学旅行界，导游版的研学旅行课程比比皆是，很多无研学旅行资质的导游依然在大放厥词。很多研学旅行导游朋友的确需要补一补研学旅行上课基本功了。

上课是整个研学旅行教学活动的中心环节，是提高研学旅行教学质量的关键。

怎样才能上好研学旅行课程，完成研学旅行教学任务？首先要坚持以研学旅行教学理念为指导，遵循研学旅行教学规律，结合研学旅行行业特点，具体表现在以下几个方面。

一、全程始终围绕研学旅行目标教学

正确的研学旅行目标是正确实施研学旅行课程的前提。研学旅行教学过程是否有正确的目标，是否自觉贯彻和实现了预定的目标，这是衡量研学旅行课程成功或失败的一个主要依据。

研学旅行教学活动全程注重以立德树人、培养人才为根本目的，突出核心素质教育导向，让广大中小学生在研学旅行中感受祖国大好河山，感受中华传统美德，感受革命光荣历史，感受改革开放伟大成就，增强对坚定"四个自信"的理解与认同；学会动手动脑，学会生存生活，学会做人做事，促进身心健康、体魄强健、意志坚强，促进形成正确的世界观、人生观、价值观；帮助中小学生了解国情、开阔眼界、增长知识，着力提高他们的社会责任感、创新精神和实践能力，全面提高他们的核心素养，把他们培养成为德智体美全面发展的社会主义建设者和接班人。

二、确保科学性和思想性

在科学性上，指导师或者项目专家要准确无误地向学生传授知识，引导他们进行正确操作，及时纠正学生在研学旅行中的种种错误，理论联系实际，引导学生掌握重点和难点，抓好研学旅行的基础知识和基本技能教学。在思想性上，要深入发掘研学旅行资源教材的内在蕴含，师生共同切磋，认真探求真知，让学生深受启迪、震撼，激起学生的思想共鸣，使他们深受教育。这些内容和环节在实施过程中务必体现出来，确保研学旅行课程整体方案的科学性与思想性。

三、突出实践性和互动性

研学旅行要突出学生亲自动手参与的环节，要求学生人人参与，亲自实践体验，让学生成为研学的主体，确保每个学生都能成功，享受成功的喜悦，享受研学旅行带来的快乐。如果缺少了实践性和学生参与互动的环节，就成为"旅游版"的研学旅行，而不是真正意义上的研学旅行课程。

四、采用"三步五环"教学法

无论哪种方式的研学旅行课程都有研学前、研学中、研学后三个基本步骤，都有五个基本环节（即研学准备，设置问题；研学导入，提出问题；研学新课，解决问题；研学总结，拓展问题；研学评价，反思问题）。无论指导师运用哪个模式开展研学旅行教学活动都要结合五个基本环节来设计课程方案，多法并举，统筹使用，完成研学旅行全部目标，提高研学旅行课程教学效果。

五、全程分组开展研学旅行活动

全程分组开展研学旅行活动，引导学生在各自的小组内尽职尽责，分工合作，培养团结合作意识和责任担当意识。在研学旅行中分组开展活动，利于激发学生的活动兴趣，培养学生的自学能力，提高学生解决问题的能力，锻炼学生的发散思维

能力，培养学生的团队合作能力，营造互助合作的氛围。

六、调动学生的积极性和主动性

指导师要千方百计地引导学生的思路，启发学生的思维，激活学生的智力活动，确保学生在整个研学旅行活动中都能表现出对研学的热情和活力。在整个研学旅行过程中，指导师要想方设法让全体同学都参与到既竞争又协作的研学探索中来，让学生真切感到自己才是学习的积极参与者和主人，并为自己的积极参与及其多方面的收获感到兴奋、幸福，富有成就感。

七、采用灵活机动的教学方法

研学方法应符合研学旅行资源的特点和学生的特征，在研学过程中，要随时关注研学的内容、探讨的方式与深度、运用的教学方法等是否能激发学生的求知欲、主动性，使研学真正成为师生双向互动的活动，一发现问题就要立即根据实际情况及时调整和修改研学方法，确保研学旅行完美进行。

八、发挥先进学生的模范带头作用

整个研学旅行过程，始终发挥班干部、共青团员、少先队员等的模范带头作用，依靠先进学生，引领全体学生全身心投入研学旅行中。

九、改变导游角色，变成研学旅行指导师

在研学旅行过程中，研学旅行指导师不是传统意义上的老师，也不是旅游中的导游，而是熟悉研学旅行行业特点和规律的专业技术人员。指导师在研学旅行教学过程中，既不能用导游的讲解方式讲解，也不能用班级授课式的"上课"的方式去"教"学生，要求指导师成为学生研学旅行活动的组织者、参与者和促进者，引导学生主动去探究、去体验。

十、及时纠正学生存在的错误

纠正并解决研学旅行过程中学生的错误和困惑是正确实施研学旅行课程的关键。在研学旅行过程中指导师要纠正并解决学生的错误和困惑，指导师通过向学生提问，或让学生模拟讲解、操作、演练、示范等方式，来暴露学生在理解和运用知识中存在的问题，并有意引发不同的看法和争论，然后加以解决。这样，不仅使全体学生的知识技能和思想普遍得到提升，而且研学氛围紧张、热烈，学生探究的热情高涨，活动结束后还会对研学旅行教学过程不断回味与留恋。

十一、提升跨学科教学能力

研学旅行涉及语文、数学、地理、历史等多门学科，要求指导师要更新教学观念，加强跨学科知识的研究和学习，积极与不同学科指导师合作，整合不同学科的研学旅行课程内容，将不同学科的研学内容有机渗透在研学旅行教学中，从而促进研学旅行在跨学科中顺利开展。

十二、处理好与研学旅行团队人员的关系

研学旅行指导师开展研学旅行教学时离不开其他相关部门和工作人员的协作。

研学旅行指导师要尊重学校代表、带队老师、导游、司机、项目专家、安全员等工作人员，积极向他们学习、请教，遇事多与他们商量，支持他们的工作，处理好与他们的关系，积极争取他们的支持，同他们及时协调、密切配合，以便顺利完成研学旅行教学服务。

十三、提高综合服务质量

研学旅行综合服务质量直接影响研学旅行活动质量，开展研学旅行活动要努力提高研学旅行综合服务质量。积极做好研学前事务准备，全程随时开展研学旅行评价激励活动，时时刻刻开展安全意识教育，做好安全事故的预防与处理，把安全和爱心放在心中。引导学生开展文明研学旅行活动，正确处理学生个别要求，正确处理研学旅行事故，掌握重大自然灾害救助办法，完善研学旅行综合服务质量。

十四、研学旅行评价贯穿全过程

广义上的研学旅行评价既包括对研学旅行基地和营地的评价、研学过程的评价、指导师的评价、教学方法的评价、研学资源的评价，也包括对学生的研学态度、研学能力和方法、研学结果等方面的综合性评价。因此要求研学旅行评价要贯穿整个研学旅行过程。

（点评人：李岑虎）

七、牢记研学旅行教学的基本要求

案例6-7

研学旅行教学过程的基本要求

——李岑虎在浙江省旅行社协会导游分会研学旅行指导师培训班上的讲话（节选）

各位导游、各位同人：大家上午好！

我叫李岑虎，来自好客山东、孔孟之乡、文化济宁。下面我结合近年来研学旅行教学实践，重点谈谈研学旅行教学过程的几个基本要求，与大家共勉。

一、研学旅行教学应遵循立德树人目标，全程始终围绕这个目标

研学旅行教学活动全程始终围绕立德树人目标，突出核心素质教育导向，把学生培养成为德智体美劳全面发展的社会主义建设者和接班人，引导学生做有理想、有本领、有担当的新时代青年。

二、确保研学旅行教学过程的思想性

研学旅行教学过程除了具有科学性以外，更要体现思想性，这是正确实施研学旅行课程的基本要求。要深入发掘研学旅行资源内在的思想性，师生共同切磋，认真探求真知，让学生深受启迪、震撼，激起学生的思想共鸣，使他们深受教育。

三、导游要做研学旅行活动的组织者、参与者和指导者，而不是"填鸭式""满堂灌"的不合格教员

在研学旅行过程中，导游不是旅游中的导游，而是熟悉研学旅行教学规律的专业技术人员。导游在研学旅行教学过程中，既不能用传统的"填鸭式""满堂灌"讲解方式讲解，也不能按学校老师的"上课"的方式去"教"学生，要求导游成为学生研学旅行活动的组织者、参与者和指导者，引导学生主动去探究、去体验。

四、研学旅行过程要突出实践环节，确保全体成员亲自参与体验

研学旅行是实践性较强的教育教学活动，要突出学生亲自参与的环节，要求学生人人参与，亲自实践体验，因此，在研学旅行课程实施时，必须增加实践动手的环节，让学生成为研学的主体，真正实现"游中有学"，确保每个学生都享受到研学旅行带来的快乐。

五、采用小组合作法开展教学活动

全程始终采用小组合作法开展教学活动，引导学生在各自的小组内尽职尽责，分工合作，培养团结合作意识和责任担当意识。

六、调动学生的积极性和主动性

在整个研学旅行过程中，导游要尊重、爱护学生，民主、平等地对待学生，无论学生表现得多么的令人不满意，也要宽容、有耐心，适当地给予肯定和真诚的鼓励，以调动和保护其积极性，让学生真切感到自己才是学习的积极参与者和主人，并为自己的积极参与及多方面的收获感到兴奋、幸福，富有成就感。

七、运用恰当的方式、方法

无论考察探究式、实验操作式、职业体验式、设计制作式、劳动教育式，还是博物馆参观式、团队活动式，研学旅行课程都有研学前、研学中、研学后三个基本步骤，都有五个基本环节。无论教师运用哪个模式开展教学活动都要结合三个基本步骤和五个基本环节来设计课程方案，多法并举，统筹使用，完成研学旅行全部教学目标，提高研学旅行课程教学效果。

案例点评

研学旅行教学过程是一个复杂、系统的过程，在这个过程中，导游除了参照以往旅游规律和导游方法以外，更要按照研学旅行教育教学规律来开展研学旅行活动，上好每一堂研学旅行课程。

本案例中李岑虎老师提出的研学旅行教学过程的几个基本要求，既符合教育教学规律，又符合导游带团规律，更是导游上好研学旅行课的保证；既有科学的教育理论的支撑，又有研学带团实践经验的总结，是理论与实际的完美结合，字里行间浸润着新时代研学旅行教育专家对党的教育事业的忠诚。

（点评人：文化和旅游部人才中心研学旅行指导师考评员高霞）

八、要突出学生亲自参与实践的环节

案例 6-8

简易竹简《三字经》的制作教案（节选）

【资源概况】

竹简，指古代用来写字的竹片，也指写了字的竹片。在造纸术发明之前，竹简是使用时间最长的书籍形式，凝聚着古代劳动人民的勤劳和智慧。没有竹简，就没有中国古代灿烂文化的传播和发扬光大。

《三字经》，是中国传统启蒙教材，它短小精悍、朗朗上口，千百年来，家喻户晓。其内容包括中国传统文化的文学、历史、哲学、天文地理、人伦义理、忠孝节义以及一些民间传说等。《三字经》是中华民族珍贵的文化遗产，被历代中国人奉为经典并不断流传至今。

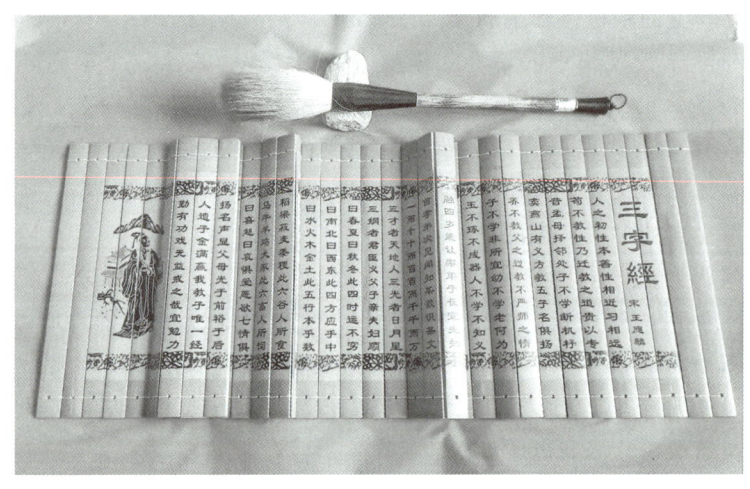

图 6-2　竹简《三字经》　摄影：李岑虎

【研学对象】小学四年级学生

【研学链接】

教科版《科学》二年级上册《书的历史》有关简易竹简制作的内容。

【教学过程】

研学旅行过程突出研学对象亲自参与的实践环节

突出研学对象亲自参与的实践环节，就是力求在竹简的制作过程中，每个环节都要精心设置一些促使研学对象亲自参与的活动，而且是确保人人动手，全员参与。

1. 小组合作让研学对象自主提出问题，自己解决问题。譬如，什么是竹简？竹简怎么制作的？用什么来制作竹简？

2.研学对象以小组为单位自主讨论竹简的构成，讨论制作竹简使用的工具。采用手机查、电脑查、问老师、问制作竹简专家等方式。每人都参与讨论，每人都有任务。有人负责材料调查，有人负责工序调查，有人负责制作流程调查。

材料：竹、绳。

工序：制作毛坯、蒸煮晾干、文字书写、编联成册。

3.小组合作讨论制作简易竹简《三字经》使用的材料和工具。采用手机查、电脑查、问老师、问制作竹简专家等方式。每人都参与讨论，每人都有任务。

制作竹简所需要的材料和工具：底稿、竹片、牛筋线、糨糊、黑油漆、磨砂纸、面漆、刷子、电钻、各种刻刀、砍刀、木槌、棕毛刷、针等。

4.导游引导研学对象分析竹简的制作。竹简制作专家展示竹简制作流程。

简易流程：切竹，刮青，书写，钻孔，编联。

研学对象总结：诵读三遍，记录在记录本里。

5.导游和竹简制作专家引导、示范研学对象制作简易竹简。

（1）导游讲清楚制作竹简工具的安全使用方法，提醒研学对象注意安全。

导游竹简制作专家要向研学对象介绍每一种材料和工具的正确使用方法和安全要点，然后每一名研学对象要重复牢记，小组内口述交流。

（2）旅行社安全员要全程监督工具的安全使用。

（3）研学对象明白制作工具安全使用方法以后陆续开始制作竹简。

（4）导游和竹简制作专家全程巡回指导、检查、纠正研学对象的制作方法。

6.小组内研学对象互相合作、互相配合制作竹简。

7.小组内交流展示自己的作品，然后每组选派一名代表，向全班展示交流。

8.最后每个人都要写出《竹简三字经》制作过程作文，字数600字左右。

（本案例由济南市教育学会王乐乐编写）

案例点评

研学旅行最显著的特点就是实践性，研学旅行没有动手参与实践环节就不是研学旅行，这是检验有关活动是否是研学旅行活动的主要标准之一。因此上研学旅行课要突出研学对象亲自动手参与的环节，要求研学对象人人参与，亲自实践体验。

从本案例中的教学过程来看，突出了研学对象亲自动手参与实践的环节，突出了实践性。本案例虽然是教学过程的节选，但是窥一斑而知全豹，透过节选片段，我们完全能看出整个简易竹简《三字经》的制作过程教案就是典型的研学旅行课程教案，值得我们借鉴和参考。

（点评人：文化和旅游部人才中心研学旅行指导师考评员高霞）

九、采用角色扮演法调动学生积极性

案例 6-9

咸亨酒店演社戏
——追寻鲁迅先生的足迹,汲取精神文化的营养(节选)

【研学内容】《咸亨酒店演社戏》情景剧表演

【研学地点】鲁迅故里绍兴市咸亨酒店门前

【指导教师】施云峰、陈卫伟

【剧情策划】丁海秀

【研学背景】情景剧以鲁迅小说中的鲁镇、咸亨酒店和人物为背景,表现一位系着红领巾的少年小学生淘淘偶然穿越到百年前的鲁镇,来到咸亨酒店门前大街,面对各种疯癫痴狂、苦闷、彷徨、呐喊,却找不到出路。剧中少年闰土、阿Q、祥林嫂、孔乙己、狂人等鲁迅笔下的经典人物栩栩如生。最后,淘淘隔空聆听鲁迅先生教诲,在先生的指引下,淘淘带着闰土和所有人,以及观众,大声诵读着鲁迅先生文章名言重新走回现实世界,把剧情推向高潮。

图 6-3　绍兴市咸亨酒店门口　　摄影:丁海秀

【研学对象】高三学生

【研学方式】职业体验式

【研学方法】角色扮演法、小组合作法、查找资料法、数字化教学法

【研学过程】

一、组建小组

分成8个研学小组,即制片组、编剧组、导演组、演员组、服装组、道具组、摄

影组、宣传组。指导师根据各个小组的分工，布置相应问题，给每个小组分配任务。

强调研学旅行过程中的合作和沟通。要强调这是一个小组作业，而不是个人表现。学生一起努力来呈现一次有效的表演。小组长去负责和班级中其他人的沟通。

1. 制片组：负责整个情景剧项目的筹备、策划、费用。

2. 编剧组：编写《咸亨酒店演社戏》情景剧剧本。

3. 导演组：组织所有的创作人员、技术人员和演员，把剧本搬上表演舞台。

4. 演员组：参与情景剧的演出。主要人物有红领巾少年淘淘、少年闰土、阿Q、祥林嫂、孔乙己、狂人、赵太爷、地保、王胡、钱太爷、尼姑、假洋鬼子、吴妈等。

小组成员选好演员，小组集体分析、讨论决定角色扮演的人物和表演的大体思路，集体描述人物并大致勾勒出行动的可能进程。学生要挑选人物场景并讨论这些人物是如何对场景做出反应的，最大限度地激发学生参与的能动性和积极性，保证角色扮演活动的顺利进行。

5. 服装组：帮助演员租借、制作情景剧服装。

6. 道具组：根据角色需要，对鲁镇演出所用的道具、场景进行制作、布置。

7. 摄影组：对整个表演过程进行摄影、录像和后期剪辑制作。

8. 宣传组：负责情景剧宣传报道、编制手册、编写文案。

二、开展表演

这是角色扮演教学方法的主要教学阶段，既是对前面计划安排的检验，又是对后面评价、反思工作的引领。

1. 以小组为单位，组长带领组员开展准备活动，完成自己小组分配的任务。

2. 导演宣布《咸亨酒店演社戏》情景剧表演开始，各小组根据自己的任务分工，开展各自工作。

3. 表演开始，扮演淘淘、闰土、阿Q、祥林嫂、孔乙己、狂人、赵太爷、地保、王胡、钱太爷、尼姑、假洋鬼子、吴妈的演员陆续登场表演。

红领巾少年淘淘偶然穿越到百年前的鲁镇，遇到百年前的闰土、阿Q、祥林嫂、孔乙己、狂人、赵太爷、地保、王胡、钱太爷、尼姑、假洋鬼子、吴妈等人。淘淘通过与这些人的交流，发现这些人的语言和做事方式莫名其妙、不可思议，个个都是疯疯癫癫、迷迷糊糊、似醉非醉。淘淘很想逃离这个古古怪怪的吃人世界，但是他却找不到出路。

最后，淘淘读了鲁迅先生的文章，并隔空见到了鲁迅先生。鲁迅先生给淘淘指明了前进的方向。淘淘带着闰土和所有人，以及观众，诵读着鲁迅先生文章中的名言名句，重新走回现实世界。这些名言名句有：

"我自己被人吃了，可仍然是吃人的人的兄弟！"

"真的猛士，敢于直面惨淡的人生，敢于正视淋漓的鲜血。"

"不在沉默中爆发，就在沉默中灭亡。"

"愿中国青年都摆脱冷气,只是向上走,不必听自暴自弃者流的话。"

"能做事的做事,能发声的发声,有一分热,发一分光,就令萤火虫一般,也可以在黑暗里发一点光,不必等候炬火。"

……

在表演后,指导师可以指导各组进行一次小型的讨论,也可以延迟到所有的小组表演结束后进行讨论。也可以让扮演者来描述他们扮演角色的感受。

【总结评价】

小组成员回到组内讨论体会,小组长准备向全团报告小组的讨论结果。指导师指导全团同学回顾整个过程。采用学生自评、学生互评、专家评价、指导师评价、学校评价五部分进行综合评价,全面评价学生。

【宣传报道】

宣传组整理本次情景剧表演活动情况,并以各种方式进行宣传报道,展示本次的研学旅行成果。

【成果展示】

学生制作的道具、拍摄的照片、录制的视频、编写的剧本、使用的记录本,都收集整理、加工,展示出来,最后收藏存档。

(本案例由李岑虎、丁海秀编写)

案例点评

角色扮演法是研学旅行活动中比较高端的一种研学旅行方法,深得学校师生和家长的喜爱。角色扮演法是指研学旅行指导师在教学中,通过研学旅行情景模拟,要求学生扮演指定行为角色,并对学生行为表现进行评定和反馈,以此提升学生自身核心素养、提高个人行为技能的一种教学方法。角色扮演法的教学程序是:设计剧情、布置场景、选择小组、分配任务、选拔演员、组织观众、开展表演、回顾讨论、活动评价等。

本案例中的角色扮演法虽然简短,但是各项流程详细明了,周全到位。尤其是活动主题的选择,背景宏大,意境高远,站位高端。经典人物栩栩如生,主角淘淘隔空聆听鲁迅先生教诲,创意升华。最后主角淘淘带着所有人,以及观众,大声诵读着先生名言名句,走回现实世界,把剧情推向高潮,引发了学生观众的共鸣,弘扬了鲁迅的革命精神,激发了民族文化自豪感,传播了社会的正能量。同时,也极大地调动了学生的积极性,达到了研学旅行立德树人的教育宗旨。

导游服务案例选评讲解视频

(点评人:文化和旅游部人才中心研学旅行指导师考评员高霞)

十、跨学科、跨领域上好研学旅行课

案例 6-10

古筝声音的传播研学实践课程方案（节选）

【研学对象】初三年级学生

【材料准备】尺子、橡皮筋、铅笔或小木棍、橡皮、硬纸板、带盖的空盒子、剪刀、牙签、玻璃杯、纸杯、水、双面胶或白乳胶、长短不一的金属棒等可以发出有意思声响的东西。

【课程内容及实施流程】

1. 制造声音体验

请同学们拿出尺子放置在书桌边沿，多次改变尺子伸出桌子的长度并用手指按压、松开，用心倾听声音的变化。拿出玻璃杯往里注入不同的水量，并用铅笔敲击玻璃杯，用心分辨声音的不同。拿出长短不一的金属棒，按照长度依次敲击，分辨声音的变化。

这些声音，您听到了没有？同一物品发出的声音是否相同？

2. 探究声音的变化与传播

结合初中物理课程知识，探索波长与振幅，探究声音的音色、音调和响度，讨论古筝的弦为何发出的声音均不相同。将准备好的材料拿出，让学生们尽情地进行各种实验。在探索声音的过程中，学生们随时将自己的发现记录下来。用头脑风暴法及探究、实验、合作、讨论等方法。

3. 探索古筝背后的数学

数一数古筝有多少弦、多少绿色的弦，有几个音区、多少筝码等。了解音乐与数学之间的优雅联系。音乐的音区和节奏其实与计算、序列和分数相关，而音色、音调和响度则与更高级的数学相关——数列、等式变换和方程求解。

4. 我是小小导游员

采用职业体验法、角色扮演法，让学生轮流担任导游员，讲解古筝的历史故事和不同派系的特色。

5. 制作古筝乐器

在音乐老师的指导下制作乐器——简易古筝（材料和工具有带盖的空盒子、硬纸板、橡皮筋8根、牙签、双面胶或白乳胶、橡皮、剪刀），然后用自制的简易古筝乐器演奏简单的旋律作为伴奏。学生感受到被音乐包裹的美好，只需要跳跃的手指轻轻掠过。

6. 举行"古筝之夜"音乐会

晚上举行"古筝之夜"音乐会。学生主持,学生自演,学生自己当评委。录音、录像、剪辑、合成,全部由学生自己去完成,把学生的才华全部淋漓尽致地展示出来。

(本案例由河南省旅游行业协会导游分会刘亚文编写)

案例点评

研学旅行课程涉及语文、数学、英语、科学、美术、物理、计算机、历史、化学、音乐、美术、思品等多个学科内容,本案例超越了某一个学科的知识范畴、研究范式,创造性地连接起某个主题的多学科内容并进行整合,开启的是一种创造性的活动、新的认知视野和新的问题解决智慧。研学旅行工作者把这些人类社会和自然界实践过程中积累起来的丰富的经验成果进行加工、整理和诠释,就形成了跨越其他任何单一学科的研学旅行专业知识。

本案例中学生通过营造声音体验、探究声音的变化与传播、探索古筝背后的数学、我是小小导游员的体验、制作古筝乐器、举行"编钟之夜"音乐会等活动的体验和探究,多种研学方式交叉渗透,获得跨越不同学科的知识,对所学知识形成一个整体性和系统性的认知,从而开阔了学生视野,培养了创新创造能力,养成了科学探究精神,增强了团队合作意识,提升了学生自身的综合素质,是一个较好的研学旅行课程方案,值得研学旅行导游员参考和借鉴。

(点评人:文化和旅游部人才中心研学旅行指导师考评员高霞)

十一、编写研学旅行专题课程方案

案例6-11

煤海探秘·我是煤矿小工人

【研学地点】中国煤炭博物馆
【研学对象】七至九年级学生
【设 计 人】张晓旭
【专题课时】3课时,14:00—17:00
【课程背景】

中国煤炭博物馆位于山西省太原市,是我国唯一的国家级煤炭行业博物馆,是全国煤炭行业历史文物、标本、文献、资料的收藏中心,是煤炭工业的科普教育机构、科学研究机构,是国家4A级景区,第一批全国中小学生研学实践教育基地、营地。

图 6-4　中国煤炭博物馆　　摄影：张晓旭

【研学目标】

目标维度	目标要求
价值体认	让学生学习煤炭相关知识并体验亲身矿井作业，激发学生对自然生态的探索欲望，了解家乡煤炭工业的快速发展，领悟劳动创造价值。
责任担当	通过团队合作共同完成研学任务及小组学习总结汇报，培养合作精神，树立责任感和集体荣誉感。
问题解决	学会井下安全事故预判与解决方法，养成安全工作意识。
创意物化	通过实地学习、考察，共同绘制"我是煤矿小工人"画卷，将看到、听到、感受到的地面和井下场景以画卷形式表现出来。

【研学内容】

开采"黑黄金"——煤矿开采主要流程、"我是煤矿小工人"——模拟矿井考察。

【研学链接】

九年级物理《能源》课文、九年级语文下册《咏煤炭》课文、八年级中学生阅读书目推荐《平凡的世界》。

【研学重点】

1. 了解煤炭的开采流程与我国煤炭工业发展情况。

2. 围绕煤矿开采主要流程、模拟矿井考察两大主要研学内容进行研学设计。

【研学难点】

研学对象亲自深入矿井，体会煤矿劳动者的付出与艰辛，体会劳动创造美好生活，体认劳动不分贵贱，热爱劳动，尊重普通劳动者，从而培养勤俭、奋斗、创新、奉献的劳动精神。

【研学方式】

职业体验式、考察探究式、劳动教育式

【研学方法】

讲解法、小组法、成果展示法、先进激励法、数字化教学法、模拟实验法

【研学工具】

讲解设备、彩笔、绘画长卷、激光笔、积分贴、iPad

【研学过程】

第一步　研学旅行前

（一）研学准备，设置问题

1. 召开行前班会

研学旅行指导师与校方及学生充分沟通；发放研学物料，进行小组分组；让学生和老师全面了解研学课程的目标、任务和研学安排。

2. 布置行前任务

（1）以小组为单位自主查阅和观看煤炭相关知识的书籍、视频，了解煤炭工业的发展变迁。

（2）了解井下作业面的工种划分，为小组成员分配工作岗位，组成井下开采小分队，并讨论煤矿工人的工作环境与方式。

3. 行前安全教育

进行行前安全教育。

（说明：安全教育贯穿整个研学旅行活动，导游要时时刻刻提醒、警示、告知。）

第二步　研学旅行中

（二）研学新课，解决问题

第一节：开采"黑黄金"——煤矿开采主要流程（时长60分钟）

1. 学习要求

通过对整套现代化矿井模型的解读，让大家清楚了解矿井作业面的具体结构、功能及开采流程，激发大家对煤矿开采工作的探索兴趣。

2. 问题导入

指导师先用激光笔指向不同的设备，小组讨论其主要功能，并做阐述。

（说明：小组讨论发言，人人都要参与，个个都要发言。全程每个人至少表现、发言6次以上，相互监督、提醒。）

3. 课程实施

（1）详细讲解矿区各部分的组成、功能及开采流程。

（2）了解模型上橘色、绿色、红色、蓝色的指示灯所代表的不同含义。

（3）讲授开采过程中可能存在的危险及解除办法。

（4）小组总结，组长对安全知识和操作方法进行总结汇报，研学指导师总结并点评。

第二节:"我是煤矿小工人"——模拟矿井考察(时长120分钟)

1. 学习要求

通过对古代、近代、现代矿井的考察、体验,了解我国煤矿开采的工业变革,树立正确的职业方向,培养爱国情怀;体会煤矿劳动者的付出与艰辛,从而培养奋斗、创新、奉献的劳动精神。

2. 问题导入

(1)在古代煤矿的开采方法中,"刨根""落垛"分别指什么?

(2)近代煤矿开采的主要工程设备有哪些?请分别说出它们的功能。

3. 开采分队集结号(时长20分钟)

(1)各组首先使用iPad观看真实矿井开采作业的视频,对矿井工作有初步了解。

(2)将矿井各工种的工作照分发给各小组成员。

(3)接到开始指令后,各小组需准确判断、挑选出井下作业工种,并按照开采作业先后顺序进行准确列队。

(4)由小组组长陈述各组的开采小分队组成。

(5)研学指导师给出准确评判,并总结点评;为速度快、准确率高的小组发放积分贴。

4. 整装待发(时长20分钟)

(1)由队长示范井下着装:佩戴矿工帽,开启小矿灯,讲解专业着装要求及研学线路。

(2)各开采小组组员乘坐"罐笼"式电梯,进入模拟矿井,佩戴矿工帽,开启小矿灯。

(3)乘坐井下矿工小火车,在巷道内穿行,进入开采区。

(4)导游、指导师、老师、安全员一定要强化安全教育,时时刻刻关注学生人身安全。

5. 开采进行时(时长40分钟)

(1)在古代开采作业区实地考察学习,研学旅行指导师介绍"高落式"采煤过程。

(2)各组派代表,现场模拟开采流程。

(3)在近代开采作业区,指导师详细讲解煤电钻的使用方式、安全注意事项。

(4)以小组为单位亲自操作,模拟开采。

(5)各小组按照工作分工分别到达自己的工作位置,模拟开启全程现代化开采。

(6)导游、指导师、老师、安全员一定要强化安全教育,时时刻刻关注学生人身安全。

6. 矿工精神记心田(时长40分钟)

(1)观看全国劳动模范——山西焦煤西山煤电杜儿坪矿掘进一队董林队长的先进

工作事迹影片，做好记录。

（2）在班长带领下，同学们集体朗诵散文《致敬最美劳动者》。

（3）发放物料，以小组为单位绘制画卷《我是煤矿小工人》，将矿井整体结构与矿工的工作状态描绘出来，把学习体会和收获表达出来。

（4）完成画卷作品，小组代表阐述各组画卷内容并发表研学感悟与收获。

第三步　研学旅行后

（三）研学总结，拓展问题

1. 研学总结

以小组为单位进行研学总结，分享学习心得及个人所受的启发。

2. 拓展问题

对不同时期的矿井作业环境与安全防护及设备更新进行总结，并畅想煤炭工业未来的发展情况。

（四）研学评价，反思问题

1. 研学评价

（1）过程性评价：带队老师具体负责对每位成员做出公正评价；小组长在研学期间督查并记录小组成员的研学情况，计入过程性评价表。

（2）终结性评价：带队老师组织学生召开研学旅行主题研讨会，对各小组成果进行评价。

（3）评价结果呈现：根据过程性评价和终结性评价相结合的积分贴获得情况，评选研学旅行优秀小组、优秀学生。

（4）施教者对学生的评价要贯穿全程，口头评价、口头赞美全程使用。

2. 反思问题

课程设计环环相扣，知识结构由浅入深，课程内容涉及面广，这些对研学旅行指导师提出了更高的知识储备与实操要求。矿井下空间有限，可设计不同的研学线路，避免人员拥挤，以达到更好的学习效果。

（本案例由山西荣时旅行社有限公司张晓旭设计）

案例点评

本案例是一个非常规范、科学的研学旅行专题课程方案，其中的研学旅行教学目标采用的是综合实践活动课程思维目标，研学旅行方式是职业体验式、考察探究式，还有劳动教育式，研学方法有讲解法、小组法、成果展示法、先进激励法、数字化教学法、模拟实验法，研学过程灵活地采用了"三步五环教学法"，为学生提供一个真实、生动、有趣的学习情境和课程形态，并把爱国情怀、勤劳奋斗、合作创新等教育意图蕴含在"煤矿小工人劳动体验"中，让学生通过真实体验激发学习兴趣，引导学生认识煤矿开采职业以及该职业背后的故事。

本课程通过佩戴矿工帽、乘坐矿工小火车、模拟现代开采等职业体验活动，在劳动模范的榜样示范和引领下，增进劳动价值感悟，培养职业意识、创新精神和实践能力。课程通过观摩、体验、探究、描绘等场景化教学模式调动眼、口、手、耳等多个感官共同参与，趣味性、互动性和实践性兼具，增强了研学的愉悦感、趣味感、互动感和课程参与度。

课程围绕煤矿开采主要流程、模拟矿井考察两大主要研学内容进行设计，并且通过对古代、近代、现代矿井的亲自观察、亲身体验、亲临感悟，实现了本次课程的研学重点，即了解煤炭的开采流程与我国煤炭工业的发展情况。最后又以小组合作的方式完成画卷"我是煤矿小工人"的绘制，将所见、所闻、所感、所获等研学成果进行创意物化表达，实现了研学目标，锻炼了学生的观察力、表现力、创造力及审美能力，加深了对新时代中国特色社会主义伟大成就的直观理解，增强了学生的自信心和民族自豪感。

本案例中学生安全教育贯穿全程，可看出该课程心系学生，牵挂学生，也展示了研学旅行导游深厚的研学旅行组织能力。

（点评人：李岑虎）

十二、积极参加研学旅行大赛

 案例 6-12

山西省研学旅行协会

关于举办山西省首届研学旅行课程设计大赛的通知（摘要）

一、大赛目的

通过比赛遴选一批具有山西特色、主题突出、体验感强、科学实用、育人效果明显的研学旅行精品课程，培育一批业务知识过硬、服务水平较高、职业素质良好的研学旅行从业人员队伍。

二、大赛主题

山西省首届研学旅行课程设计大赛

三、组织单位

主办单位：山西省研学旅行协会

承办单位：太原旅游职业学院

协办单位：山西财经大学、太原工业学院、山西旅游职业学院、山西艺术职业学院、运城学院、太原理工大学马克思主义学院

四、赛程安排

（一）宣传报名阶段：2021 年 12 月 1 日—12 月 30 日（提交报名表）

（二）初赛作品提交截止日期：2022年2月28日（提交初赛参赛作品）

（三）初赛评审阶段：2022年3月1日—3月8日

（四）决赛及颁奖阶段：2022年3月中旬（根据疫情情况调整）

五、参赛范围

本次比赛分院校组和社会组两个组别，分别面向院校学生和社会人员。

（一）院校组

1. 全日制各学历层次在校学生（应出具在读证明或学生证），专业不限，可跨行业、跨专业组队参赛。

2. 每个代表队参赛选手不超过5人，每个参赛队可配1~2名指导教师。

（二）社会组

1. 对研学旅行有浓厚兴趣，或从事研学旅行相关工作的人员。

2. 每个代表队参赛选手不超过5人，荣获一等奖的选手可直接取得由山西省研学旅行协会颁发的研学旅行指导师（初级）证书。

六、课程要求

（一）课程选题要求

课程设计方案要坚持可执行、可操作、有借鉴意义的理念，以习近平新时代中国特色社会主义思想为指导，以山西省研学资源为课程依托，突出黄河文化、长城文化、太行文化地域特色，充分挖掘、研究、整合我省丰厚而优秀的传统文化、丰富的红色资源、先进的国防科工资源、秀美的自然山水、淳朴的乡风民俗、辉煌的社会发展成果等元素。课程选题要符合研学旅行课程要求，因地制宜设计出符合青少年特点并能够为中小学校、各旅行社、研学旅行基地、景区文博院馆等提供借鉴价值并可执行的研学旅行课程。选题方向可参考以下方面：

1. 优秀传统文化。依托文物保护单位、博物馆、非遗场所、优秀传统文化教育基地等资源单位，引导学生传承中华优秀传统文化核心思想理念、弘扬中华传统美德、振奋中华人文精神，坚定学生文化自觉和文化自信。

2. 革命传统教育。依托爱国主义教育基地、革命历史类纪念设施遗址等资源单位，引导学生了解革命历史、增强革命斗志、传承革命精神，培育青年学生脚踏实地、锐意进取、勇于奉献的新时代理念。

3. 国情教育。依托体现基本国情和改革开放成就的美丽乡村、传统村落、特色小镇、大型知名企业、大型公共设施、重大工程等资源单位，引导学生了解基本国情及新时代中国特色社会主义建设成就，激发学生爱党、爱国、爱人民之情。

4. 国防科工。依托安全教育基地、国防教育基地、科技馆、科技创新基地、高等学校、科研院所等资源单位，引导学生学习科学知识、培养科学兴趣、掌握科学方法、增强科学精神、树立国家安全观和国防意识。

5. 自然生态。依托自然景区、风景名胜区、生态保护区、野生动物保护基地等资源单位，引导学生感受祖国大好河山，树立爱护自然、保护生态的责任感和使命感。

6. 劳动教育。依托劳动教育基地、农业实践基地、非物质文化遗产传承基地等资源单位，引导学生树立正确的劳动观念，热爱劳动和劳动人民，崇尚劳动，尊重劳动，逐步端正劳动态度，养成自觉劳动的习惯。

（二）课程设计要求

参赛的研学旅行课程必须为自主开发的单一主题课程，要体现研学育人教育思想，以培养学生综合素质为导向，因地制宜，体现各自特色，彰显研学课程特点。

1. 主题鲜明。课程名称要简洁凝练、主题突出、特色鲜明。能根据地域文化资源和自身资源的优势，体现中小学生研学旅行活动主旨，体现课程的核心价值要义。

2. 要素齐全。课程一般包含课程名称、课程方向、课程资源、课程目标、课程内容、课程实施（行前、行中、行后三个环节）、可行性分析、安全保障等内容。

3. 计划周密。课程要有可行性分析，有配套的实施计划，对课程实施的各个环节有周密的活动方案和安全应急综合预案，责任落实到人。

七、比赛安排

（一）初赛

1. 比赛内容：初赛阶段主要考察选手研学课程设计能力，提交电子版参赛作品，所有参赛作品要求为原创，不得抄袭，一经发现，取消比赛资格。各代表队需要提交以下参赛作品：

（1）《研学旅行课程设计方案》（文档，参考附件2）。

（2）《研学旅行课程设计方案》介绍（视频，15分钟以内）。

2. 课程征集：2022年2月28日12:00前将参赛作品及相关材料按照格式要求提交至电子邮箱：sxsyxlxxh2021@163.com，联系人： ，老师： ，联系电话： ，逾期不再纳入参赛范围。

3. 参赛作品提交要求：参赛作品统一打包成文件夹并压缩，压缩文件以"院校组＋参赛学校＋课程名称"或"社会组＋参赛单位（个人）＋课程名称"命名；视频文件大小不超过200M，命名格式为"院校组＋参赛学校＋课程名称"或"社会组＋参赛单位（个人）＋课程名称"。

4. 评选方式：2022年3月1日—3月8日专家组分别对院校组和社会组参赛课程进行初审，满分为100分（具体评分标准见附件4），最终按照分数高低评比出院校组前20名和社会组前20名，共40个研学课程设计作品进入决赛环节。

（二）决赛及颁奖

拟于2022年3月中旬举行决赛。决赛采取现场抽签的办法，现场确定展示次序，参赛单位需准备一份关于自己策划案介绍的演示文稿（PPT）进行现场展示（每个策划案限6分钟）。

作品展示完后，进入现场答辩环节，由评委老师进行提问（答辩内容包括作品可行度、实施度等）。老师提问后，参赛选手必须立即作答。选手答辩结束后退场，老师们在所有答辩结束后根据作品现场展示情况、选手答辩环节表现进行集中点评，并做出最终评分，现场公布排名并颁奖。

八、奖项设置

一等奖2名，颁发获奖证书及奖金5000元；

二等奖4名，颁发获奖证书及奖金2500元；

三等奖6名，颁发获奖证书及奖金1000元；

优秀奖8名，颁发获奖证书及奖金500元。

九、有关要求

（一）参赛要求。社会组若以参赛单位组队参加比赛的，要求参赛单位近两年不能存在不良诚信记录、经济纠纷或发生过重大安全责任事故。

（二）材料要求。参赛选手需提交参赛报名表、承诺书和课程资料（Word版和PDF电子版均需提交）。

（三）本次比赛不收取任何参赛费用。参赛作品一律不退，版权归参赛单位（个人）所有。大赛主办方可在评选结束后召开精品课程发布会，进行对外宣传，供各单位学习、交流。参赛即视为认同大赛规则和要求。

（四）未尽事宜另行通知。

附件1

研学旅行课程设计模板

封皮：

山西省首届研学旅行课程设计大赛

研学旅行课程设计方案

参赛作品名称_____

参赛选手_____

参赛单位名称_____

日期：　　年　月　日

正文：

课程名称		课程方向（选题）	
课程介绍	简明、准确地叙述课程方案主题特色和重要内容。包括课程设计的亮点、研学目的、研学方法、研学对象、对应学科和研学日程安排等。		
课程目标	说明课程具体目标和意图，包括课程总目标、课程学段目标、专题课程目标，并分层表述，600字以内。		
可行性分析	从学生学情、查找与筛选课程资源、核算研学课程成本等方面进行分析。		
课程内容	包括课程设计理念、课程日程安排、课程具体内容、课程时长等内容。要求结构完整、重点突出、安排合理，体现不同学段学生的身心发展特点，以提纲式简单明了概括课程内容。		
课程实施	课程实施细则，包括课程的地点、物资、师资、教学过程、关键环节等。要求科学合理，操作规范，可操作性强，实现程度高。		
安全保障	安全隐患分析、安全保障措施与规范等。		

可根据实际需要，增加相关板块的内容。

附件2

研学旅行课程评定标准

序号	项目	评定要素	分值	得分
1	课程介绍	主题特色：山西特色鲜明，整体内容设置能有效协同融合，富有创意。 重要内容：研学目的、研学方法、研学对象、对应学科、研学日程安排。	10分	
2	课程目标	准确恰当：研学目标契合主题，符合核心素养和综合实践课程纲要。 具体清晰：课程总目标、课程学段目标、专题课程目标，分层表述，内容具体。 针对性强：针对学生学情，针对研学资源特点，针对现场具体情况。	10分	
3	可行性分析	紧扣学情：紧扣学生学情恰当选择研学资源。 有代表性：研学资源特色鲜明，教育意义突出。 适合研学：资源点安全有保障，设施齐全。 符合预算：课程方案符合预算要求。	20分	
4	课程内容	突出目标导向：与学科知识结合不少于三门课程，并与知识点巧妙结合，课程设计重点突出、安排合理，能有效对应不同学段学生的身心发展特点，达成课程目标。 内容深浅适合：针对学情设计内容深度，既不过浅又不过深，活动设计合理，难易程度适中，环节衔接流畅。 类型丰富多样：知识型、体验型、实践型、艺术型、创新型多样设计，避免旅游参观、泛泛游学和只学不游等倾向，操作性强，寓教于乐，体现参与性、实践性。	20分	

续表

序号	项目	评定要素	分值	得分
5	课程实施	线路流程安排合理：紧扣主题，主次分明，过程紧凑。 教学活动充分开展：研学实施科学合理，操作规范，可操作性强，实现程度高。主要研学点活动丰富，时间充足。 组织得当，确保参与：研学前、研学中、研学后，各节点组织有序得当，能有效保证研学内容的落实，确保学生有效参与研学过程；研学课程结构完整。在模板基础上自行设计的创意板块，可酌情加分。	30分	
6	安全保障	项目齐全：交通、食宿、活动、保险、医疗等安全保障健全。 措施得力：安全制度完善，安全组织到位，措施具体得力。 预案完备：应急预案具体恰当，应急要点完备。	10分	

（本案例由山西省研学旅行协会李旭老师提供）

 案例6-13

四川省研学旅行行业
第四届研学旅行指导师技能大赛规程（摘要）

四川省旅游协会研学旅行分会
四川西部教育研究院
四川省生态旅游协会
四川省旅游协会旅游安全分会
四川省教培研学实践联盟

关于举办"四川省研学旅行行业第四届研学旅行指导师技能大赛"的通知

研学旅行相关单位：

为了进一步加强研学旅行指导师队伍建设，提升四川省研学旅行课程和线路设计水平，四川省旅游协会研学旅行分会在连续成功举办三届行业和大学生研学旅行课程设计大赛基础上，将于2022年10月28日正式启动"四川省研学旅行行业第四届研学旅行指导师技能大赛"。

本届大赛由四川省旅游协会指导，四川省旅游协会研学旅行分会主办，四川西部教育研究院、四川省生态旅游协会、四川省旅游协会旅游安全分会、四川省教培研学实践联盟等单位协办。大赛分为初赛、复赛、决赛三个赛程，赛程持续约60天。大赛宗旨是以研学旅行指导师服务能力竞赛为载体，促进行业主管部门、相关企业、院校之间的相互学习与交流；促进研学旅行行业与院校之间的了解和沟通，搭建行业专家、名师与参赛选手、参赛学校之间交流平台，为参赛选手、企业之间构建对话平台；以赛促建，以赛促学，提升我省研学旅行指导师服务质量。欢迎研学旅行相关单位积极组织选手参赛。

特此通知。

附件1：四川省研学旅行行业第四届研学旅行指导师技能大赛规程
附件2：四川省研学旅行行业第四届研学旅行指导师技能大赛参赛报名表

2022年10月26日

一、赛项名称

赛项编号：SCYX-2022001

赛项名称：四川省研学旅行行业第四届研学旅行指导师技能大赛

赛项归属产业：旅游业

二、组织结构

（一）指导单位：四川省旅游协会

（二）主办单位：四川省旅游协会研学旅行分会

（三）协办单位：四川西部教育研究院、四川省生态旅游协会、四川省旅游协会旅游安全分会、四川省教培研学实践联盟

（四）承办单位：赞助商（待定）

三、竞赛目的（略）

四、竞赛流程

（一）初赛

初赛内容为研学旅行课程设计，要求选手提交1个研学课时（40分钟）的文案（即教师用研学手册，PDF格式），由大赛智库专家线上评选。得分排位靠前的选手进入复赛。

（二）复赛

复赛采用选手网上展示（展示作品使用PPT格式）方式进行，展示内容为研学旅行课程设计。选手可以展示修改完善后的初赛课程，也可以提交新的课程。展示时间5分钟，由大赛智库专家在线评定。得分排位靠前的选手进入决赛。

（三）决赛

决赛采用现场比赛方式进行。比赛时间一天，竞赛包括3个项目，即：研学旅行知识测试、研学旅行课程设计、研学旅行线路设计。

五、竞赛内容

（一）竞赛项目

竞赛包括3个项目，即：研学旅行知识测试、研学旅行课程设计、研学旅行线路设计。其中第1项和第3项只在决赛阶段进行比赛，第2项研学旅行课程设计在初赛、复赛和决赛中都有体现。

1.研学旅行知识测试（决赛项目）

测试形式为闭卷考试。测试时间30分钟，试卷总分100分。题型有填空题、判断题、单选题、多选题4种。内容主要包括研学旅行知识、相关政策与法规知识、研学旅行服务程序、研学旅行特殊问题处理和应变技巧等。本赛项不公开试题库。

2.研学旅行课程设计（初赛、复赛、决赛项目）

要求选手在赛前根据中小学不同学段的研学旅行目标，或者根据市场化研学需要，有针对性地开发1节课时的研学课程。课程类别由选手在自然类、地理类、科技类、历史类、人文类、红色类、体验类、党建类、亲子类、营地类中选择。初赛时以教学方案方式呈现，复赛和决赛时以PPT方式呈现并由选手现场脱稿用中文进行5分钟解读或演示。要求课程符合国家的教育方针，教学目标明确，要素齐全，内容丰富，逻辑清楚，结构完整，教法新颖，知识准确，具有较强的教育性和实践性。

3. 研学旅行线路设计（决赛项目）

要求选手在赛前根据中小学不同学段的研学旅行目标和相关规定，或者根据市场化研学需要，设计一条至少一日行程的国内研学旅行线路。线路可以是自然类、地理类、科技类、历史类、人文类、红色类、体验类、党建类、亲子类、营地类等单一主题，也可以多类融合形成综合主题。线路呈现方式为PPT，选手现场脱稿用中文进行5分钟解读或演示。要求线路主题鲜明，研学目标明确，课程丰富，要素齐全，日程安排合理，具有针对性、教育性、实践性、安全性和创新性，能够被中小学校或市场主体广泛接纳。

选手展示用的PPT格式应设置为pptx，并能确保通用软件正常播放，文件大小不超过30M。PPT中不允许出现所在单位、院校及选手本人的任何信息。

（二）竞赛成绩

1. 初赛、复赛只赛研学旅行课程设计一项，成绩占比100%。初赛、复赛成绩不带入决赛。

2. 决赛成绩由研学旅行知识测试、研学旅行线路设计、研学旅行课程设计三项构成，各单项权重如下：

序号	比赛内容	权重
1	研学旅行知识测试	10%
2	研学旅行线路设计	40%
3	研学旅行课程设计	50%
4	总计	100%

（三）赛项时间分配

序号	比赛内容	比赛时间（分）	准备时间（分）
1	研学旅行知识测试	30	/
2	研学旅行线路设计	5	/
3	研学旅行课程设计	5	/

六、参赛须知

（一）组队要求

本赛项为个人赛，由市级相关行政部门、协会（含下设分会）、大中小学校或具有独立法人地位的企业自愿组队参赛。各单位参赛名额最多3个。本赛项不向参赛选手收取参赛费。

（二）参赛要求

1. 参赛选手限四川省内人员，必须具有大专以上学历，从事旅游、教育、研学、营地教育等相关工作满2年，具有教师资格证或导游资格证或人社部、省级以上行业协会（含省级）颁发的研学旅行指导师初级以上证书。大专以上院校全日制在籍学生（含五年制高职学生）亦可报名参赛。

2. 凡在本赛事往届比赛中获一等奖的选手，不能再参加比赛。

3. 参赛选手报名获得确认后不得随意更换。如参赛选手因故无法参赛，视为选手自动放弃比赛。

4. 本赛项决赛阶段除研学旅行知识测试环节外，其他环节在保证安全的前提下均允许现场观摩。

（三）作品资料提交要求

1. 参赛选手需按照各赛段作品格式要求提交作品并保证原创性。

2. 参赛选手需提交相关资料复印件如下：有效身份证件、学历证明、本赛事相关的资格证书、参赛报名表。在校生参赛需提供学生证复印件。

七、联系及报名方式

（一）联系人，略。

（二）作品投稿邮箱：799808366@qq.com。报名后请于 2022 年 11 月 23 日 24：00 前提交初赛作品。

八、赛程安排

1. 初赛阶段：2022 年 10 月 28 日—11 月 28 日（11 月 23 日 24：00 为提交初赛作品截止时间）。

2. 初赛入围选手培训：2022 年 12 月上旬。

3. 复赛：2022 年 12 月下旬，结果出来后开始网络投票。

4. 决赛日程在公布复赛结果后另行通知。

九、技术规范（略）

十、决赛安排

（一）决赛日程和流程

1. 决赛人数和日程

决赛人数原则上不超过 20 人。决赛日程安排如下：

时间	项目	参加人员	地点
08：00—10：00	参赛队报到	全体选手	大赛报到处
11：00—11：30	研学旅行知识测试	全体选手	笔试赛场
13：00—15：00	研学旅行线路设计	全体选手	大赛赛场
15：20—17：20	研学旅行课程设计	全体选手	大赛赛场
17：30—18：00	专家点评、闭赛式	全体选手	大赛赛场

（决赛具体日程待报名确定后正式公布）

2. 决赛流程

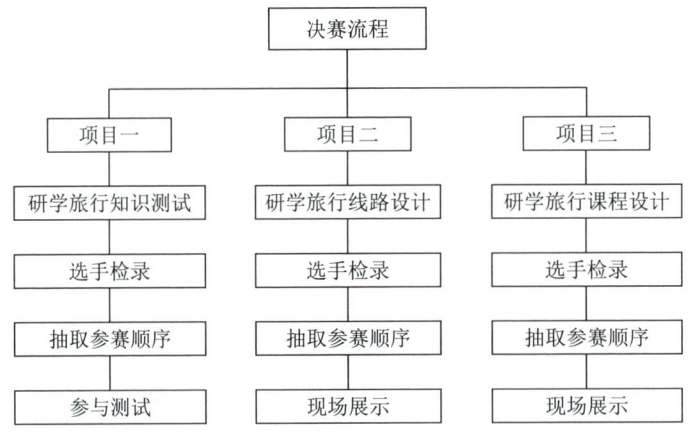

（二）决赛赛卷

决赛赛项研学旅行知识测试需要使用赛卷。赛卷由大赛组委会事先请专家命制三套，提前1天由裁判长任意抽取其中1套赛卷作为比赛试卷。三套赛卷均为保密件，赛事结束前不对外公开。

（三）决赛规则

1. 决赛选手的参赛顺序由现场抽签结果决定。

2. 决赛选手在比赛前可熟悉比赛场地，但现场不提供音响、PPT播放等服务。

3. 决赛选手按规定的时间到达检录地点，凭身份证进行检录。检录时间开始10分钟内未到取消检录资格，比赛开始5分钟内未到取消比赛资格。

4. 观摩人员在赛场指定的观摩区观摩比赛，不得使用手机接听电话，不得高声喧哗。

5. 新闻媒体在赛场设定的媒体采访区工作，并且听从现场工作人员的安排和管理，不能影响比赛正常进行。

6. 各类赛务人员必须统一佩戴由大赛执委会签发的相应证件，着装整齐。

7. 决赛区域除裁判和赛场配备的工作人员外，其他人员未经允许不得进入。

8. 参赛选手不得携带通信工具和其他未经允许的资料、物品进入比赛场地，不得中途退场。如出现违规、违纪和舞弊等现象，经裁判组裁定取消比赛成绩。

9. 决赛选手在规定时间依次入场候赛，在前一位选手退场后由主持人宣布上场，确认现场条件无误后点头示意，由主持人宣布开始比赛，计时开始。

现场安排倒计时提示。

10. 主持人只宣布决赛选手号、计时开始和比赛结束。

11. 决赛过程中，参赛选手须严格遵守比赛规则，保证自身安全，并接受裁判员的监督和警示；若因设备故障导致选手中断或终止比赛，由大赛裁判长根据竞赛规程中的预案视具体情况做出裁决。

12. 研学旅行课程设计、研学旅行线路设计比赛的成绩，由评分裁判现场打分，去掉最高分和最低分，取平均分为决赛选手的最终成绩。

13. 选手单项成绩经裁判长签字后进行公布。成绩公布30分钟无异议即确认有效。决赛选手若对成绩有异议，应在公布后的30分钟内，向大赛组委会书面提出复核申请。

（四）决赛环境

大赛组委会为决赛提供所需的竞赛环境和相应器材。现场配备空调系统，确保环境温度适宜；保证良好的采光、照明和通风，必要时设置抽风装置。

提供稳定水、电供应和供电应急设备；决赛现场设置专门的观摩区，供参赛人员现场观摩。

决赛设备清单见下表：

序号	决赛内容	比赛场地	场地要求
1	研学旅行知识测试	教室1间	满足全部选手同时测试的要求
2	研学旅行课程设计 研学旅行线路设计	比赛大厅1个	大厅要求120平方米以上。设背景墙、舞台、音响1套、多媒体设备1套（含投影仪、耳麦、手麦、立麦）、裁判员席和观众席若干、计时器1个、计算器5个、纸笔5套
备注	研学旅行课程设计与研学旅行线路设计在同一个比赛大厅不同时间段内进行，设施共享。此厅可以兼为颁奖仪式所用。		

（五）决赛成绩评定

1. 评分标准制定原则。

（1）体现研学旅行指导师核心能力。

（2）体现研学旅行指导师培养规格。

（3）体现研学旅行指导师综合素养。

2. 评分方法

（1）裁判员选聘：由大赛组委会按照个人品德修养和研学业务能力水平综合考核后选聘。原则上选聘的裁判应当具有下列条件之一：

• 副教授或相当于副教授以上职称。

• 高级导游、高级研学旅行指导师。

• 四川省旅游协会研学旅行分会智库专家。

（2）组委会将在赛前组织裁判培训，统一各比赛项目的评分细则。现场比赛期间，各裁判根据评分标准独立打分，不得相互讨论，不得干扰其他裁判打分。

（3）裁判员人数：评分裁判7名，裁判长1名，监督仲裁员1名。

（4）分值设置：初赛、复赛成绩不带入决赛。决赛总分100分，其中：研学旅行知识测试10分，研学旅行线路设计40分，研学旅行课程设计50分。

（5）成绩排序：决赛最终成绩经复核无误，经裁判长签字后进行公布。

公布时间为30分钟。成绩公布无异议后，由监督仲裁员在成绩单上签字，并在闭赛式上公布竞赛成绩。

3. 评分细则和标准

（1）研学旅行知识测试。此环节为闭卷考试，纸考并手工阅卷。

（2）研学旅行课程设计、研学旅行线路设计。这两个内容在同一场地依序用中文完成。设置评分裁判7名。评分裁判根据评分标准，为每名选手评分，分值保留至小数点后一位。选手得分的计算方式为：去掉一个最高分，一个最低分，取其他5名裁判的平均分为每名选手最后得分，选手最后得分保留至小数点后两位。

（3）选手决赛成绩根据各赛项成绩的比值累加计算，竞赛名次按照总成绩高低排序。当总成绩相同时，依次按照研学旅行课程设计、研学旅行线路设计、研学旅行知识测试的得分高低排序。

（4）研学旅行课程设计评分表和研学旅行线路设计评分表请见附件。

十一、奖项设定

本竞赛初赛、复赛不设奖项。决赛设置个人奖，设定额数为：一等奖占比15%，二等奖占比25%，三等奖占比40%，优胜奖占比20%（小数点后四舍五入）。

大赛组委会为一、二等奖获得者所在单位或指导教师颁发优秀组织奖或优秀指导教师奖。

十二、赛项安全（略）

十三、竞赛须知

十四、申诉与仲裁（略）

本竞赛项目的最终解释权归大赛组委会。

附表：

研学旅行课程设计评分表（50分）

评分项目	评分要点	分值	得分
指导师风采	妆容自然，与职业适宜	10分	
	形象端庄，气质优雅		
	讲解口齿清晰，语调自然，教态优雅，形象生动		
课程内容	完成科学分组、布置任务、前期研讨等前置课程教育	20分	
	课程目标准确，涵盖学生学科知识和能力素养，课程内容支撑有力		
	课程针对性强，符合学龄段特征（商业性研学符合相关政策要求）		
	课程知识丰富，逻辑清晰，无知识性错误		
	课程教育性强，能够体现多学科综合性研学趋势		

续表

评分项目	评分要点	分值	得分
课程实施	课程导入角度新颖，教学手段、教学模式有较大创新	15分	
	课程具有较强的实践性，能充分引导研学对象动手动脑、做人做事		
	课程效果明显，能够为下一次研学奠定基础		
课程评价	课程评价方法多元，体现激励性、公正性和学生中心理念	5分	

研学旅行线路设计评分表（40分）

评分项目	评分要点	分值	得分
指导师风采	妆容自然，与职业适宜	10分	
	形象端庄，气质优雅		
	讲解口齿清晰，语调自然，教态优雅，形象生动		
线路主题	主题鲜明，主题与课纲有机结合	5分	
	主题与所选择的基地结合紧密		
线路设计	线路针对性强，符合学龄段特征，契合国家政策法规	15分	
	线路特色明显，有创新性		
	线路包含的课程丰富、生动，吸引力强		
	线路日程合理，要素齐全，运作规范		
	线路定价合理，有市场竞争力		
安全管理	建立安全制度、岗位责任制度和安全预案	5分	
	购买责任险、意外险和研学保险		
	足额配备安全人员，知晓安全隐患所在		
线路评价	线路评价方法多元，有助于线路的不断完善	5分	

（本案例由山西省研学旅行协会李旭提供）

案例点评

纵观全国，四川、山西两省的研学旅行早就走在了全国研学旅行的前列。两省的研学旅行专家，在各自研学旅行组织的领导下，怀抱梦想，脚踏实地，严谨治学，敢想敢为，善作善成，取得了一个个令人瞩目的成就，为解决全国研学旅行面临的共同问题提供了更多更好的智慧和方案，引领着全国的研学旅行砥砺前行，为中国的研学旅行事业作出了卓越贡献，赢得了天下研学人的推崇。

案例6-12和案例6-13两个案例都是省级研学旅行大赛案例，省（市）级研学旅行大赛，起点高、赛制优、规模大、专业性强，目的在于发现研学旅行人才，培养研学旅行人才，储备研学旅行人才，为研学旅行指导师树立标杆，带动指导师队伍整体素质的提高。各省（市）级研学旅行大赛一般都是经过前期初赛、复赛的选拔，最后进入决赛环节。决赛选手经过研学旅行知识测试、研学旅行线路设计、研学旅行课程设计、现场展示、现场答辩、模拟带团、试讲课程、专家评审等环节，最终荣获省级大赛奖项。通过一场高端的专业的研学旅行比赛，不仅对所有参赛选手来说是一次接受检阅、汇报成绩、展示风采的锻炼，更多的是赶学先进、提升自我、宣传所在单位、现场观摩、经验交流、思想碰撞、选拔人才的机会。因此研学旅行指导师要严格按照大赛规程参加大赛。具体做到：

一、高度重视，认真做好准备工作

1. 熟读研学旅行指导师技能大赛规程，了解竞赛流程，熟悉竞赛内容，了解竞赛项目，关注单项成绩权重，不能有任何遗漏。

2. 写好各种参赛文稿，提前模拟现场脱稿解读或演示。开展多次预演培训，力求精益求精，做好每一个细节。

3. 熟悉参赛资格要求、作品提交要求和报名联系方式。

4. 多向知名研学旅行专家请教，请专家点拨、提示。

二、精心组织，保证发挥正常水平

1. 争取领导、同事和家人支持。

2. 组建参赛策划团队，协助自己参加比赛。

3. 围绕大赛主题，精心设计参赛环节。

4. 邀请研学旅行指导师、学校老师、导游、旅游教育专家等各领域专业人士担任参赛指导教师，强化比赛培训。请各指导教师针对选手的不同特点、不同风格进行针对性、一对一的辅导。

5. 强化培训包括笔试答题和解题技巧、课程设计创作、线路设计创作、指导师讲解语言、礼仪与形体、才艺技巧、形象设计等。

6. 参赛前外出观摩、学习，请教外省参赛选手比赛经验，接受指导，提升专业技能和参赛综合素质。

7. 参赛的《研学旅行线路设计方案》《研学旅行课程设计方案》，如果主办方提供了统一模板，就要按照提供的统一模板编写。按照主办方给出的评定标准，逐字逐句编写、修改、润色，做到不缺项，不走样，不折不扣按要求编写。编写完毕，要一字一字地推敲，一句一句地修改，逐条逐条地征求意见，看看是否符合主办方规定的课程选题要求和课程设计要求。找不同的行业专家进行指导、修订、润色、提意见，修订好后及时试讲，再打磨提升。

8. 经过研学实践证明的好的特色、亮点，要展示出来。课程设计既坚持"标准"，又不拘泥于"标准"，还要超越"标准"。好的特色、亮点，往往是打动评委、取得高分的重要因素。

三、不怕困难，以热情饱满的心态参赛

1. 熟悉赛程安排，熟悉大赛规则。

2. 熟悉大赛环境和设备，提前去赛场踩点，带妆彩排。提前体验大赛紧张气氛，缓解正式比赛时的紧张情绪。

3. 做好服装造型设计、饮食起居，接受赛前指导。

4. 熟悉决赛成绩评分标准、评分方法，对照标准做好应赛，这是取得胜利的关键。

5. 对照评委使用的《研学旅行课程设计评分表》《研学旅行线路设计评分表》的要求，查漏补缺逐条做好比赛，项项不丢分，才能得高分。

6. 提前模拟做题，多次模拟刷题库，参赛时熟能生巧，才能答好决赛赛卷。没有前期的反复做题的辛苦，就没有现场发挥的优秀。

导游服务案例选评讲解视频

7. 前期反复做好各个赛项的风采展示、试讲、路演模拟训练，演练好各种突发性事件的处理，正式比赛一定蟾宫折桂，马到成功。

（点评人：李岑虎）

任务二　掌握劳动教育服务技能

2020年3月，中共中央、国务院印发《关于全面加强新时代大中小学劳动教育的意见》（以下简称《意见》），提出劳动教育是中国特色社会主义教育制度的重要内容，直接决定社会主义建设者和接班人的劳动精神面貌、劳动价值取向和劳动技能水平。2020年7月，教育部印发《大中小学劳动教育指导纲要（试行）》，要求全国大中小学全面开展劳动教育必修课，对加强新时代劳动教育进行了整体设计，强调将劳动教育纳入大中小学人才培养全过程，建立起一套完备的劳动教育体系。2022年4月，教育部正式印发《义务教育课程方案》，将劳动教育从原来的综合实践活动课程中完全独立出来，并发布《义务教育劳动课程标准（2022年版）》。2022年9月起，劳动课正式成为大中小学的一门独立课程。

新时代劳动教育涉及社会方方面面，《意见》对社会各方面如何加强劳动教育提出了明确要求：一是企业公司、工厂农场等要履行社会责任，开放实践场所，特别是鼓励高新企业为学生体验现代科技条件下劳动实践新形态、新方式提供支持；二是工会、共青团、妇联等群团组织以及公益基金会、社会福利组织要组织、动员相关力量，搭建多样化劳动实践平台，注重引导学生参加公益劳动、志愿服务；三是宣传部门要鼓励和支持创作更多以歌颂普通劳动者为主题的优秀作品，广泛宣传辛

勤劳动、诚实劳动和创造性劳动的典型人物和事迹。《意见》还要求，要宣传、推广劳动教育的典型经验，营造良好的舆论氛围，特别是要旗帜鲜明地反对一切不劳而获、贪图享乐、崇尚暴富的错误观念。

针对劳动教育社会性很强的特点，《意见》特别强调各相关部门要履行自身的劳动教育职责，全社会合力推动劳动教育。在劳动教育中，如何做好劳动教育服务，又对导游提出了新的要求。

 任务实施

一、编写劳动教育清单

 案例 6-14

表 6-1 职业院校开展劳动教育参考清单

类别	任务群	劳动项目	实施建议	成果评价要求
日常生活劳动	家务劳动	学做三道菜	运用相关知识，通过购买食材、烹饪前准备、制作、装盘、上桌、餐前仪式等环节，为家人精心准备一顿家宴	熟练掌握三道菜的制作过程，提交三道菜完成后的图片
		居家环境美化	运用相关知识或技巧对生活环境进行美化，如对寝室、房间进行美化设计，并动手改造	熟练掌握环境创设技巧，提交美化设计完成前后的对比图片
		趣味养成	选择学习茶艺、花艺、甜品烘焙、咖啡制作等技能	熟练掌握所选技能，提交作品图片
	收纳整理	掌握收纳技巧，学习卧室/宿舍整理装扮	系统收纳物品，科学合理规划衣柜、书柜、橱柜收纳物品	熟练掌握一个收纳小技巧并宣讲，提交卧室/宿舍整理、装扮完成前后的对比图片
	低碳教育	低碳理念融入校园环保	通过调查问卷、线上线下政策宣讲、开展知识竞赛、张贴宣传标语、组建环保社团、开展主题班会等形式，普及低碳环保理念	熟悉低碳理念及国家当前的"双碳"政策，制作、提交低碳环保理念海报
		构建专业+低碳智库	结合学生所学专业，通过组建专业团队，设计、构建低碳环保校园的各类活动、政策建议、技术方案等	提交可行技术方案、项目申报书等材料
		低碳校园环保活动	学生可在学习之余自发或经组织参与校园环保活动，如开展垃圾分类与回收利用、参与植树、培育绿植、低碳出行等	提交学生日常生活中助力创建绿色环保校园行动计划

续表

类别	任务群	劳动项目	实施建议	成果评价要求
日常生活劳动	生活事务管理	个人形象管理	结合职业、身份、场合，设计自我形象，如妆发服饰搭配、形体礼仪改进等	掌握形象设计的基本原理与操作步骤，提交完成前后的对比图片
生产劳动	专业劳动	劳动教育课程学习	按照教学计划，学生线上、线下完成劳动教育课程学习	完成32学时的学习，顺利获取2个学分
		通过学习考取专业技能等级核心证书	按照专业人才培养方案，通过学习考取专业技能等级核心证书	按照人才培养方案考取专业技能等级核心证书，提交专业技能等级核心证书扫描件
		通过学习考取"1+X"职业技能等级证书	按照学生的职业兴趣，通过学习考取相应的"1+X"职业技能等级证书	按照人才培养方案考取"1+X"职业技能等级证书，提交"1+X"职业技能等级证书扫描件
		参加专业实训课程	按照教学计划，学生完成专业实训课程	按照人才培养方案完成相应学时的学习，顺利获取相应学分
		参加专业顶岗实习	按照教学计划，学生完成专业顶岗实习	按照人才培养方案完成相应学时的顶岗实习任务，顺利获取相应学分
		就业创业	加大高校毕业生就业岗位供给，拓展高校毕业生就业渠道，科学引导大学生创业	提交就业协议，完成就业信息登记
	新技术应用与创造	新技术的应用	结合自身专业，开展课外学术和科技工作，设计和发明新技术	参加相关专项比赛，提交发明专利证书或比赛获奖证书
		新工艺的物化	结合自身专业实际，开展科技发明制作，形成物化产品，并与社会、企业合作将发明予以推广	参加有关专项比赛，提交成果转化企业证明材料或比赛获奖证书
服务性劳动	专业服务	专业技能服务	以专业技能和特长为依托，结合第一课堂、第二课堂以及"三下乡"等社会实践方式，对有需要的人群提供专业服务	提交服务佐证材料，服务时长达16小时以上
	公益劳动与志愿服务	校园公益活动	参与学校劳动周、劳动月活动	提交服务佐证材料，服务时长达16小时以上
		城市志愿服务	成为所在城市的注册志愿者，参与城市志愿服务，如组织或参加当地重大赛事活动的志愿服务、关爱老人等服务	提交服务佐证材料，服务时长达16小时以上
		抗疫、救灾志愿服务	面对重大公共卫生突发事件及重大自然灾害，主动承担相关工作，担任抗疫、救灾志愿者	提交服务佐证材料

（本案例由教育部职业教育与成人教育司提供）

案例点评

设计劳动教育清单，是指依据劳动课程标准选择和组织劳动课程内容、预设劳动方式的活动，是对劳动课程目标、劳动经验和预设劳动方式的具体化过程，是新时代劳动教育课程设计的重要特色和重要组成部分。劳动教育清单一旦确定，基地、学校、家庭、社区就要结合学生实际情况，根据清单准备劳动内容，并对劳动内容进行计划、组织、实施、评价、修订，最终完成劳动课程目标。

编写劳动教育清单也是设计劳动教育清单，要注意以下几点：

一、掌握劳动教育清单的常规内容

劳动教育清单的常规内容包括学生学段层次、劳动教育目标、劳动类别、劳动任务群、劳动项目内容、项目实施建议、成果评价等方面。编写、设计劳动教育清单的常规内容时，确保不缺项、不漏项。

二、按照教育部劳动教育文件要求编写劳动教育清单

教育部《大中小学劳动教育指导纲要（试行）》和《义务教育劳动课程标准（2022年版）》是编写劳动教育清单的主要依据。培训机构要根据本地、本单位实际，设计不同学段学生劳动教育清单，增强学生参与劳动的计划性和持续性。

三、根据本省（市）教育主管部门发布的《劳动教育清单》编写劳动教育清单

本省（市）教育主管部门发布的各种《劳动教育清单》都是按照国家最新课程方案和课程标准制定的。因此，各培训单位要结合自己单位的实际，参考编写自己单位的劳动教育清单。

四、参考外省（市）教育主管部门发布的《劳动教育清单》编写劳动教育清单

很多外省（市）教育主管部门发布的《劳动教育清单》也都是按照国家最新课程方案和课程标准制定的，不仅对本省（市）开展劳动教育具有指导意义，而且对其他省（市）也有借鉴意义。因此，各培训单位可以结合自己单位的实际，把外省（市）的劳动教育清单改编成自己的劳动教育清单。

五、严禁使用不经过教育部门编制或审核的劳动教育清单

不经过教育部门编制或审核的劳动教育清单往往缺乏教育性、思想性、系统性和科学性，不利于劳动教育的正确实施。因此，我们在实施劳动教育时，严禁使用不经过教育部门编制或审核的劳动教育清单。

六、重组劳动教育师资队伍

主办单位、协办单位要遴选有兴趣、有经验、有特长的教师，组建劳动教育师资队伍、劳动教育核心师资团队，同时根据不同主题，聘请社会上的"五老"（老干部、老战士、老专家、老教师、老模范）及非遗传承人、劳动工匠等作为劳动教育兼职教师。这些兼职教师在设计劳动教育清单、编写劳动教育课程中相互协作，形成一支新型、复合、多元、动态的劳动教育新师资队伍。

七、重视劳动任务的可操作性、连续性和多样性

在系列劳动任务清单设计中，具体体现与小学高年级、初中相适应的劳动内容、劳动强度和劳动难度，能够让学生在劳动实践中不断学习、成长。另外，还要增强活动形式的多样性。活动形式以劳动实践为主，在学习实践中，激发学生劳动热情，强化学生劳动认知。

八、在劳动任务清单的设计中，评价形式做到多元化

评价主体要多元化，可以开展自评、同学互评、家长评、指导教师评等。将学生参与劳动的小组劳动记录册、个人劳动任务清单和自评互评表作为过程性评价的主要依据，同时为学生建立劳动档案袋，将过程性评价结果、劳动成果等作为学生每年参与劳动教育成长评价的依据。

九、劳动教育清单还需要注重融合性

除劳动实践任务以外，劳动教育清单还要深挖劳动教育的文化内涵，将思想政治教育、历史传承、生存技能和劳动过程融入其中，探索开展"劳动教育+X"跨学科主题融合教学活动。在课程具体实施环节，加强劳动与各学科的融合设计，让学生综合运用各学科知识解决实际问题。

导游服务案例选评讲解视频

（点评人：全国跟着课本去旅行教育专家委员会委员刘俊凤）

二、设计劳动教育专题课程方案

案例 6-15

全藤编水果篮
——劳动教育专题课程方案

【课程名称】全藤编水果篮

【授课时间】40 分钟

【设 计 人】山东省淄博市临淄区第二中学司春霞

【指导老师】冯鹏飞、陈爱萍

【学校班级】初一学生

【教学课时】2 课时

【劳动地点】编织教室

【编制背景】

中国民间编织艺术，是中国编织工艺的主要品类之一，是我国艺术的一朵奇葩，已有近千年历史。它是我国劳动人民在日常生活中的劳动结晶，寄托着人们对美好生活的向往、对吉祥幸福的期盼。2011 年 5 月 23 日，棕编经国务院批准列入第三批

国家级非物质文化遗产名录。我们的全藤编是棕编的一个分支。通过这节课的学习，同学们对编织技艺有了一定的了解，希望同学们多从日常生活中注意观察，多看、多想、多动手，把我国的传统文化——编织技艺继续发扬光大。

【教学目标】

1. 劳动观念：通过对藤条手工作品的初步感知，初步认识到优秀传统文化手工制作之美，培养学生爱劳动的意识，树立正确的劳动观念。

2. 劳动能力：通过老师引领，学生小组合作亲自动手操作，培养动手操作能力、合作能力和专心解决问题的能力。

3. 劳动精神：通过小组成员合作，反复动手操作，进行组内成品展示分享，体会劳动创造美以及成功的喜悦，培养积极进取的劳动精神。

4. 劳动习惯和品格：通过用尺子量藤条长度、用剪刀剪藤条、动手编织、收口针串藤条等活动，养成良好的劳动习惯和劳动品格，传承优秀传统文化，形成正确劳动价值观。

【教学内容】学会手工全藤编水果篮的技法，在动手中感受到中华优秀传统文化的魅力，体验到劳动的快乐。

【教学重点】引领学生反复动手操作，学会藤编水果篮基本方法，体会到劳动的快乐以及成功的喜悦。

【教学难点】水果篮打底及收口方法。在动手中感受中华优秀传统文化的魅力，培养学生团结合作、专心致志的劳动习惯。

【教学方式】让学生通过观察、反复动手操作、小组合作等方式，不仅学会手工全藤编水果篮的技法，还能在动手中感受到中华优秀传统文化的魅力，体验到劳动的快乐。

【教学方法】讲解示范法、小组合作法、数字化教学法、成果展示法。

【劳动工具】小剪刀6把、软尺6个、收口针6枚、浅木色藤条若干、粉红色固定线6根。

【教学过程】

第一步：劳动教育前

【课前准备，设置问题】

1. 播放一段配乐视频，让学生了解本节课要做什么以及所需要的材料。

2. 各组组长上台领取材料（剪刀1把、收口针1枚、软尺1个、藤条1把、粉色固定线1根）。在组长领取前，老师将所需工具和材料，向学生一一展示，提醒学生在使用剪刀过程中要注意安全，说明收口针怎么用，剪、量藤条需要小组合作完成等。

3. 提醒学生注意物品摆放要有序，不要随意乱扔。

第二步：劳动教育中

【课堂导入，提出问题】

1. 播放幻灯片和图片资料全藤编水果篮成品。同学们，这些水果篮都是老师编的，喜欢吗？这节课我们就来学编水果篮。

2. 先让组长带领大家检查一下，你们的材料和工具都到位了吗？

【开展新课，解决问题】

第一步：剪藤条。老师示范，拿出软尺量出60cm竖条一根，用剪刀剪下，以此类推，剪出32根竖条长度60cm。提醒学生如何安全使用剪刀。各组长带领大家，将藤条剪竖条32根，每根长度60cm。剩余的藤条从中间对折，分别弄成2个藤条线团。

第二步：同学们藤条都剪好了吗？现在开始编水果篮底部了，请同学们拿出16根竖条，4根一组，分成4组。

请同学们看图片，将16根竖条摆成这样的形状，如图一所示：

图一

学生观察，组内成员分别操作一遍。

温馨提示：注意4组藤条摆放顺序，口诀：左四竖条是第一，上边横四是第二，右边竖四是老三，下边横四是老四。

摆好的形状，一拿起来，就乱套了，让我们想办法把它固定住。老师巡视，教每组同学如何固定图形，完成不好的组，老师及时指点。如图二所示：

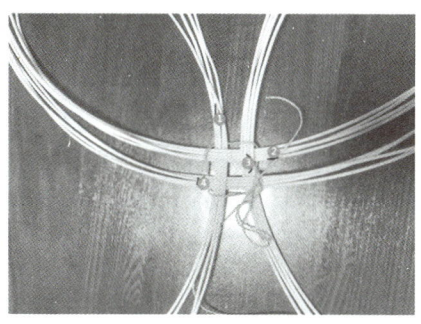

图二

下面我们将固定好的图形四根一组的竖条，重新组合，变成一朵菊花的样子。学生先观察图形的形状（这是8个角的菊花，一个角是4根藤条），然后组内同学分别演示一遍，由组长将重新分组的藤条用粉红线固定住，如图三所示：

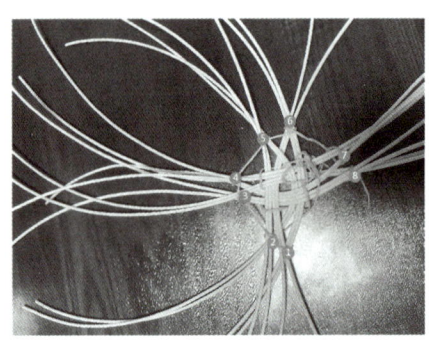

图三

接下来开始编织底部。各小组拿出刚才缠好的两个藤条线团，准备好，先看老师示范：2根编织条中间对折，从图三中标识1开始，套住1菊花一个角即4根藤条，开始扭编，扭编的意思就是2根编织条套住第1组4根竖条后，1根在竖条上面，1根在竖条下面，再套住第2组竖条，2根编织条互换位置，第1组在上面的编织条，到第2组时，就套在第2组下面；第1组在下面的编织条，则套在第2组上面，以此类推，编完8组，完成1圈。编到标识8后，再接上标识1继续编第2圈。按这个方法，编完4圈，将粉红色的固定线拆下来，见图四、图五。

图四

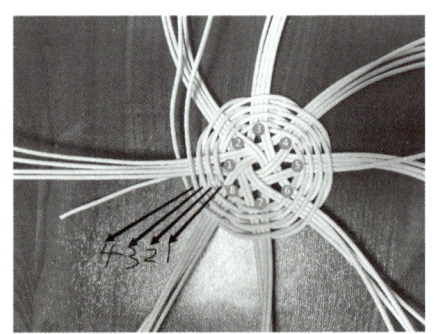

图五

老师讲解示范后，各小组开始动手操作，老师来回巡视指导。

完成4圈后，接下来，老师演示，将藤条分成2根1组，编3圈。如图六、图七所示：

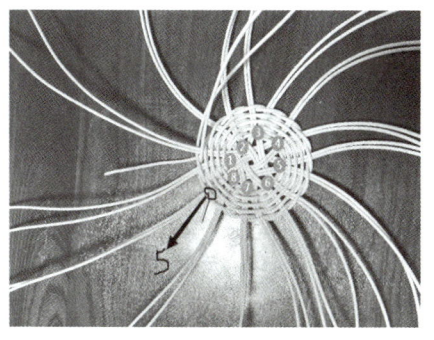

图六　　　　　　　　　　　　　图七

组内成员动手操作，老师巡回指导各组完成情况，直到每组都完成3圈编织。

继续学习下一道工序：加条，老师讲解示范，将另外的16根藤条从中间对折，分别加到图中编好的2根竖条中间，4根竖条1组，然后继续扭编3圈。如图八、图九所示：

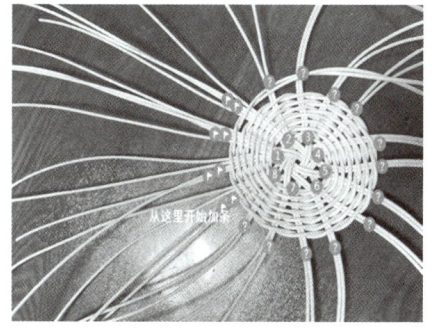

图八　　　　　　　　　　　　　图九

加条中，老师巡回指导各组加条情况，加完条后，继续编3圈，共编6圈，如图十所示：

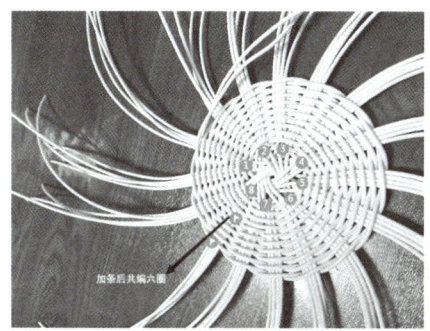

图十

6圈完成后,将4根竖条1组,分成2根竖条1组,扭编3圈,如图十一所示:

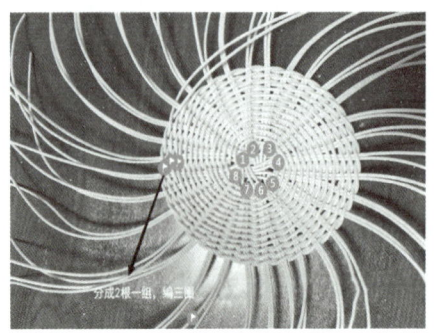

图十一

组内动手操作,老师巡回指导,直到每个组都完成6圈+3圈的编织。

老师示范:如图十二、图十三所示。拿起任意2根竖条开始算第1组,将第1组竖条从第2组竖条底下穿过去,第2组竖条从第3组竖条底下穿过去,这时再拿起第1组竖条,从第2组底下穿过去,照此类推,将第3组竖条从第2组竖条底下串过去,编一圈,首尾相连起来。每个小组开始动手操作,老师巡视指导,直到全部完成,对完成不好的组,在小组内单独讲解示范。

图十二

图十三

老师示范:反转,将2根1组的竖条隔一个孔穿过去,以此类推。这时让各组推荐一名代表,上台动手演示一下,接下来,组内同学合作完成,老师巡回指导,全部穿完的样子如图十四、十五所示。

项目六 / 拓展导游新业务服务技能

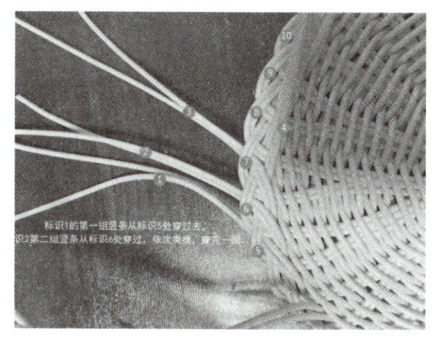

图十四

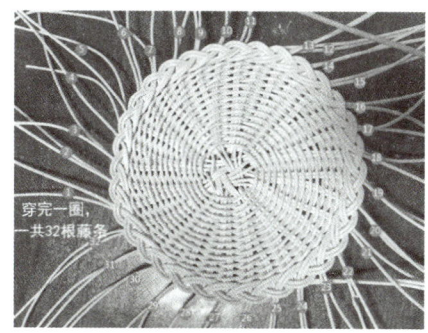

图十五

老师示范水果篮篮体编织：再反转，竖条2根1组，用2股扭编方式即2根编织条一上一下套住2根竖条，编6圈。每个小组组长上讲台观察并动手演示一遍，然后组内同学开始动手操作。先把2根编织条拉出来，套住第1组2根藤条，以此类推，组内6名同学，每人编1圈，老师巡回指导，直到每个小组都完成。如图十六、图十七、图十八所示：

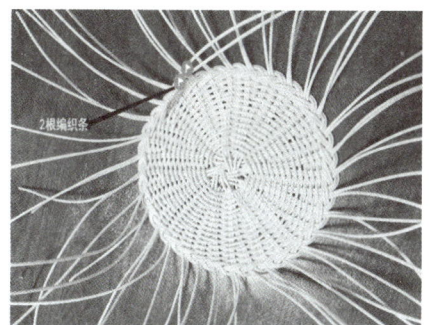

图十六

图十七

图十八

老师讲解示范：收边，拿起其中2根竖条，从第2组竖条后边穿过去，提醒学生收口针如何用,用的时候要遵守纪律,注意安全,不要随便拿起针来和同学追逐打闹。请1、3、5组一名同学上台演示一遍,其余组同学注意观察,演示完毕后,组内完成收边任务。如图十九至图二十二所示:

图十九

图二十

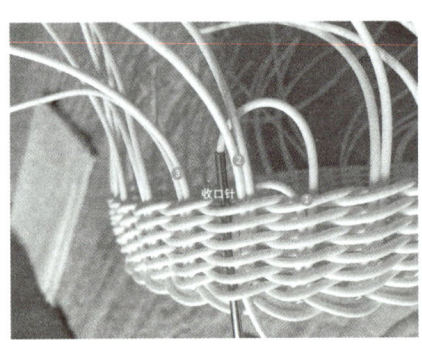

图二十一

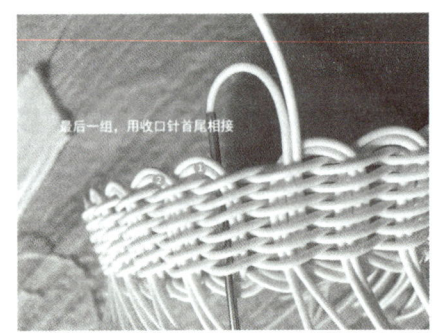

图二十二

老师示范:剪去露在外边的藤条,提醒学生,在用剪刀的时候要注意遵守纪律,不要打闹,注意安全。同时剪下来的藤条要放在篮子里,不要到处乱扔。请2、4、6组一名同学上台示范,如何用剪刀剪去藤条头,然后每个小组每个同学都剪2组多余藤条,如图二十三、图二十四所示。

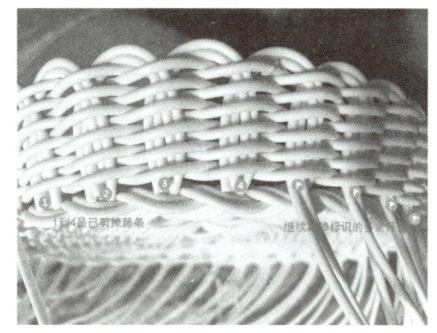

图二十三　　　　　　　　　　　　　　图二十四

【教学总结，反思问题】

1. 引导学生总结、反思：这节课我们学到了什么？引导学生总结、归纳出全藤编水果篮的步骤，帮助学生回顾并巩固所学内容，每组推荐一个代表上台发言分享总结，反思问题。

2. 学生作品展示。评选出一、二、三等奖。每组第一名为一等奖，奖品为"小剪刀＋收口针＋粉红色固定线"；每组第二、三名为二等奖，奖品为"软尺＋浅木色藤条"。

3. 通过分组讨论、合作探究等教学方式充分锻炼学生的自主探究能力、团队合作能力。学生在编织过程中的体验和感悟，让学生感受到了劳动的艰辛和收获的快乐，增强了学生的获得感、成就感、荣誉感。

4. 教师巡回指导，组内点拨，比泛泛地讲解、示范效果要好。巡回指导过程中，要及时对学生进行遵守纪律和安全教育，让学生明白遵守纪律和注意安全是做好一件事的前提。

5. 藤编水果篮的制作，学生单独完成难度比较大，采用小组合作的方式，效果比较好，学生体会到团结就是力量，认识到有时个人的力量微不足道，但是依靠集体就会战胜一切困难。

6. 理论联系实际，亲自动手试一试，比单纯地从道理上夸夸其谈更好，学生对动手操作更有兴趣，通过亲自动手实操，增强自信心，体验到劳动的快乐。

7. 拆了编，编得不行再拆，反复动手操作，打磨作品，体会到劳动创造美的内涵以及成功的喜悦。

第三步：劳动教育后

【教学评价，激励提升】

1. 学生自评：学生自评全藤编作品为"最佳创意"类，或"精美作品"类。说一说全藤编作品有什么美好的创意或者有什么精美之处。

2. 学生互评：学生代表说一说他（她）喜欢的其他同学的作品，并说明为什么喜欢。

3. 教师评价：这节课同学们都充分地开动了小脑筋，作品都非常的惊艳，给老师带来了别样的感觉。就这样几经编织而成全藤编，意想不到的奇迹之花就在你们的手中绽放开了。

4. 任务拓展：请同学们自己动手，也可以和父母一起，编织一只自己满意的全藤编作品，到我们的劳动节活动中进行义卖，为留守儿童奉献出自己的一份力量。并可以把这项劳动技能教给身边的人，让更多的人喜欢编织、喜欢劳动、热爱劳动，让更多的人了解中国的编织技艺，将这项技艺更好地传承和发扬下去。

（本案例由山东省淄博市临淄区第二中学司春霞老师编写）

 案例点评

本案例是典型的劳动教育式的研学旅行案例，对于劳动教育课程我们按照教育部《大中小学劳动教育指导纲要（试行）》和《义务教育劳动课程标准》的要求来编写课程方案，按照学校劳动教育上课要求来开展劳动活动，上好劳动教育课。

劳动教育是学校常规课程，导游和指导师要像学校老师一样，按照教育规律来备课、上课，不偏离，不走样，不改版，不能完全按照旅游方式或者研学旅行方式来教学，这是劳动教育课程的底线。

本案例中的教学过程采用了李岑虎《新时代劳动教育课程设计》中的"三步五环教学法"，即"劳动教育前、劳动教育中、劳动教育后"三个基本步骤，以及"课前准备，设置问题；课堂导入，提出问题；开展新课，解决问题；教学评价，激励提升；教学总结，反思问题"五个基本环节，又重点突出了"开展新课，解决问题"这个环节。本案例中的教案要素齐全，目标明确，教学过程详略得当，重点突出，方法恰当，育人效果明显。字里行间，渗透着作者对学生、对职业岗位的热爱，人民教师的优秀品德、严谨的治学风格，淋漓尽致地展现了出来。

（点评人：李岑虎）

三、学会讲解劳动教育课程

 案例 6-16

劳动课教育教学（节选）

（一）教学场景

教学场景一：在开展"我来加工龙井茶"劳动教育课堂教学时，在学生掌握了茶叶的加工技能后，指导教师又引导学生用亲手制作的茶叶为最亲的人泡一杯浓茶，以表达对最亲的人的敬意；引导学生不定期举行义务送茶活动，让在田间干活的农民、路上开车口渴的人们能及时喝一口芳香四溢的凉茶，在为劳动人民服务的实践中体会做人的意义。这个过程突出了劳动教育正确的育人导向，突出了学生思想品德的提升。

图6-5　学生为农民阿姨献茶　　摄影：廖延斌

教学场景二：《黄河口水稻插秧种植技术》教案（略）

（二）劳动教育过程突出学生亲自参与的实践环节

突出学生亲自参与的实践环节，就是力求在水稻插秧种植过程中，每个环节都要精心设置一些促使学生亲自参与水稻插秧种植的劳动教育活动。整个上课的教学过程要注重以下目标的达成，围绕下列教学目标开展相应活动。

图6-6　学生上水稻插秧课　　摄影：陈岗

1. 技能培养方面

①小组合作让学生自主提出水稻插秧种植问题，自己解决问题。

②小组合作讨论提出的问题，师生共同解决水稻插秧种植问题。

③学生讨论水稻插秧种植的流程，讨论水稻插秧种植的工具。

④师生分析水稻插秧种植的技术，展示种植方法。

⑤指导教师对学生进行水稻插秧种植指导，学生互助合作种植水稻。

2. 习惯培养方面

①学会发言。能清楚表达自己的观点，接受他人的意见并改正、补充。

②学会倾听。乐于倾听别人的意见，努力掌握别人发言的要点，对别人的发言勇于做出评价。

③学会质疑。敢于提出不同的看法，表达个人观点，听不懂时请求对方再讲一次。

④学会组织。主持小组学习，能根据他人的观点做总结性发言。

⑤学会担当。小组成员之间的职责要定期轮换，培养责任意识，学会换位思考，有利于小组合作。

⑥学会参与。机会均等，要求人人参与水稻插秧种植体验，对参与多、效果好的同学进行次数限制，以便他人也有种植的机会，实现全员参与水稻插秧种植。

⑦学会点评。设计多方面的激励评价机制，采用学生自评、小组互评、生生互评、师生互评等方式，发挥先进、典型学生的示范效应，引导全体学生全方位地参与水稻插秧种植劳动教育评价过程。

（本案例由赵芳提供）

案例点评

上好课是提高劳动教育教学质量的关键。怎样才能上好劳动教育课程呢？要坚持以劳动教育教学理念为指导，遵循劳动教育教学规律，结合劳动教育行业特点，创造性地运用劳动教育教学方法，并注意以下几个基本问题。

一、把握育人导向，突出思想性

劳动教育教学要把握育人导向。要坚持党的领导，围绕培养担当民族复兴大任的时代新人，着力提升学生劳动素养，促进学生全面发展、健康成长。要把准劳动教育价值取向，引导学生树立正确的劳动观，崇尚劳动，尊重劳动，增强对劳动人民的感情，培养报效国家、奉献社会的精神。

劳动教育具有鲜明的思想性。必须将马克思主义劳动观贯彻始终，强调劳动是一切财富、价值的源泉，劳动者是国家的主人，一切劳动和劳动者都应该得到鼓励和尊重；倡导通过诚实劳动创造美好生活、实现人生梦想，反对一切不劳而获、崇尚暴富、贪图享乐的错误思想。

二、始终围绕总体目标教学

劳动教育教学活动要准确把握社会主义建设者和接班人的劳动精神面貌、劳动价值取向和劳动技能水平，全面提高学生劳动素养，使学生树立正确的劳动观念、增强必备的劳动能力、培育积极的劳动精神并养成良好的劳动习惯和品质。

三、突出实践性，确保学生动手参与

劳动教育具有显著的实践性，必须面向真实的生活世界和职业世界，引导学生以动手实践为主要方式，在认识世界的基础上，获得有积极意义的价值体验，学会建设世界，塑造自己，达到树德、增智、强体、育美的目的。无论哪种方式的课程，务必做到学生人人动手，个个参加，亲自体验，亲自动手，手脑并举；实现由被动地接受学习到主动自主学习的转变，由机械的记忆性学习向探究的研究性学习转变；让学生成为劳动的主体，真正实现"在劳动中学习""在学习中劳动"，将劳动教育的最大作用发挥出来，促进中小学生的全面发展。如果脱离了实践性和学生参与互动的环节，就不是真正意义上的劳动教育课程。确保每个学生都能成功，享受成功的喜悦，享受劳动教育带来的快乐，感受劳动的美丽和光荣。

四、调动学生的劳动积极性和主动性

充分调动学生的劳动积极性和主动性，是实施劳动教育课程的内在动力，是确保劳动教育质量的核心环节。指导教师有饱满的劳动热情，学生就能够处于积极、主动的状态之中。指导教师要千方百计地引导学生的思路，启发学生的思维，激活学生的智力活动，确保学生在整个劳动教育活动中都能表现出劳动热情和活力。

图6-7 长春八中师生参加松树种植劳动　　供图：李岑虎

五、根据实际情况调整劳动教育课程方案

劳动教育教学情况千变万化，有时原先制订的课程方案即使很完善，也难免与实际情况不符。为此，教师必须具有劳动教育教学的灵活应变能力，遇到问题，向

有关领导请示汇报后，根据实际情况及时调整和修改提前编制好的课程预案，努力完成劳动教育教学任务。

六、处理好跨学科之间的关系

导游服务案例选评讲解视频

劳动教育的跨学科性，要求教师要更新观念，加强跨学科知识研究、学习，加深不同学科教师之间的合作，提升跨学科课程设计能力和教学能力，打造跨学科教师专业团队。积极吸收国内外成熟的跨学科课程设计成果，并进行新的创造、升级。整合不同学科的劳动教育教学内容，进行跨学科教学设计，将不同学科的教学内容有机渗透在劳动教育教学设计中，从而促进劳动教育顺利开展。

（点评人：李岑虎）

任务三　参与旅游招标投标服务

旅游招标投标活动是开展旅游活动过程中常见的一个工作环节，也是导游经常参与的活动。但是如何规范招标、如何参与投标、参与投标又如何保证中标，是我们要研究的一个话题。本任务案例中的旅游招标投标理论和实践，但愿对各位导游的旅游招标投标工作能起到良好的参考、借鉴作用。

任务实施

一、不会的问题要向专家请教

 案例 6-17

<u>向老师请教、向有经验的同事请教投标问题</u>

2020 年 7 月我从河南师范大学新联学院毕业，直接应聘到河南省某国际旅行社工作。上班后不久，旅行社领导告诉我，旅行社将在近期参加某老年协会组织的"'行走河南·读懂中国'三日游"招标活动。参加游客人数为 138 人，旅游时间为 3 天。领导考虑到我是旅游专业本科毕业生，又有导游证，同旅行社其他导游相比，有一定的旅游理论基础，就让我编写《"行走河南·读懂中国"三日游投标书》，参加老年协会的"'行走河南·读懂中国'三日游"招标活动。

说实话，我虽然是旅游专业本科毕业，也有导游证，但是对旅游招标投标活动从来没参加过，这个任务对我来说是个极大的挑战，我一筹莫展，苦无良策。这时候我想起在母校上课时导游考试培训时的李虎老师。我立即给李虎老师打电话，汇报了自己的困惑,请求老师支援、帮助。李虎老师了解情况以后,针对我旅行社投标问题提出了几点意见,即要圆满完成领导交给的编写投标书任务,首先需要了解什么是旅游投标?投标具有哪些程序?投标有哪些环节?投标书有哪些项目内容?要回答这些问题,需要厘清老年协会招标的有关事宜,并推荐了一些资料让我参考,最后嘱咐我一定要认真研读《中华人民共和国招标投标法》。

我结合老师的意见,参考图书资料和招标投标法规,然后再向曾经有过投标活动经验的同行请教商讨,最后整理出了以下投标工作流程。

"'行走河南·读懂中国'三日游"投标工作流程

参加"'行走河南·读懂中国'三日游"投标的详细流程如下:

一、研究老年协会招标文件

重点是投标者须知、合同条款、旅游线路、旅游目的地郑州和开封旅游景点内容、旅游材料装备、饮食饭店要求、住宿酒店要求、交通工具要求、游客数量、游客来源、价格水平、旅游项目实施保障、旅游服务标准、标书内容清单、旅游活动实施过程、技术规范要求及客人特殊要求等项目。

二、规划老年人旅游线路

根据老年协会招标文件要求和所提供的线路、旅游景点的资源特点,结合空间和时间、游客年龄特点、游客特殊要求确定旅游主题线路、主要旅游城市和主要景点。

郑州:河南博物院、郑州市博物馆、黄帝故里、天地之中历史建筑群。

开封:龙亭、开封府、清明上河园。

三、勘察老年人旅游线路

勘察老年人旅游线路的目的是对老年人"'行走河南·读懂中国'三日游"旅游线路的设计更加完善。勘察老年人旅游线路应确认以下信息:

1. 郑州和开封有关的法律法规、当地旅游项目专家及劳动力供应状况。
2. 郑州和开封旅游景区的属性、郑州和开封景点内容、旅游景区的经营状况。
3. 认真调查研究旅游线路及郑州和开封旅游资源的自然条件及环境。
4. 郑州和开封旅游资源的安全性。在勘探环节即可注重安全注意事项及安全防范措施。
5. 旅游活动的时间长度。规划好各旅游项目之间的时间分配,做好线路的时间衔接。
6. 旅游项目实施的最佳线路。对多种可能的线路进行实地勘察、分析比较,按照安全第一、舒适第二、效率第三的原则,规划出最适合的旅游项目线路。
7. 旅游项目实施的物质条件。确认在旅游项目实施点必备的物质条件,特别是老年人的饮食饭店要求、住宿酒店要求、交通工具要求、必须携带的证件以及禁止携带或者禁止使用的物品（比如：有的旅游景区需要携带雨鞋、鞋套，禁止带手机等）。

8. 交通工具的要求。根据勘察获得的信息，选择旅游大巴车出行方式，确保交通安全、高效。

9. 入住酒店的考察。对郑州和开封酒店房间设施以及安全疏散设施进行细致考察，对酒店设施的安全性及舒适性进行全面了解，对房间电器使用安全进行安排。

10. 老年人旅游餐饮安排。对旅游线路中涉及的餐饮点进行考察，对旅游行程中的老年人饮食做出科学合理的安排。既要保证饮食的安全性和营养搭配，也要尽可能让老年游客体验各地的特色美食，了解各地的饮食文化。

11. 导游与各景区接待员、讲解员之间进行关于旅游项目实施方面的沟通。

12. 收集各种资源图文信息，为老年人旅游项目设计和旅游手册制作准备材料。

13. 参加旅游目的地现场踏勘与标前会议交底、答疑等。

若因为招标之前来不及进行线路勘察，或者出于成本考虑暂不进行线路勘察，则必须对旅游线路及旅游资源的相关信息作详尽的收集和研究。要与郑州和开封各景区、场馆、餐饮、住宿等旅游服务供应方做好充分地沟通。既为编制尽可能规范的旅游项目方案和旅游手册做准备，也是为了防止中标之后无法履行承诺而造成违约。但是在旅游项目中标后，必须进行现场勘察，并根据勘察情况对已有旅游项目方案及旅游手册进行修订。

四、复核工作量

根据招标文件复核工作量，这是非常重要的一个环节。复核工作量包括整个的旅游工作量，以及旅行社服务全部成本。

五、编制《"行走河南·读懂中国"三日游》旅游手册

旅游项目方案和旅游手册可以由旅行社自行编制，编制人员应具有旅游服务能力、旅游活动组织能力、郑州和开封旅游景点专业知识、安全管理知识、合同业务知识、文案编辑能力。

六、编制《"行走河南·读懂中国"三日游投标文件》

1. 投标文件应当对招标文件的实质性要求作出响应。投标文件一般包括：投标函、公司简介、导游队伍、带团能力、服务标准、旅游项目设计方案、旅游过程详案、安全保障及其预案、投标报价清单、商务和技术偏差表。

2. 在编制旅游项目设计方案时，应在质量、带团、安全保证、服务等方面有创新，利于降低旅游成本，对招标人有吸引力。

3. 确定正确的投标策略，并在信誉、低价、服务质量、改进设计、先进、有特色的带团服务方案等方面有所体现。

技术标的策略内容：突出自身的优势，如旅游方法、旅游产品、导游力量、代表性业绩等；突出旅游质量管理，质量水平尽量优于招标方要求水平；突出安全掌

控优势，在满足招标方要求的同时，提出稳妥的旅游安全目标和措施；向招标方提出一些有利于旅游的合理化建议及一些优惠条件。

4. 制定招标报价方案

结合线路勘察获取的旅游景点收费情况，根据招标公告公布的项目资金预算，对旅游项目实施的保障与服务标准的要求进行预算分析，制定招标报价方案。

注意报价策略，旅游项目报价策略可采取不平衡报价法、多方案报价法、增加建议方案法、突然降价法、无利润竞标法、先亏后盈法等方式进行报价。

七、提交《"行走河南·读懂中国"三日游投标文件》

1. 注意投标的截止日期，即提交标书的最后期限，超过日期视为无效投标。

2. 投标文件应当对招标文件提出的实质要求和条件作出响应，如旅游线路、服务方法、质量标准、报价限额、应急预案等。

3. 投标文件应按招标文件要求尽可能完善。

4. 提供投标书的材料清单。投标书的材料清单应该包括资质证明文件、保险证明文件、安全责任承诺书、旅游手册、应急预案、从业业绩证明材料、旅游项目方案、展示课件、投标陈述方案及其他文案等。

八、参加招标会，等待开标与评标

1. 开标。开标时间应与提交投标文件截止时间同一时间进行公开。开标地点应为招标文件中预先确定的地点。

2. 评标、定标。评标委员会：一般由招标人代表和旅游方面的专家组成，其成员人数为5人以上单数，其中旅游方面的专家不得少于成员总数的2/3，并适当邀请熟悉招投标的法律法规的专家参与。评标原则：公开、公平、公正。评审方法：严格按照招标文件公布的评标办法和标准执行。说明：开、评标过程中，有效标书少于3家，此次招标无效，需重新招标。

3. 中标通知。中标人确定后，招标人应当向中标人发出中标通知书，并同时将中标结果通知所有未中标的投标人。中标通知书对招标人和中标人具有法律效力。中标通知书发出后，招标人改变中标结果的，或者中标人放弃中标项目的，应当依法承担法律责任。招标人和中标人应当自中标通知书发出之日起30日内，按照招标文件和中标人的投标文件订立书面合同，招标人和中标人不得再行订立背离合同实质性内容的其他协议。

（本案例由河南省旅游行业协会导游分会刘亚文编写）

案例点评

《导游人员管理条例》第二条规定，本条例所称导游人员，是指依照本条例的规定取得导游证，接受旅行社委派，为旅游者提供向导、讲解及相关旅游服务的人员。这里不难看出，导游的主要工作是为旅游者提供向导、讲解及相关旅游服务，导一般不会参与招标投标工作。但是在实际生活和工作中，旅行社领导可能临时安排导游参加一些非向导、非讲解服务的工作，尤其是规模比较小的旅行社，导游更是身兼数职，譬如担任招标投标代表、兼任研学旅行指导师等。因此，导游要习惯接受新职业、新行业、新挑战，善于学习一切不熟悉的业务，提升新的职业技能，增强自身综合素养，更好地适应快速发展的旅游新变化、新形势。

导游服务案例选评讲解视频

（点评人：文化和旅游部人才中心研学旅行指导师考评员高霞）

二、学会编写研学旅行投标书

 案例 6-18

山东某国际旅行社有限公司关于少年军事夏令营活动投标文件

【封面】（文字）

少年军事夏令营活动投标文件

投标供应商：山东某国际旅行社有限公司

授权代表：

日期：2020 年 4 月 20 日

【目录】

目录

序号	内容	对应页码
1	投标文件封面	1
2	目录	2
3	投标函	3
4	开标一览表	4
5	投标报价明细表	5~7
6	活动方案	8~15
	资格证明材料表	对应页码
7	法人代表授权身份证复印件	16
8	营业执照复印件	17
9	经营许可证	18
10	银行开户许可证	19
11	社保缴纳证明	20
12	法人授权数	21

续表

序号	资格证明材料表	对应页码
13	具备专业设备和技能承诺书	22
14	三年内无违法声明	23
15	无重大问题证明	24
16	供应商采购信用记录表	25
17	企业信用评价证书	26
18	法人授权代表身份证	27
19	旅行社责任保险统保示范项目保险单	28
20	附件：少年军事夏令营活动报告	29

【正文】

投标函

少工委青少年活动中心：

贵委拟组织的2021年7月12日少年军事夏令营招标活动已收悉。我们经详细审阅和研究，现决定参加竞争性磋商。

1. 我们郑重承诺：本文件中提供的所有材料均真实有效。
2. 我们参与贵委活动供应商招标。
3. 我们同意提供本次采购的所有资料。
4. 我们理解贵委无义务必须接受报价最低的投标，并有权拒绝所有的投标。同时也理解你们不承担我们本次投标的费用。
5. 如果我们被确定为成交供应商，为执行合同，我们将按投标供应商须知有关要求提供必要的履约保证。

投标供应商名称：山东某国际旅行社有限公司
公司地址：_____
邮编：_____
授权代表：_____

日期：2020年5月1日

开标一览表

项目名称	少年军事夏令营活动
投标报价总计	人民币：_____（¥_____）
投标供应商企业类型	小微型企业

投标供应商全称（公章）：山东某国际旅行社有限公司

法定代表人（授权代表）（签字或盖章）：_____

投标报价明细表

序号	内容	单价（元）	数量	总价（元）
1	交通费			
2	午餐费			
3	辅导员费			
4	门票			
5	保险费			
6	少年军事夏令营活动报告汇编			
7	服务费＋杂费			
投标报价总计	人民币：_____（¥　　　）			

少年军事夏令营活动日程方案

时间		项目	活动内容	地点	活动方式
第一天	上午	新兵集结号	少年新兵集结，接兵仪式、授旗仪式、宣誓，家长、校代表讲话	集结地	团队教育式
		观光游览	好客山东、齐鲁大地，车游观光	沿途车游	考察探究式
		迷彩少年集结	由教官组织分连队，分房间。研学导师发放衣服	宿舍前	职业体验式
		编队建制	设计队名、队旗、队呼号，建立团队归属感	各学习室	职业体验式
		学习营规营纪	学习少年军校相关制度	各学习室	团队教育式
	下午	竞选小军官	发掘营员领导能力，培养自信，即兴演讲，领袖风采养成	各学习室	职业体验式
		开营式彩排	按照程序彩排开营仪式	大礼堂	职业体验式
		开营仪式	授旗、授枪、集体宣誓，正式成为省少年军校特种兵的学员	大礼堂	职业体验式
		队列训练	立正、稍息、跨立、看齐	篮球场	职业体验式
	晚上	连务会民主生活会	自荐、推荐班长；选举服务班队职位	各学习室	职业体验式
		学习整理内务	学习解放军的组织纪律、教授整理内务卫生、培养良好生活习惯	宿舍	团队教育式
		休息	轮流巡逻	宿舍	

续表

时间		项目	活动内容	地点	活动方式
第二天	早晨	军事拉练	凌晨5点紧急集合，徒步行军	兵营区	职业体验式
		内务整理、评比	体验细节决定成败的真谛	宿舍	职业体验式
	上午	军事基础训练	立正、稍息、停止间转法、蹲下、坐下、起立、敬礼、礼毕	操场	职业体验式
		手榴弹投掷技巧	学习正确使用手榴弹	操场	考察探究式
		军事拓展项目	王者荣耀之最强王者	操场	考察探究式
		拔河比赛	学习拔河技巧，增强集体荣誉感	操场	职业体验式
	下午	连队间军事智力大PK	智力解锁，了解更多的军事知识，培养团、队协作与沟通、信任与支持	大礼堂	考察探究式
		手枪的拆解与组装	学习手枪的拆解和组装知识	操场	设计制作式
		军体拳术	格斗与自卫学习	操场	职业体验式
	晚上	观看励志电影	军事题材影视赏析，培养爱国主义精神	大礼堂	影视教育式
		休息	轮流巡逻	宿舍	
第三天	早晨	军事基础训练	三大步伐、队列综合训练	操场	职业体验式
	上午	走进省科技馆	普及科学知识，提高孩子们的科技素质	科技馆	场馆参观式
	下午	省防震减灾科普馆	深入地震观测山洞，近距离接触，地震监测仪器，观看地震流动监测车，并亲自制造一次"地震"	科普馆	场馆参观式
		走进省博物馆	参观省博物馆，弘扬民族传统文化，宣传爱国主义精神	博物馆	场馆参观式
	晚上	连队拉歌比赛	军歌嘹亮连连唱	操场	职业体验式
		夜行军	22点拉响警报紧急集合我是特种兵之"猎狐"闯关行动	营区内	职业体验式
		休息	轮流巡逻	宿舍	
第四天	早晨	内务评比	整理、检查内务，检查军容；公布各连队成绩	宿舍	职业体验式
	上午	武器观摩	参观部队现代化武器装备手枪、自动步枪、轻机枪、重机枪、火箭筒等	训练场	考察探究式
		参观军事博物馆	参观基地军事博物馆	军事馆	场馆参观式
		打靶射击	评选"小小神枪手"并颁发荣誉证书及奖品电话手表	训练场	考察探究式

续表

时间		项目	活动内容	地点	活动方式
第四天	下午	野外生存训练	学习野外生存技能及紧急情况下自救、逃生、包扎等	大礼堂	考察探究式
		国防教育讲座	与军事专家面对面交流、探讨、咨询	大礼堂	团队教育式
		闭营式演练	为最后一天闭营式做准备，阅兵模拟	大礼堂	职业体验式
		军功章评选	感受鼓励的力量，自报、他评营员勋章等级	宿舍	团队教育式
	晚上	难忘军营联欢晚会	军营快乐大盘点，自我形象、个人才艺展示，人人参加联欢会	大礼堂	职业体验式
		一封家书	给父母或其他长辈写一封信，封存、上交，由少年军校邮寄给父母	各学习室	团队教育式
		休息	轮流巡逻	宿舍	
第五天	上午	闭营式汇报表演	部队首长参加"阅兵式"并举行隆重的颁发荣誉勋章仪式	操场	职业体验式
		真情感恩活动	为军营的服务人员、营员伙伴送上感谢语、祝福语	少年军校	团队教育式
		营员留言仪式	表达"我是小军人"的心语、感悟，根植学军人、做军人的理想	操场	团队教育式
		离营、登车	营员互相告别，结束营期生活	操场	团队教育式
		胜利归来	沿途观光，活动交流，军歌演唱	旅游车上	团队教育式
		送兵仪式	汇报表演，少年军校战士代表讲话，返回温馨的家园	集结地	职业体验式

少年军事夏令营活动显著特色

1. 省少工委官方主办。

2. 在部队国防培训基地活动，真军官、真战士培训，真武器演练。

3. 课程经过旅游教育专家、国防教育专家精心设计，遵循学校教育规律、国防教育规律，在教学质量、教学方法、教学特色方面精心打磨，突出自身的少年军事夏令营活动优势，教学能力是同类军事夏令营无法比拟的。

4. 早餐前都有传统文化学习，学生可运用数字化设备同家长直接连线对话。

5. 安保措施得力，学生监护专业保障。所有随团工作人员上岗前都接受专业的旅游服务技能和安全教育培训。到达军事基地接受军事化管理，学生安全管理是同类军事夏令营无法比拟的。

6. 本旅行社设有青少年分社，专门接待青少年学生。成立 10 年来多次承办各种少年夏令营、冬令营活动，人数高达 6 万人次，深受家长和学校称赞。

7. 学生资源丰富，山东、河南、河北、江苏、天津等周边五省、市有大量的学校和教育机构为我们源源不断地输送生源，确保少年军事夏令营生源不断。

安全措施

1. 人员组织

（1）面向中小学教师，招募暑假少年军事夏令营辅导员、安全员、心理咨询师。

（2）每车配备1名辅导员、1名导游、1名医护人员、1名安全员、1名带队领导、1名心理咨询师。

（3）带队辅导员协助导游在学生上车、下车前点名，并向带队领导汇报全车人数。往返前认真清点人数，行程时排好队伍。辅导员要把学生组织成若干个活动小组，设立小组长，一级管一级，职责明确，并有序地开展活动。

2. 用车安全

（1）旅行社提供正规旅游汽车公司的旅游用车。

（2）司机不能有不良习惯，如车上抽烟、晚上赌博等。上车后，司机及导游应提醒客人系好安全带。车辆一定要打扫好卫生，并进行消毒。车子行驶时，辅导员要及时提醒不要随意走动，不乱丢垃圾。

山东某国际旅行社有限公司少年军事夏令营活动车辆分配安排表

车辆编号 （班级）	车牌号码	司机 （联系方式）	辅导员 （联系方式）	导游 （联系方式）	带队领导 （联系方式）
1号车					
2号车					
3号车					

3. 食品安全

本次活动用餐，沿途选择有合法资质餐厅或快餐食品供应商，到达军事基地后在部队军事餐厅统一安排用餐，保证了食品安全。

资格证明文件

1. 法人代表身份证复印件（加盖公章）。

2. 旅行社营业执照复印件（加盖公章）。

3. 旅行社业务经营许可证复印件（加盖公章）。

4. 银行开户许可证复印件（加盖公章）。

5. 社保缴费证明原件。

6. 旅行社法人授权委托书（加盖公章）。

7. 旅行社书面承诺书（加盖公章）。

8. 旅行社无违规违法行为声明（加盖公章）。

9. 国家企业信用信息公司系统无重大行政问题证明。
10. 采购供应商信用记录表。
11. 企业信用评价证书。
12. 法人授权代表身份证复印件（加盖公章）。
13. 保险公司旅行社责任保险统保示范项目保险单。
14. 附件：少年军事夏令营活动课题报告。

 案例点评

案例中的少年军事夏令营活动投标文件包括封面、目录、投标函、开标一览表、投标报价表、活动日程方案、安全措施、车辆分配安排表、资格证明文件若干等。整体结构完整，详细规范，体现了对该少年军事夏令营活动项目的认真负责精神，也展示了旅行社自身丰厚的少年军事夏令营活动实力。

其中投标报价以表格的方式说明，且详细具体，一目了然，利于评委和招标方查看，能较好地留给评委和招标方一个干净利索的好印象。值得肯定的活动方案中的活动方式，同教育部颁布的《中小学综合实践活动课程指导纲要》中的活动方式一致；活动内容和活动方法完全符合立德树人要求，符合新时代核心素养要求；活动前、中、后三步规范严谨，符合教育规律和研学旅行规律，为少年军事夏令营活动的顺利开展打下了良好的基础。教学方法上，大胆采用小组合作模式，分工细密，利于提高学生团队合作意识、责任担当意识。该活动结合了学校课程设置特点，又注入旅游的元素和模式，形成了独特的少年军事夏令营活动教学流程，具有很高的借鉴意义。

导游服务案例选评
讲解视频

案例中安全措施具体、到位，显示出旅行社履行的安全教育和管理义务。对于旅游用车的要求和管理认真仔细，专业规范，具有可操作性，尽到了谨慎选择义务。

最后14种加盖公章的资格证明文件锦上添花，更加坚定了招标方合作的信心。

（点评人：李岑虎）

三、要有投标者的尊严，投标不能无底线

 案例 6-19

投标不能无底线

随着时代的发展，国家机关、企事业单位的团体旅游从之前的"找熟人"逐步走向"招投标"，操作过程逐渐规范、公开、透明，这是一件好事。但个别时候，招

投标的双方地位并不对等，招标方往往把投标方旅行社看得很卑微。

今年夏天，我市一家国有保险公司意欲组织公司员工外出赴秦皇岛旅游，人数规模庞大，很多旅行社获悉此消息后，都对此很感兴趣，跃跃欲试。该保险公司通知几家有影响力的旅行社去他们公司投标，我们公司通过熟人搭线也入选其中。

到了对方单位会议室，一位办公室主任发给我们参加投标的5家旅行社每家一张A4纸，上面打印出了这次旅游的行程安排、服务标准等内容，其专业程度一看就是事先找的某旅行社设计的行程。这位办公室主任拉着长音说："我们这次招标公开、透明，大家都收到了行程单，按照上面的内容和标准，哪家报价低，我们跟哪家走。"他趾高气扬的态度让我忐忑不安。话音未落，他又接着说："除了纸上的内容，我想再增加几条条款。首先，这次出游我们事先不掏一分钱，由中标旅行社全垫资，行程结束后，若无质量问题，我们再结清团款。"听了这话，几家旅行社的代表都窃窃私语。"还有，因为是夏天出行，天气炎热，为了不让我们的员工受委屈，你们找的旅游大巴车路上不能出故障，到景区我们的排队时间不能超过10分钟，在餐厅吃饭要随到随吃，不能等待……"这几个苛刻条件把我们旅行社代表们听得是一愣一愣的。汽车是机械产品，谁敢保证它不出故障？旅游旺季，谁敢保证排队不等和吃饭时间随到随吃？下面的讨论声更大了。"最后，还有更重要的一点。为了督促你们提高服务质量，中标旅行社要向我们公司缴纳两万元保证金，如果有质量问题，就扣保证金！"此言一出，全场哗然。这哪是招投标啊，分明是黄世仁敲诈杨白劳啊！

客户出游事先不掏一分钱，让旅行社全垫资，这已经是违反旅游法规和商业公平交易规则了。旅行社在旅游局缴纳有质保金，凭什么还要给你们单位交保证金？真是岂有此理！有两家旅行社代表当场拂袖而去，为了照顾熟人面子，我报了一个高得不可能中标的价格。最后开标，中标者是一家新开业的旅行社，我估算了一下它的报价，一个人大概有几块钱的利润。如果行程中有质量问题，是赚是赔还在两可。

投标结束后，中标旅行社老总跟着办公室主任身后赔笑脸，问保证金能不能少交点？看到他卑躬屈膝的样子，我觉得他既可笑，也可悲。

客户和旅行社双方的招投标应该是一种公平交易行为，如果招标方肆意增加不平等条款，刻意压榨旅行社，我想这样的团，不接也罢！

（本案例由国家高级导游员、商丘市康辉文旅集团孙岩编写）

案例点评

《中华人民共和国招标投标法》第四条规定，任何单位和个人不得将依法必须进行招标的项目化整为零或者以其他任何方式规避招标；第五条规定，招标投标活动应当遵循公开、公平、公正和诚实信用的原则；第十八条第二款规定，招标人不得以不合理的条件限制或者排斥潜在投标人，不得对潜在投标人实行歧视待遇。从本案例的描述来看，招标方有违背第四条、第五条和第十八条规定的不当之处。

根据《中华人民共和国招标投标法》第四十九条之规定，违反本法规定，必须进行招标的项目而不招标的，将必须进行招标的项目化整为零或者以其他任何方式规避招标的，责令限期改正，可以处项目合同金额千分之五以上、千分之十以下的罚款；对全部或者部分使用国有资金的项目，可以暂停项目执行或者暂停资金拨付，对单位直接负责的主管人员和其他直接责任人员依法给予处分。

根据《中华人民共和国招标投标法》第五十条之规定，招标代理机构违反本法规定，泄露应当保密的与招标投标活动有关的情况和资料的，或者与招标人、投标人串通损害国家利益、社会公共利益或者他人合法权益的，处五万元以上、二十五万元以下的罚款，对单位直接负责的主管人员和其他直接责任人员处单位罚款数额百分之五以上、百分之十以下的罚款；有违法所得的，并处没收违法所得；情节严重的，禁止其一年至二年内代理依法必须进行招标的项目并予以公告，直至由工商行政管理机关吊销营业执照；构成犯罪的，依法追究刑事责任；给他人造成损失的，依法承担赔偿责任。

前款所列行为影响中标结果的，中标无效。

根据《中华人民共和国招标投标法》第五十一条之规定，招标人以不合理的条件限制或者排斥潜在投标人的，对潜在投标人实行歧视待遇的，强制要求投标人组成联合体共同投标的，或者限制投标人之间竞争的，责令改正，可以处一万元以上、五万元以下的罚款。

根据《中华人民共和国招标投标法》第五十二条之规定，依法必须进行招标的项目的招标人向他人透露已获取招标文件的潜在投标人的名称、数量或者可能影响公平竞争的有关招标投标的其他情况的，或者泄露标底的，给予警告，可以并处一万元以上、十万元以下的罚款；对单位直接负责的主管人员和其他直接责任人员依法给予处分；构成犯罪的，依法追究刑事责任。

另外，案例中的中标方似乎存在不当行为。根据《中华人民共和国招标投标法》第三十三条之规定，投标人不得以低于成本的报价竞标，也不得以他人名义投标或者以其他方式弄虚作假，骗取中标。

至于要求中标公司缴纳两万元保证金问题，根据《中华人民共和国招标投标法》第四十六条第二款之规定，招标文件要求中标人提交履约保证金的，中标人应当提交。我们认为本案例中招标方保险公司要求中标旅行社缴纳两万元保证金无过错。

本案例提醒导游员朋友，在旅游招投标活动中，要认真研读《中华人民共和国招标投标法》，积极参与旅游招投标活动，每一次活动都是历练的机会，也是锻炼和提高自身本领的机会。

（点评人：李岑虎）

四、掌握中标的锦囊妙计

案例 6-20

如何确保旅行社在旅游招标中能中标

我是一名导游员,在旅行社兼职负责招标投标工作。旅行社如何在旅游招标活动中确保自己的投标能够中标,涉及的因素很多,需要一定的技巧和策略。我们总结一些实践中的观点,供导游朋友参考。

一、编写完善、精美的投标书

1. 编制完善、精美的投标书。纸质版标书、电子版的数字化标书是中标的核心要素。

2. 合法的资质。准备齐全、合法的资质,是中标必备的基本条件。

3. 项目要齐全,对照招标书,查漏补缺不缺项。注意隐含省掉的项目,可能就是奥妙无穷的玄关,可能就是留下的陷阱。旅行社要善于填坑,完善漏洞。

4. 旅游景点质量和服务质量是标书的生命线。要千方百计做好旅游活动方案,确保标书质量和服务质量。一点点瑕疵可能就是一票否决你的理由。决不能让标评委和招标方抓住漏洞。你凭借侥幸心理,或者敷衍了事,被淘汰的就是你。

5. 邀请旅游专家、投标专家参与编写投标书。

6. 展示标书的显优要素,把你独特的,投标方想不到的、不懂的、不完善的,展示出来,让大家心服口服。人无我有,人有我优,人优我精,人精我变。攻其无备,出其不意。

7. 展示中标成功案例。事实胜于雄辩,成功案例胜过千言万语,抵挡千军万马。

二、研究招标人

1. 研究招标人,熟悉招标人,采用运动战、迂回战、攻下招标人。投标函要注重尊敬招标人的态度和礼貌,讲究自己公司简介是金名片。

2. 同招标人搞好关系,积极向他们咨询、请教,寻求指点、协调、帮助。尤其是主要领导和具体业务负责人,前期有针对性、有目的地邀请他们精准介入指导、参与编您的旅游行程方案和服务方案,捆在一起研究,让他们了解您的方案。最后关键时期按照旅游规律和招标人意图规划、设计、编写标书。

三、尊敬标评委

1. 标评委一般5人,招标方1人,第三方聘请专家4人。专家评议一般不同投标人见面,评议过程都是秘密进行。专家评议很重要,招标方1人也可能决定投标方命运,一个专家也能否决你。

2. 想方设法让标评委了解你的单位、你的方案、你的服务,全力争取标评委支持。

3. 做好各项书面承诺书，这让投标人和标评委最大地放心，也展示自己的担当和做好各自工作的良好态度。

4. 同行有可能就是潜在的标评委。你和同行可以不做朋友，但是绝不能成敌人。山不转水转，给自己留下后路。平时多栽花，别种刺；添砖加瓦的活多干，拆墙扒屋的事别做。

四、化解强对手

1. 调研其他投标人，研究竞争对手，寻找对方的薄弱环节，专打他的软肋，一招致命，这叫"知彼知己，百战不殆"。

2. 总结其他行业和领域投标失败的教训，借鉴成功的经验，应用到旅游招投标中。它山之石，可以攻玉。

3. 谨防招标方"量身定制条款"，反对围标、串标、弄虚作假等违法违规行为。

五、注重小细节

1. 严格遵守时间，不能因迟到、晚交标书而影响投标。另外，明显的违规违法谁也不会给你撑腰。迟到是否决你的最好借口，保证你哑口无言。最后交投标书，往往能够后发制人，且来不及泄密。

2. 财务审计报告、缴税证明、社会保障资金证明都要提前准备。备好足额押金，以防措手不及，这是招投标突发事件应急预案，专克违规招投标。

3. 消除不良记录，去银行、法院、税务查看诚信档案。可能招标书没说，投标人也要有备无患，谨防对手弹劾举报。

（本案例由李岑虎编写）

案例点评

本案例既有招投标理论，又有实际操作经验；既符合国家法律法规，又具有人情味道。中标方法和技巧，翔实周全，通俗易懂，易模仿、易操作，应是多年实操经验和智慧的结晶，可见案例中旅行社招投标人员招投标功底之深厚，如此，必能投标成功，达到中标之理想效果，值得导游员朋友认真学习，应用到自己的工作实践中去。

（点评人：文化和旅游部人才中心研学旅行指导师考评员高霞）

任务四　巧用自媒体宣传推广

自媒体是指普通大众利用终端通信设备，通过网络等途径向外发布他们本身的事实和新闻的传播方式。自媒体具有平民化、普泛化、私人化、自主化、非规范化的传播特点。自媒体的出现极大地丰富了网民的业余生活,也为从业者提供了展现自我的广阔平台,为商家经营带来了新的营销宣传推广模式。越来越多的企业和个人已经开始利用自媒体来宣传和推广产品。那么,导游员如何运用自媒体来有效地做好旅游产品和服务营销呢?下面几个案例或许能给大家提供借鉴和参考。

一、坚持不懈完成从导游到云游主播的蝶变

案例 6-21

1000 多场扎扎实实的直播收获了 200 多万粉丝

我是北京文旅主播毛毛丫头,入驻抖音已经两年多了,每天在北京的各大名胜古迹带大家云游,讲述历史文化。从一名北京导游领队走上户外直播之路,还得从 2020 年的春节说起。

因为带团,好几年没有回家过年了。这一年我专门挑了初三的团,回宜昌老家想陪父母过个年。谁知道大年初一因疫情肆虐,航班机票被取消,初三的旅游团也被取消了,小区封控也出不去了,直到 3 月底才回到北京。但是我从事的旅游业已处于瘫痪的状态,同行们都失业了,很多同行坚持不下去,纷纷改行。可我干了十几年的旅游,说实话除了带团讲解,我不知道自己还能做什么。我不想离开自己喜欢的行业,也不想在家闲着无所事事,无意中刷抖音,我想到能不能去到各大景点发挥自己会讲解的特长,带着大家云旅游在抖音里讲解历史文化。于是我拿起手机,开启了云游直播。

2020 年 5 月 1 日,故宫重新开放的第一天,我就冲进去,鼓起勇气开启了我的户外直播。3 个多小时的故宫讲解让我又找回了带团的感觉,于是我坚持了下来,从直播小白开始边播边学习摸索,踩过了很多坑,摸爬滚打一步步慢慢成长起来,完成了从导游到主播的转变。

其实直播和带团还不一样,带团的时候还可以上厕所,自由活动,拍照,这些时候可以休息一会儿。直播可不行,一场直播几个小时没有空隙,得一直不停地讲,而且还要控场注意节奏和互动。最重要的就是一旦播了就必须要坚持下去,坚持不一定成功,但是放弃一定会失败。还要不断地充电学习,提高自己,丰富直播内容。

两年多来,不论春夏秋冬,不论风吹日晒,下雨下雪,我都坚持了下来,一个人就是一个团队。每天除了直播,就是看书充电,做视频,没有任何娱乐活动。一分耕耘,一分收获,2021 年的 2 月 15 日,我完成了自己的第一个目标 100 万粉丝;2023 年的 11 月 13 日,我有了 206.3 万粉丝。1000 多场扎扎实实的直播收获了 200 多万粉丝,每天有他们的支持和鼓励,我感觉自己的付出是值得的。他们都是素不相识的朋友,刷到我的直播间,就像家人一样陪着我、鼓励我。

直播间的管理员大部分都是粉丝，义务帮我管理直播间，看着我的粉丝从零到现在的206.3万，都不离不弃地支持着我。我的粉丝从几岁的小朋友到80多岁的老人都有，全国各地、全世界各地都有，每天带着他们逛故宫、长城、颐和园、圆明园、恭王府……让他们身临其境地感受这些古迹。特别是听了我的讲解后，有小朋友的妈妈跟我说，孩子把直播听到的知识运用到课堂上，受到了老师的表扬，我就特别开心。还有一位粉丝跟我说，暑期她把我的直播间介绍给她上小学的妹妹，她妹妹平时刷抖音就是玩的，没想到她妹妹跟她说很喜欢听我直播讲历史，还主动要求她姐姐给她买历史书看，她当时都惊到了，没想到妹妹能从直播间认真去听历史，还对历史感兴趣要求买书看。

我很庆幸，在最艰难的时候，我没有改行，没有放弃，坚持做了自己喜欢做的事情，也让自己有了一份收入。能在抖音平台上带给大家正能量，让更多的人了解历史文化，爱上中国传统文化，带更多的人通过云旅游这样的方式去到更多的地方，我感觉自己做了一件特别有意义的事情。

（本案例由北京文旅主播毛毛丫头、赵东勋提供）

案例点评

2020年开始的新冠疫情肆虐中国，蔓延全球，导致经济滑坡，百业萧条。首当其冲的是旅游业，整个旅游行业呈现瘫痪状态。很多旅行社倒闭、导游失业，旅游经营者纷纷改行逃离。北京毛毛丫头也深受其苦，曾经的北京导游领队，不得不另寻他路。她立足自己的景区讲解特长，从熟悉的旅游开始，拿起手机，借助自媒体平台，在抖音里讲解历史文化、讲解真善美，带着大家云旅游，开启了云游直播，从导游走上户外直播之路。4年来，丫丫以其精湛的讲解、甜美的声音、热情的服务，还有那火热的家国情怀，坚持不懈地传承着中华民族的历史文化，堪称模范导游，困难和逆境中的导游之花越来越美丽、芬芳。

（点评人：李岑虎）

二、用导游的讲解特长，开展乡村扶贫直播

 案例6-22

材料一
用导游的讲解特长，开展乡村扶贫直播

湘潭市导游协会的副会长唐慧在疫情中回到老家湘潭县中路铺，利用自己的导游讲解特长，结合新媒体的快速宣传传播特性开始在乡村直播扶贫，先后帮助脑瘫孩子的妈妈卖掉两头猪的猪肉，并义务帮忙送货。在得知一对夫妇的南瓜大面积在

地里无法快速销售时，便主动帮忙在田间地头做起了直播卖南瓜，十几吨南瓜两三天便销售一空，感动得夫妻二人热泪盈眶，连声谢谢。唐慧借此开始直播，传递正能量，偶尔销售点当地土特产，既支持了本地农副产品销售，也给自己带来了一些收益，更多地造福社会和他人。

（本案例由刘世恒编写）

材料二
导游主播助力乡村振兴，土楼"刷爆"直播间（节选）

10月24日至25日，在文化和旅游部市场管理司指导下，由中国演出行业协会、永定区人民政府联合主办的"网络平台齐发力·乡村振兴再出发"新媒体助力龙岩永定文旅宣传活动顺利举行，来自抖音、腾讯、YY直播、虎牙直播平台的多位网络达人在永定土楼景区进行了采风宣传，抖音集团和无忧传媒的专业讲师分享了新媒体运营技巧，通过镜头共同助力永定文旅发展，以新媒体、新声量赋能乡村振兴。活动结束后，还为各网络达人颁发了"永定土楼荣誉楼主"证书。

来自虎牙直播的游戏主播鲨鱼哟和YY直播金牌艺人主播星辰，以直播方式带领广大网友畅游永定土楼主要景区，品尝、介绍了当地的特色农产品，还体验了各类非遗项目。

虎牙直播主播鲨鱼哟是龙岩本地人，对于此次能有机会为家乡文旅发展添砖加瓦，也表示十分高兴。在直播过程中鲨鱼哟跟随当地导游彩姐一同走进"土楼王"承启楼景区，在导游生动的讲解和主播的互动配合中，网友纷纷表示"主播和彩姐讲得很好，受益匪浅"。直播中，主播还品尝了永定特色小吃和本地红心蜜柚，并向广大网友推荐了家乡的特产。当日累计直播近7小时，最高同时在线人气90万人，累计曝光量超610万。

在"土楼王子"振成楼景区，包含自宋代末至现代的百余座客家土楼，被誉为"一座浓缩的福建土楼博物馆"。YY直播主播星辰在直播中展示国家级非遗项目客家土楼营造技艺、大鼓凉伞，以及福建省级非遗项目永定客家土楼楹联；主播还与闽西客家提线木偶戏项目传承人一同配合体验木偶戏演出。当日主播的两场直播，累计超83.7万人次观看。

近年来，永定区全力实施"文旅兴区"战略，结合当地深厚的客家文化底蕴和浓郁的土楼民俗风情，大力实施"文化进土楼"工程，积极引入非遗项目进土楼，开展"看世遗·学非遗"研学体验项目，推进土楼和客家文化的传承与保护，让千年土楼这颗明珠更加璀璨。

由抖音达人毛毛丫头、云熙小泽、北京旅游kiki、蓝保罗户外游、微信视频号达人稀颜、厦门导游小雨组成的短视频拍摄组，走进了初溪古村落、天涯明月刀沉浸式演出平台（环兴楼）等永定主要景点进行深度拍摄，讲述客家文化的精神内核与深厚底蕴，展示永定土楼的恢宏建筑与历史风貌，体验制陶、造纸等非遗研学项目和沉浸式演艺互动，多角度、多维度讲解、分享永定的文旅路线规划和旅游打卡攻略，为网友呈现了一场梦幻之旅。

（材料提供：中国演出行业协会官方网站，发布日期：2023-10-27）

案例点评

两组材料都是关于导游用自媒体进行直播宣传，既推动了当地经济发展，为乡村振兴贡献了力量，同时也为自己带来了直接和间接的收入，可谓一举多得。那么，导游运用自媒体进行宣传营销都有哪些方式呢？

一、正确选择社交媒体平台

选择合适的平台可以让你更好地触达目标人群，提高宣传效果，如微信公众号、微博、抖音和快手，还有视频、直播平台，比如哔哩哔哩等，都是很好的自媒体宣传推广平台。

其中微信公众号和微博是首选。微信公众号的优点在于用户黏性高，而微博则有较高的传播效率。两者都有不同的宣传策略和方式，需要结合自己的实际情况，针对不同的对象进行选择。在视频、直播平台上，可以通过上传自己的视频来进行宣传，也可以用直播来吸引用户精力。这种类型的平台主要针对年轻用户，可作为非常好的自媒体宣传渠道。

二、选择恰当的宣传形式

自媒体平台上的内容宣传形式呈现多样化，可以选择文字、图片、短视频、直播等多种形式。导游应该结合自己的旅游产品和特点选择合适的宣传形式。例如，如果你的旅游产品需要讲解，那么可以选择制作一段教程短视频或者通过直播的方式进行。

三、精准定位服务目标群体

在自媒体上，要想做好营销推广，首先要做好服务目标群体定位。只有将自己的服务目标群体定位准确，才能够更好地制作自媒体内容，吸引服务目标群体的注意力。导游可以通过市场调研和数据分析等方式来进行服务目标群体的定位。

四、精选、制定宣传内容

在制定自媒体宣传内容时，要做到：

第一，定期更新内容。如果你定期推送新的内容，用户就会更有兴趣长期关注你的号码；反之，长时间不更新，内容僵化不前，客户就会慢慢离开你。

第二，不断提升内容质量。自媒体内容是吸引用户的重要因素，所以你必须制定适合客户的话题，并提供对客户有价值的信息，努力做到时时新、天天新、场场新。

第三，完善自己的表达风格。如果你已经形成了让客户喜欢的风格，请长期保持这种风格，以形成自己的正品 IP 形象，提高用户口碑。

五、宣传推介要有趣味性和个性化

自媒体平台上有很多的内容，如果导游想要在众多的内容中脱颖而出，就需要具备趣味性和个性化。导游可以通过结合自己旅游产品的特点，制作一些有趣的小视频或者用风趣幽默的语气编写一些文案，提高客户的阅读和分享率，形成有口皆碑的号码，在市场竞争中必定异彩纷呈，凝聚粉丝。

（点评人：李岑虎）

导游服务案例选评讲解视频

 金牌之光

浏阳河畔刘世恒

我叫刘世恒，是湖南省湘潭市导游协会会长、省级职业院校企业导师、全国导游资格证考试湖南省考区面试考官。我从业20余年，服务过数以万计的游客，现将其中的点滴心得列举一二与大家共勉。

首先，在国内旅游中，每位游客都心向往之的便是北京，北京也是每位中国人心中不可替代的旅游目的地。作为一名全陪导游陪同我的团友游览北京时，与地接导游按行程计划完成常规游览线路的同时，征得公司和团友的同意，为充分满足团友对北京游览的更多期待，还陪团友们走走胡同，边走边聊，看看市井生活的烟火气。错峰坐坐地铁，感受便捷的城市交通。吃吃本地的干净卫生风味餐，丰俭由人。听听地道的北京话，感受一方水土养一方人等。

我因此收获了一路的"谢谢小刘，对我们服务得太好、太周到了……"

游程结束，意犹未尽，我们会乘飞机返程，归心似箭得到了充分照料。全程安排都是站在游客的角度，全体团友啧啧称赞。每一次的旅游都会让我和团友成为了相互信赖的好朋友。

再有要和各位分享的是下述的情况。大家都知道非典后的报复性旅游吧，我当时是公司计调部负责人，除了案头工作，重要团队还是会作为全陪导游认真服务好每位团友的。记得当年暑假有个近200位的高校校长率领的教授、老师的九寨沟旅游团队。考虑到非典后的火爆和暑期旅游旺季的叠加，除了在旅游细节上充分交流、沟通，我还和另外一位优秀导游作为全陪服务于这个团队。在等候相隔6小时的两趟分别抵达的贵宾航班时，我们准备了鲜花接机、入住酒店客房的水果安排等。去九寨沟途中突遇山体滑坡，被迫等待，为缓解团友们的焦虑、担忧，我讲起了小故事并和团友们互动，团友们因此慢慢转移了关注点，减少了焦虑，等候了3小时后顺利继续我们的旅游行程。团友大赞我们导游"真不错，沉着冷静，让我们感受到作为专业导游的素养和职业道德，值得信赖，下次出游还找你们"等。

在一次次地被游客认可当中，我不但自身不断学习以便于更好地服务于各种需求的客户，还开始培训更多的导游更好地做好带团工作。

图 6-8　参加培训中的刘世恒　　供图：刘世恒

这几年疫情下的旅游行业更是考验旅游从业者的专业和应变能力。2022年暑期浙江一个祖孙三代的五口之家要来湖南深度游，和我商量他们的想法，并请我给他们合理的建议和计划安排。作为从业多年的导游，我从防疫安全的角度给予了他们合理化的建议和安排，细心地提醒了他们抵达旅游目的地后的防疫要求、全程用车的安排、品尝湖南特色小吃的合理建议、每个地方特色的纪念品及购物指南、高档星级酒店和特色民宿的入住体验，中间还特别提议去体验旅游景区周边的夜市、夜景。沟通好后，我编辑了每个节点的文字资料，便于游客随时翻阅。全程下来，贵宾赞不绝口，并邀我一定要去浙江。

从事旅游行业以来得到的认可和赞扬不胜枚举，这也是我坚守旅游行业的动力之一。非常有幸成为一名导游，非常感谢在大家的认可下成长并坚守着。作为导游，我骄傲我有机会能给游客带来愉悦，能以这种方式回馈社会。

项目实训

1. 请结合研学旅行基地实际，为该基地编写研学旅行主题活动线路。
2. 请结合学生实际情况和研学旅行资源实际，为某研学旅行实践基地设计一份研学旅行专题课程方案。
3. 请结合自身工作实际，谈谈怎样上好研学旅行课。
4. 请为初一学生设计"家电维修"劳动教育课程方案。
5. 请结合自身工作实际，谈谈怎样上好劳动教育课。
6. 请结合工作实际，谈谈在旅游投标活动中怎样才能中标。
7. 请结合自身工作实际，谈谈怎样利用自媒体进行宣传推广。

附 录

附录一 《导游服务规范》　　附录二 出境旅游领队服务规范

参考文献

1. 全国旅游标准化技术委员会.《导游服务规范》(GB/T 15971–2023).北京：中国标准出版社.2023.

2. 全国导游人员资格考试教材编写组.导游业务［M］.北京：旅游教育出版社，2020.

3.《中华人民共和国旅游法》.

4. 研学旅行服务规范.（LB/T 054–2016）.国家旅游局.

5. 汪亚明，等.导游词编撰与讲解实务［M］.北京：旅游教育出版社，2021.

6. 李岑虎.研学旅行课程设计（第3版）［M］.北京：旅游教育出版社，2023.

7. 李岑虎.劳动教育课程设计［M］.北京：旅游教育出版社，2023.

8. 李岑虎.研学旅行案例选评［M］.北京：旅游教育出版社，2021.

9. 中华人民共和国教育部.大中小学劳动教育指导纲要（试行）［M］.北京：北京师范大学出版集团，2020.

10.《出境旅游领队服务规范》(LB/T 084–2022) 文化和旅游部网站.2022-09-29.